高等职业教育教材　关学增·总主编

中国传统文化概论

关学增　石本立　主　编

·郑州·

图书在版编目(CIP)数据

中国传统文化概论/关学增,石本立主编. —郑州:河南大学出版社,2016.10
(2021.9 重印)
ISBN 978-7-5649-2532-1

Ⅰ.①中… Ⅱ.①关… ②石… Ⅲ.中华文化—高等职业教育—教材 Ⅳ.①K203

中国版本图书馆 CIP 数据核字(2016)第 251127 号

责任编辑　朱春华　辛豫杰
责任校对　姚战伟
封面设计　陈盛杰

出　版	河南大学出版社		
	地址:郑州市郑东新区商务外环中华大厦 2401 号	邮编:	450046
	电话:0371-86059701(营销部)	网址:	hupress.henu.edu.cn
排　版	郑州市今日文教印制有限公司		
印　刷	开封智圣印务有限公司		
版　次	2016 年 12 月第 1 版	印次	2021 年 9 月第 7 次印刷
开　本	787mm×1092mm　1/16	印张	18
字　数	426 千字	定价	35.00 元

(本书如有印装质量问题,请与河南大学出版社营销部联系调换)

序　言

　　《易经》曰："天行健,君子以自强不息;地势坤,君子以厚德载物。"中华民族几千年的文化传承所积淀的"刚毅坚卓,发愤图强;增厚美德,容载万物"的精神内核,已经内化为亿万华夏儿女优良的传统美德,代代相传,生生不息。对中国传统文化的了解与学习,已经成为当今社会培养人们民族自豪感,增强民族凝聚力的必修课,已经成为不断提高人们思想深度和广度的动力源泉。

　　随着我国经济社会的不断发展和教育改革的不断深入,高等职业教育类院校建设方兴未艾。培养适合社会需求的大批高素质技能型人才,并实现可持续就业与发展,是新型职业教育的时代使命,因此职业教育不仅要培养学生具备良好的职业技能,更要培养学生具备高度的职业素养。然而,在一些职业院校目前的课程设置与教学环节中,人文素质教育的相对薄弱,已经影响到学生综合素质的提升及人的全面、充分发展。幸运的是,这一现状已越来越多地受到各界有识之士的关注与重视,对职业院校学生进行中国传统文化教育、开设相应的讲座与课程,已经形成广泛的社会共识。

　　近期,为满足对大学生进行中国传统文化教育需要,各地已陆续出版不同类别和内容的关于传统文化方面的教材,一些学校还开设了相关课程。各种版本体例的教材各具风格,分显特色,丰富了我国高等职业教育的教学内容和教材建设。但是我们也看到,面对蓬勃而起的高职教育,面对提升高职学生全面素养的要求,不少教材在一定程度上,在其针对性和适应性上,还显得薄弱与不足。高职院校教材应当与教育发展规律、人才培养目标、青年学生成长特点以及不断改进人才培养模式密切结合起来。本教材正是基于这样的认识,从适应高职院校学生的特点,改变传统文化作为高职院校边缘文化的定势,使之成为高职学生的一种普适性教育的思想出发,在总结、借鉴前人经验与成果的基础上,编辑出版了这部《中国传统文化概论》,力图让中国传统文化的精髓内化为一代代青年学子的自身素养,使他们不仅掌握未来就业所需要的专业技能,还要具备良好的职业道德和人文精神。

　　然而,中国的传统文化内容浩瀚、形式丰富,绝非短短几十万字所能涵盖。故此,本教材从青年学生的整体兴趣特点出发,本着通俗易懂,知识性、趣味性、可读性强的编著理念,从国学经典宝库中汲取精华,选取既能体现中国传统文化,又富于当代教育意义、与现实社会生活密切联系的相关内容进行阐释。全书以篇、章、节为编写体例,分百家争鸣篇、格调生活篇、魅力艺术篇、宗教信仰篇和教化育人篇五个方面,各篇下根据不同的内容需求,分设不同的章节,从各自的内容特点出发,分别向学生展示宏深的思想精华、高雅的生活情趣、瑰丽的传统艺术、深远的宗教内涵和古老的育人文化,从而在以立德树人为根本的现代高职教育中,使本教材成为学生探求传统文化瑰丽宝库的窗口,成为进入传统文化殿堂的路径,成为深入沿袭传统文化的基石。教材尝试在此方面作出自己的一些探索,致力于使学生正确认识中华民族悠久的历史,充分理解传统文化的深刻内涵,陶冶性情、砥砺品格,全面提高文化素养,从而培养学生良好的行为规范、深邃的哲学思想、质朴的道德操守和高雅的审美情趣,并使之成为实现复兴伟大中国梦的不竭内驱力。

本教材由郑州城市职业学院部分教师合作编写完成。关学增主持教材的整体架构及方向定位,并总审全书;石本立负责教材的初稿审定。各篇编写人员分别为:第一篇由王山青编写,第二篇由沈言编写,第三篇由冷月编写,第四篇由刘晓勇编写,第五篇由杨彦凯编写。由于本教材编写人员知识认知侧重不同,加上知识积累所限,缺漏不当之处在所难免,在此诚请各位同人批评指正,不吝赐教,以期日后修订完善。

本教材还是校事校企合作的成果。在此,感谢河南郑州市文联主席钟海涛先生等人对教材内容选定及结构设计等多方面工作提出的宝贵意见和建议。

教材在编写过程中,为确保内容的丰富性、传承的严肃性,参阅了诸多传统文化教材及专家学者的论著等,不能一一说明,仅在此一并致以最诚挚的谢意。

关学增
2016 年 7 月

目　　录

序言 …………………………………………………………………………（1）
第一篇　百家争鸣 …………………………………………………………（1）
　第一章　弘扬主体精神的儒家 …………………………………………（1）
　　第一节　"至圣先师"孔子 ……………………………………………（2）
　　第二节　"亚圣"孟子 …………………………………………………（7）
　　第三节　"后圣"荀子 …………………………………………………（12）
　第二章　崇尚自然无为的道家 …………………………………………（16）
　　第一节　道家始祖老子 ………………………………………………（16）
　　第二节　道家文化的继承与传播者庄子 ……………………………（19）
　第三章　宣扬兼爱互利的墨家和强调功利的法家 ……………………（23）
　　第一节　平民圣人墨子 ………………………………………………（23）
　　第二节　法家思想的集大成者韩非子 ………………………………（27）
　第四章　灵活睿智的兵家和唯利是趋的纵横家 ………………………（31）
　　第一节　兵圣孙子 ……………………………………………………（31）
　　第二节　纵横家 ………………………………………………………（34）

第二篇　格调生活 …………………………………………………………（37）
　第一章　绚丽多姿的传统服饰 …………………………………………（37）
　　第一节　上古服饰 ……………………………………………………（38）
　　第二节　中古服饰 ……………………………………………………（50）
　　第三节　近古服饰 ……………………………………………………（56）
　第二章　形式考究的传统礼仪 …………………………………………（70）
　　第一节　政治礼仪 ……………………………………………………（70）
　　第二节　生活礼仪 ……………………………………………………（75）
　第三章　内涵深邃的古代称谓 …………………………………………（83）
　　第一节　姓与氏、名与字 ……………………………………………（83）
　　第二节　谥号、别号与代称 …………………………………………（87）
　　第三节　称呼习惯 ……………………………………………………（90）
　第四章　多姿多彩的节日民俗 …………………………………………（93）
　　第一节　主要节日由来及习俗 ………………………………………（93）
　　第二节　主要民俗由来及寓意 ………………………………………（105）

第三篇　魅力艺术 (110)

第一章　丰富多彩的传统绘画艺术 (110)
第一节　惟妙惟肖的人物画 (110)
第二节　意境幽远的山水画 (113)
第三节　栩栩如生的花鸟画 (117)

第二章　灵动活现的传统书法艺术 (124)
第一节　象形浓重的汉字 (124)
第二节　渐分经纬的汉字 (127)
第三节　龙飞凤舞的汉字 (131)

第三章　炫彩纷呈的传统戏曲艺术 (138)
第一节　从稚嫩到成熟的戏曲蝶变 (138)
第二节　从贫乏到富庶的戏曲理论积淀 (143)
第三节　从寥落到繁盛的璀璨星空 (145)

第四章　活泼有趣的传统游艺 (159)
第一节　消遣娱乐的博戏 (159)
第二节　智慧角逐的棋类 (162)
第三节　强身健体的球类 (166)

第四篇　宗教信仰 (174)

第一章　古老神秘的原始宗教 (174)
第一节　自然崇拜 (175)
第二节　图腾崇拜 (178)
第三节　鬼魂崇拜 (183)
第四节　祖先崇拜 (186)

第二章　现世现生的中国佛教 (189)
第一节　认识佛教——佛教的创立与东传 (190)
第二节　了解佛教——佛教知识 (192)
第三节　体悟佛法——佛法中的人生智慧 (199)
第四节　文艺佛教——佛教与传统文化 (202)

第三章　乐生重生的传统道教 (210)
第一节　认识道教——道教的产生与发展 (211)
第二节　了解道教——道教常识 (213)
第三节　文艺道教——道教与传统文化 (217)

第四章　共生共荣的三教融合 (224)
第一节　三武一宗灭佛——儒释道三教冲突 (224)
第二节　梁武帝同称三圣——儒释道三教融合 (226)
第三节　全真教的建立——儒释道三教合流 (227)
第四节　治世、养心、养生——儒释道三教辅政 (229)

第五篇　教化育人 ……………………………………………………………（231）

第一章　源远流长的教育思想 ………………………………………（231）
第一节　有教无类——孔子的教育思想 …………………………（231）
第二节　教者必以正——孟子的教育思想 ………………………（235）
第三节　独尊儒术——董仲舒的教育思想 ………………………（238）
第四节　颜之推及《颜氏家训》 …………………………………（240）
第五节　学所以为道——韩愈的教育思想 ………………………（243）
第六节　居敬穷理——朱熹的教育思想 …………………………（246）
第七节　致良知——王守仁的教育思想 …………………………（249）

第二章　发展演变的教育制度 ………………………………………（252）
第一节　官学制度 …………………………………………………（253）
第二节　私学制度 …………………………………………………（259）
第三节　独具特色的书院制度 ……………………………………（263）

第三章　求是务实的选官制度 ………………………………………（269）
第一节　隋朝之前的选官制度 ……………………………………（269）
第二节　隋唐科举制度的设立 ……………………………………（272）
第三节　宋元明清时期科举制度的强化 …………………………（274）

主要参考文献 ……………………………………………………………（277）

第一篇 百家争鸣

先秦诸子思想在中国文化遗产中最富有创造性和独立性,且是最为后人所传述的重要组成部分。它所代表的中国古代文化及哲学成就,至今仍散发着灿烂的光芒,并成为中国传统文化的瑰宝;它所蕴含的"经世致用"思想亦具有浓郁的政治内涵和人生智慧。撷取诸子思想的精华,理解百家争鸣的要旨,有助于我们"正衣冠、明得失、知兴替"。

在先秦的百家争鸣中,具有代表性的为儒家、道家、墨家和法家等文化,儒家思想又成为中国传统文化的核心部分。

第一章 弘扬主体精神的儒家

【情境导入】

两千多年前,我国伟大的思想家、教育家孔子带着他的弟子周游列国。他们来到卫国境内时,看到平原上到处都是人烟稠密的村落和城邑。卫国曾经一度被狄人攻灭,重新建国后经百余年的艰苦创业又繁荣起来。孔子不禁赞叹道:"人烟真是稠密呀。"为他驾车的弟子问道:"既然人烟稠密,那么还应该再做些什么呢?"孔子回答道:"让他们富起来。"弟子又追问道:"如果已经富裕了,还应该做些什么呢?"孔子回答道:"对他们进行礼义教化。"简短的对话明确体现了孔子的治国方略。

儒家思想从人性和情感出发,建构了一套植根于人心深处血缘亲情之上的和谐家国、社会、自然、人生的学问。它彰显"仁爱"、"和谐"、"秩序"的价值,弘扬道德精神,追求刚健有为的人生,向往大同盛世。儒家思想贯穿于中国社会的各个阶层,构成了中国传统文化的主体内容,规定了中国传统文化的基本走向。它不仅塑造了我们民族的昨天,它的某些思维方式和价值观,依然鲜活地生长在现代社会中,成为我们中华民族文化的源头活水,潜移默化地影响着我们民族的未来。

第一节 "至圣先师"孔子

一、孔子的生平与政治活动

在中国历史上,有一个人,一生都在不停地追逐自己的理想,虽四处碰壁却决不放弃,这个人,就是孔子。他被后人尊称为孔夫子、孔圣人,名列世界十大文化名人之首。

自汉朝开始,孔子被历代皇帝不断追封。汉朝时他被封为"宣尼公";唐朝时他被封为"文宣王";北宋时他的弟子配享孔庙、接受祭祀,颜回被尊称为"复圣",曾参被尊称为"宗圣",子思被尊称为"述圣",孟子被尊称为"亚圣";明朝时他又被封为"大成至圣先师"、"万世师表";清朝康熙皇帝则称他为"千古圣人、大成至圣先师、文宣王",这个称号一直沿用至今。

(一)孔子的生平

孔子,子姓,孔氏,名丘,字仲尼,生于周灵王二十一年(公元前551年),死于周敬王四十一年(公元前479年),春秋后期鲁国昌平陬邑(今山东省曲阜市)人,我国古代伟大的思想家、政治家、教育家,儒家学派的创始人。

孔子的先世出自殷商帝王家族。商朝灭亡后,孔氏远祖微子启(商纣的庶兄、殷末"三仁"之一)受封于宋。后来,孔氏在上层政治斗争中失败而流亡到了鲁国,失去了贵族的身份,也就没有了往日的风光。到他的父亲叔梁纥时,已经没落为下级武官邑宰。

鲁襄公二十四年(公元前549年),孔子3岁的时候,其父亲病逝,母亲颜徵在带着孔子流落到曲阜阙里,过着贫贱的生活。他学无常师,好

孔子像

学不厌,少而好礼,乡人也赞他"博学"。17岁时其母亲去世。季氏宴请士一级贵族,孔子去赴宴,被季氏家臣阳虎拒之门外。这意味着他们不认可孔子"士"的身份。士是贵族阶层的最后一个等级,是统治阶级的最底层,是通往社会上层的门槛。没有士的身份,就几乎失去了进入社会上层的资格。这对孔子的打击很大,直接导致他第一次离开鲁国。

孔子的童年很苦,贫困的生活使他更了解民间的疾苦。他的一生也不顺利,曲折的经历和不断的打击使他百折不挠。这种困苦与艰辛,反倒使孔子成为一个博学多才的人。

孔子本人祖籍宋国而生于鲁国,长于鲁国。宋为商之后,鲁为周之后。孔子身上,有这两种文化的交融,其思想也以"周礼"和"殷礼"为基础而形成。他非常好学,每到一处,

孔子讲学图

都要认真学习、考证、研究，不懂就问。他专心研究夏、商、周三代礼乐文化，并从周礼的道德理性中发现了"仁"，从而建立起博大精深的仁学思想体系，同时开始授徒讲学。私学的创设，有力地促进了学术文化的下移。

孔子晚年致力于整理文献和继续从事教育，鲁哀公十六年（公元前479年）去世。

（二）孔子的政治活动

孔子对天下大事非常关注，对治理国家的诸种问题经常进行思考，也常发表一些见解。他的一生以治国安邦为己任，主张以仁礼治国，维护国君在诸侯国中的绝对权威。为了实现自己的政治抱负和理想，他一直试图进入贵族统治集团，但到处碰壁。

鲁定公九年（公元前501年），孔子51岁时，被任命为中都（今山东省汶上县）宰。他用礼的方法进行治理，行教化，劝农耕，让百姓安居乐业，行之一年，达到了夜不闭户、路不拾遗的安定局面，社会风气焕然一新。孔子的施政管理措施得到各地诸侯的充分肯定和纷纷效仿，在中都形成的教化方法和施政理念奠定了儒家文化的思想基础。因此，中都成为孔子儒家思想的发源地和实践地。鲁定公十年（公元前500年），因孔子治理有方，政绩卓著，进而达到了"设法而不用，无奸民"的良好局面，由司空为鲁大司寇。

孔子准备离开汶上回鲁都曲阜任司寇时，中都百姓倾城相送，恋恋不舍，含泪道别。孔子脱靴警众，希望大家遵循礼范，在他走后仍然按他的倡导行事。后来，人们在城东门楼上修建了一层楼阁，供放孔子的靴子，又叫"夫子履"。此后清官离任脱靴、留靴的美举，就是孔子那时留下来的。

当年，齐鲁两国在夹谷会盟。孔子认为"有文事者必有武备，有武事者必有文备"，于是早早防范。在双方实力悬殊的情况下，孔子最大限度地维护了国家的利益和尊严，使齐国想用武力劫持鲁定公的预谋未能得逞。

鲁定公十二年（公元前498年），为加强君权，抑制三桓贵族，孔子提出堕毁三桓私邑的计划。后受挫，55岁的孔子被迫离开鲁国，开始了长达14年的周游列国的颠沛流离的生涯，带领弟子先后在卫、陈、宋、蔡、楚等国之间游走不定。

鲁哀公六年（公元前489年），楚昭王使人礼聘孔子，希望他能给楚国提供治国建议，但孔子在前往楚国的路上,却遭遇了"陈蔡绝粮"的困境。陈蔡两国大夫畏惧孔子才学,担心孔子受聘楚国,危及陈蔡,于是发兵围困孔子于陈、蔡交界,致使孔子一行在野外陷入孤绝之境,绝粮七日,许多弟子因困饿而身染疾病。孔子坦然面对,依旧如常讲诵弦歌,抚琴吟唱。

鲁哀公十一年(公元前484年),季康子派人迎孔子归鲁,尊称为"国老",但在政治上终未得重用。

在逆境中,孔子从未放弃自己的努力,始终坚信并宣传自己的政治主张。他曾这样总结自己的一生:"吾十有五而志于学,三十而立,四十而不惑,五十而知天命,六十而耳顺,七十而从心所欲,不逾矩。"

二、"仁"学——孔子思想的核心

"仁",是孔子思想的核心范畴,也是其理想的人格境界。仁的本意是关于人与人之间的关系。孔子认为"仁者爱人",即人们应互存、互助、互爱,这是儒家思想有别于其他各家的最大特征。孔子把整体的道德规范集于一体,形成了以"仁"为核心的伦理思想结构。他把"仁"作为最高的道德原则、道德标准和道德境界,体现在:

一,对待"仁"的态度——真情实感。这是仁的主要基础。孔子主张任何人都应该有一种为"仁"的愿望,应该诚心诚意去求"仁",去达到"仁"的境界。孔子强调在内心的价值观念上首先要明确对"仁"的态度,这种在内心深处对"仁"的价值追求的思想,被后来的孟子引申为"四端说"理论。孔子对"仁"的思想的重视,体现了"仁"的学说在孔子整个思想体系中的核心价值。

二,"仁"的价值内涵——爱人。孔子提出人在实际生活中应如何达到理想人格的问题,认为"仁"的精神价值的一个重要体现就是"己欲立而立人,己欲达而达人","己所不欲,勿施于人","仁"就是"爱人"。在"仁"的价值内涵中,由"爱人"所推导出的一系列内容都深刻体现出孔子对一般社会民众的关注,对人类社会发展过程中实现人与人之间共同发展、和谐相处的关切。这一切最终奠定了孔子作为中国乃至世界伟大思想家的地位。

三,"仁"的实现方式——忠恕之道。"仁"作为价值主体内在精神状态的反映,是实现理想人格过程中不可缺少的东西。内心以"仁"的标准严格要求自己,用"仁"的境界来考察自己的思想,是达到真善美崇高境界的前提条件。为仁之方有二,一是推己及人的肯定方面,叫作忠,以"我"为核心,逐步推开去,即:我—父母—兄弟—家族—邻里—村人—乡里—国家等等;二是推己及人的否定方面,叫作恕,即"己所不欲,勿施于人"。这两个方面合在一起就是"忠恕之道"。

此外,孔子"仁"的实现方式还体现在围绕"人"的思想行为发展状况为主要内容。在孔子看来,一个本质上有问题、思想上有邪念的人是不可能达到"仁"的境界的。

四,"仁"的实践价值——成为仁人。就是要具有"内圣"的道德境界,由这种境界推己及人,以博大宽厚的胸怀来"泛爱众而亲仁"。孔子不只是把"仁"的学说作为纯粹思辨性的理论体系,更是把关注的焦点投向社会与现实,更多的是结合具体行为方式告诉人们应该怎么做,他认为,"志士仁人,无求生以害仁,有杀身以成仁",注重一般民众人格的升华。

"仁"是儒家思想的核心命题,孔子创立儒家学派时,将"仁"提高到社会"全德之称"的地位。"仁"的思想在今天仍然具有其一定的合理性及适用性。"仁"的学说在整个中华民族的历史长河中,对人格的养育、心智的养成、待人处世、兴邦治国都起到了极为重要的规范、约束和引导作用。这也是孔子思想具有强大的生命力之所在。

三、孔子的礼制思想

孔子的"礼"既包括以"内省"为重要方式的个人道德修养,也包括处理人与人之间关系的礼仪制度,还包含一定的维护周天子、诸侯国君权威,调节统治阶级内部关系的等级制度的内涵。在礼治思想的指导下,君主和臣子、贵族和平民都要人为地划出等级。这种对"礼"的界定是孔子的首创。

孔子把"礼"作为规范政治行为的基本准则,礼仪对于治国来说是不可或缺的。他提出,用政令来治理百姓,用刑法来整顿百姓,老百姓只会因为惧怕受到惩罚而不敢犯罪,却没有廉耻羞恶之心;而用道德引导百姓,用礼制去同化百姓,百姓不仅会有羞耻之心,而且有归服之心。因此,在孔子看来,礼治比法治是更为根本的治理形式。

但孔子同时认为,在一个"不仁"的社会中,礼治是无法施行的,主张以倡导"仁"的思想作为前提,进行礼治。

尽管孔子的"礼"是为了保证传统贵族阶层对于社会的绝对控制,但它确实可以缓解不同社会等级间的矛盾。所以,礼治作为儒家治理社会的主要形式,在数千年的社会运行中起到了一定的推动作用。

四、孔子的仁政思想

孔子的政治意识承礼乐制度而来,礼乐的中心是等级制度,因此孔子学说的政治指向是以"正名"为核心的"君君臣臣,父父子子"。"正名"就是要名实相符,即"名不正,则言不顺;言不顺,则事不成",孔子的政治追求在于为维护宗法等级制度确立一个是非标准。序君臣父子之礼,列夫妇长幼之别,是儒家学说不可动摇的核心内容。其实,"君君臣臣,父父子子"包含两层含义,一种是国君做得要像国君的样子,臣子做得要像臣子的样子,父亲做得要像父亲的样子,儿子做得要像儿子的样子。另一种是,首先国君做得要像国君的样子,然后才有资格去要求臣子做得像臣子的样子,国君做好在前,臣子做好在后。父亲首先尽到做父亲的责任,然后才有资格要求儿子做得像儿子的样子。

孔子提倡统治者治国必须为政以德,齐之以礼,正身律己,奖善罚恶。为官者恪尽职守,政绩卓著,清正廉洁,那么上行下效,老百姓也会行为端正、遵规守纪。这样才能使政治清明,社会得到发展。

孔子还提出了"上敬老则下益孝,上尊齿则下益悌,上乐施则下益宽,上亲贤则下择友,上好德则下不隐,上恶贪则下耻争,上廉让则下耻节"的"七教"之说,并以此为"治民之本"。

在孔子看来,"君子之德风,小人之德草。草上之风,必偃"。一个国家治理得怎么样,一个社会的道德水平怎么样,责任不在人民,而在于统治阶级。孔子所追求的理想政治就是有道的君主、正直的大臣,他们勤劳国政、正身克己,使国家安定、人民富足。用礼来划分人的等级尊卑,用道义立身处世,用顺从礼法的原则行事,那么,老百姓也会一心向善。

五、孔子的天命观

孔子承袭了西周以来的宗教天命思想,认为天有意志,可赏善罚恶,同时引入了"命"的学说,认为"命"是由天的意志决定的,主张以德配天,由此形成了孔子思想中的天命观。孔子认为,"不义富贵"是无视天命强取富贵,但他并非主张人们只要仁、义,不要利、欲。

孔子的"天命"包含客观和主观两个方面。客观方面,天命包括人与自然的关系、人与社会的关系、人与人的关系、人的命运等。这些都是人们必须认同和认知的,它们先人们的存在而存在,不以人们的主观意志而改变。接受这些之后,人们还要承担相应的责任;主观方面,天命包括人的道德责任、为人准则等。即人不仅是一个道德的存在而区别于一般动物,还负有建设道德世界的责任。

孔子的"知天命"的"知"不仅是指知晓、认知,更是履行,是知行的合一。

六、孔子的道德观

孔子对道德有着极深的理解,他提倡的伦理道德、宽恕忠信、敬老爱幼、乐于进取等成为中华民族的共同心态和理想人格;他强烈的忧患意识和参与意识也激励着我们的仁人志士去建功立业、英勇奋斗。他的伦理观念和道德观念对中华民族有着强大的凝聚力。

孔子非常注重对道德的修炼,认为"朝闻道,夕死可也"。孔子认为"道"是一种理念,是真理,是人间的正道。一个道德高尚的人应当孜孜不倦地追求真理和正义。

孔子特别强调"忠信"。孔子认为"言而无信,不知其可也"。供养父母,能尽自己所能;侍奉君主,能贡献生命;交朋友,要言出必行,有信用。弟子们在父母跟前,就孝顺父母;出门在外,要顺从师长,言行要谨慎,要诚实可信,寡言少语,要广泛地去爱众人,亲近那些有仁德的人。

孔子还提倡"以直报怨"。认为"以怨报怨"可能是真小人,"以德报怨"可能是伪君子,最好的选择是"以直报怨",即用公平公正的方式对待仇怨,即使是坏人也应该得到公正的对待,既不特别宽恕他,也不过分报复他,让他得到他应有的对待。

孔子反对用极端的手段对待不仁的人。提出以忠信为主,唯义是从。不应该"爱之欲其生,恶之欲其死"。孔子不赞成用极端的手段履行道德。他认为,用不道德的手段去推行道德,如同抱薪救火;用不道德的手段去惩罚不道德,如同以暴易暴。

孔子认为,做人做事不能太刻意,刻意就会显得太有心机,也不能太曲意,曲意就会变得很繁琐。

七、万世师表——孔子学说的历史地位

孔子一生怀着治国安邦、济世安民的抱负,积极参与政治,希望遇到一个能够任用他实行仁政德治主张的贤明国君。孔子思想以"仁"为核心,以"礼"为规范,倡导推行"仁政";提出"正名"主张;注重学与思的结合;首创私人讲学风气,主张因材施教,"有教无类";强调"学道";提倡忠信宽恕的待人态度。

然而,政治上的不得意,使孔子将大部分精力用在教育和整理修订"六经"上。孔子打破了教育垄断,开创了私学先河,在几十年中形成了一个很有影响的学派——儒家学派。他从事教育近半个世纪,先后有弟子三千,其中贤人七十二。七十二人中有很多为各国高官栋梁,又为儒家学派延续了辉煌。除《乐》毁于秦火没能流传下来外,孔子整理的其他五部经典传承至今,奠定了中国封建社会传统政治的理论基础,成为中国古代传统文化的核心内容。

由于孔子的思想有利于稳定社会、缓和矛盾、维护一统,所以历朝历代几乎无不尊崇孔子,加封孔子各种谥号,利用孔子的思想治理国家。以仁、礼、道、义为核心的儒家深层思想内涵,经历代损益积淀下来,渗透到社会秩序和个人行为规范之中。

孔子学说对亚洲甚至世界都产生了影响。汉朝以后,儒家典籍传入越南、朝鲜、日本等国,这些国家分别建立孔庙或文宣王庙,实行以儒家学说为主的开科取士。明清以后,孔子学说传到西方,《论语》被翻译成拉丁文、英文,欧洲一些思想家从儒学中得到启发、借鉴和鼓舞。

用批判的眼光正确认识儒家思想的精神内核,具有时代的现实意义。

第二节 "亚圣"孟子

一、孟子的生平与政治活动

《论语·宪问》记载:"子曰:莫我知也夫","不怨天,不尤人,下学而上达,知我者其天乎"!孔子本身有他的遗憾和感叹,因为他没有多少机会可以公开完整地阐述自己的思想。

孔子死后到战国之初,儒家内部发生了八个派别的分化,各用自己的一套言论去教学授徒。除去少数几家外,其他各派在历史上并没有产生多大的影响,也没有在理论上把孔子的思想发扬光大。直到一百多年后的孟子,才构建了相对完整的思想体系,很好地传承并发展了孔子的思想。孟子阐释了孔子的人性论、修养方法、教育主张、仁政思想等,并建立了儒家的圣人观、天命观、历史观。孟子的学术思想渊源通过子思而上继孔子。

孟子,姬姓,名轲,字子舆,邹(今山东省邹城市)人,生活在战国中期,约生于周烈王四年(公元前372年),约卒于周赧王二十六年(公元前289年),是我国古代伟大的思想家、

政治家,儒家学派的代表人物。他是孔子之孙孔伋(子思)的再传弟子。如果视孔子为儒家第一代,那么,"孟子则在第五代"。孟子的思想与孔子、子思一脉相承,通晓五经。孟子是鲁国贵族三桓的后裔。到孟子时代家族已经衰落。孟子的一生与孔子有许多相似之处,都是贵族的后裔,平民出身,幼年丧父,一生所走的道路都是求学、教书、周游列国。经过青年时期的刻苦学习和钻研后,孟子便开业授徒了。他认为,人生最大的快乐是"得天下英才而教之"。中年之后他怀抱政治抱负周游列国。

孟子像

孟子从40岁开始带着学生游历诸侯列国,希望诸侯国君能任用他,实现自己的政治主张。几年下来,虽受到诸侯国君的礼遇,但也没有特别成就。因为这些小诸侯国,起不了太大作用,而那些大国则兼并战争如火如荼,如秦、魏、楚、齐等国都在尽力扩张土地,渴望成为霸主。另外,在经济急骤转型、社会飞速发展的时代里,处处弥漫着功利主义。不论是统治者、知识分子或平民,多半不能免于在历史的旋涡中载浮载沉,随波逐流。这个时候孟子去游说这些国君,说的是"尧舜禹汤、文武周公",希望他们施行仁政,可以预见,效果不会太明显。

公元前320年,52岁的孟子去魏国拜谒魏惠王。魏惠王关心孟子能给魏国带来什么利益,孟子为其阐述了孔子的仁政思想,以及尧、舜及夏商周三代开明君主是怎样关注百姓生息的。孟子认为讲仁义才可以取得最终最大的利益,只有施仁政才能够一统天下,才能够长期太平,因为这符合人性的要求,会获得天下百姓的拥护而称君称王。

孟子在54岁的时候第二次到了齐国。刚刚继位的齐宣王实行尊黄崇老的政策,并不完全采纳儒家思想,也不打算实行孟子的"仁政"主张。因为在一个弱肉强食、天下逐利的时代,各国都在谋求富国强兵的措施,以欺诈权谋为高,孟子的主张注定只有理论上的证明,而没有实践的机会,他的生命就在周游列国中慢慢消耗。

孟子的一生除中年以后的20年游历列国外,主要从事教育事业。公元前312年,约60岁的孟子回到鲁国,至其83岁过世,一直专心著书,最终完成了《孟子》一书的主要内容。《孟子》非常完整地表达了孟子的思想,是孟子的言论汇编,由孟子及其弟子共同编写完成。孟子把儒家思想从《论语》那样零星的材料发展成为一个完整的系统,这是他对儒家最大的贡献,也是司马迁、赵岐等推崇他的原因。

孟子所处的年代,是一个诸侯并起、百家争鸣的时代。当时与儒家对立的,以墨家和杨朱(道家学派重要代表人物)的势力最大,儒、墨、杨有三分鼎足之势。孟子继承孔子的衣钵,以孔子的保护者和儒家卫道者自居,对孔子思想作了系统的阐发,既有继承,又有改造,对光大儒学作出了巨大的贡献。由于孟子的努力,战国时期的儒家才成为诸子之学中的"显学"。

二、孟母教子 懿范千秋

孟母仉氏是一位了不起的女性,她克勤克俭,含辛茹苦,在当时各种条件都很缺乏的情况下却给了孟子最好的教育,不厌其烦地以"言传"和"身教"来完善儿子的人格。有关孟母教子的几个小故事一直流传至今。

孟母三迁

孟子幼时,其舍近墓,常嬉为墓间之事。其母曰:"此亦吾所以处吾子也。"遂迁居市旁。孟子又嬉为贾人炫卖之事。其母曰:"此又非吾所以处吾子也。"复徙居学宫旁。孟子乃嬉为俎豆揖让进退之事,其母曰:"此可以处吾子矣。"遂居焉。

昔孟子少时,父早丧,母仉氏守节。居住之所近于墓,孟子学为丧葬,躄[bì],踊痛哭之事。母曰:"此非所以居子也。"乃去,舍市,近于屠,孟子学为买卖屠杀之事。母又曰:"亦非所以居子也。"继而迁于学宫之旁。每月朔(夏历每月初一日)望,官员入文庙,行礼跪拜,揖(拱手礼)让进退,孟子见了,一一习记。孟母曰:"此真可以居子也。"遂居于此。

《古列女传·母仪·邹孟轲母》

"孟母三迁"的故事告诉人们,接近好的人、事、物,才能学习到好的习惯和德行,"近朱者赤、近墨者黑",环境能影响一个人的爱好和习惯。

断织喻学

孟母姓仉氏,孟子之母。夫死,狭子以居,三迁为教。及孟子稍长,就学而归,母方织,问曰:"学何所至矣?"对曰:"自若也。"母愤因以刀断机,曰:"子之废学,犹吾之断斯机也。"孟子惧,旦夕勤学,遂成亚圣。

《古列女传·母仪·邹孟轲母》

孟母用"断织"来警喻"辍学","断织喻学"这一幕在孟子小小的心灵中,留下了既惊且惧的鲜明印象。

劝子远行

孟子居齐,而有忧色。孟母见之曰:"子若有忧色,何也?"孟子曰:"不敢。"异日闲居,拥楹而叹。孟母见之曰:"向见子有忧色,曰:不也。今拥楹而叹何也?"孟子对曰:"轲闻之,君子称身而就位,不为苟得而受赏,不贪荣禄。诸侯不听则不达其土,听而不用则不践其朝。今道不用于齐,愿行而母老,是以忧也。"孟母曰:"夫妇人之礼,以言妇人无擅制之义,而有三从之道也。故年少则从乎父母,出嫁则从乎夫,夫死则从乎子,礼也。今子成人也,而我老矣。子行乎子义,我行乎子礼。子何忧乎?"遂决去齐之志,未及行而母疾病,不果行。

《古列女传·母仪·邹孟轲母》

从这些小故事可以看出,在孟子人生的很多关键阶段,孟母起到了非常重要的作用。她本人也成为名垂千秋万世的模范母亲,在中国历史上受到普遍尊崇。

三、趋善求治——孟子的仁政学说

孟子继承和发展了孔子的德治思想,并将之发展为仁政学说,成为其政治思想的核心。

孟子所处的时代,封建制取代奴隶制已经成为定局,周代奴隶制的旧秩序已经基本被摧毁,各大国的国君都已称王。孟子认为无论哪一个诸侯国的国君只要接受他的政治主张,就可以取周王而代之,成为全国的"共主"。他主张政治上实行温和的改良,反对激烈的改革。

孟子继承了孔子"仁"的思想,提出要推行"仁政"。他认为要行"仁政",首先要使"民有恒产",使每家农户有百亩之田,五亩之宅,宅边种着桑树,家中养着鸡、狗、猪等家畜,要能吃得饱、穿得暖,50岁以上的有丝织品穿,70岁以上的有肉吃,遇到灾荒,可以避免流亡他乡。他提倡的这种恒产,实际上是要巩固耕织结合的个体小农经济,孟子的仁政学说发展了孔子的富民思想。

孟子主张治理国家要实行仁政,即以仁政为内容的"王道"政治,就是统治者对人民要行仁政。仁政就是省刑罚、薄税敛,不夺农时,使民有一个安定生产生活的环境。这样百姓才能安康,国家才能富足,民众才能为国君服役打仗。

孟子把孔子的仁爱思想发挥出来,概括为一句话:"行一不义,杀一不辜,而得天下,皆不为也。"这16个字可以说是古今中外对操控政局的人员的最高要求。他反复强调"仁政","国君好仁,天下无敌,国君不仁,身弑国亡",国君、卿大夫、士等大小贵族都要以"仁"对待国家和百姓,才能保全天下社稷,保全自己的统治。孟子的以民为本思想是值得肯定的。

"仁义"是孟子的道德论的核心思想。孟子所说的"仁义"是有阶级性的,是建构在封建等级社会的基础之上的。仁政思想的本质是把"亲亲"、"长长"的原则运用于政治,维护封建统治阶级的长远利益,这是孟子思想的时代局限性。但是,他反对统治者对庶民的剥削,反对国与国、家与家之间的战争,具有进步意义。

战国时期,诸侯国君忙于战争,穷兵黩武,无休止的征发兵役和徭役,百姓被拖进战争的深渊。农时被夺,农田荒芜,诸侯国君根本不关心百姓的温饱和死亡。孟子认为,得民心则得天下,失民心则失天下,"桀纣之失天下也,失其民也;失其民者,失其心也",得天下有道,得其民心,得民心有道,"所欲与之聚之,所恶勿施尔也"。国君若施仁政,最大的功绩就是解民于倒悬,救民于水火。

孟子反对不义的战争。他说"春秋无义战",春秋时期近三百年的争霸战争给人民带来了深重的灾难。而战争的目的却是大国兼并小国,大国掠夺小国财富。孟子认为商汤伐桀武王伐纣是正义的战争。商汤伐桀武王伐纣是有道之君征伐无道之君,是救民于水火的义举。"民之望之,如大旱之望雨也",正义战争是受百姓支持的。

孟子主张统一中国要靠百姓拥护而不单是靠战争。"得道者多助,失道者寡助。寡助之至,亲戚畔之。多助之至,天下顺之。"这里的"道"即为行仁政的治国之道。

四、民贵君轻——孟子的"民本"思想

孟子提出"民为贵,社稷次之,君为轻,是故得乎丘民(众民,泛指百姓)而为天下"的"民贵君轻"思想,这一思想实质上也体现了孟子的政治思想——仁政。他认为,在百姓、国家、君王三者之中,百姓最为贵,其次是国家,最后才是国君,层次是分明的。从顺序上看是先民而后君,把百姓看成是国家的主体,贵于君王,两千多年前能提出这种观点实属不易。基于这种认识,孟子到哪一个国家都敢于批评国君而无所顾忌。

对于"臣弑君"的观点,孟子主张大臣可以诛杀残暴的君王,换一个好的国君,一个正直的大臣没有必要忠于一个十分昏乱残暴的君主。像汤放逐桀,武王伐纣,这样诛杀是杀死独夫民贼,不算以臣弑君。孟子的这种思想在诸子学说中是绝无仅有的。

孟子提出了十分形象而又具体的"君臣关系",他认为,君主把臣下看作自己的手足,那臣下就会把君主看作自己的腹心;君主把臣下看作犬马,那臣下就会把君主看作路人;君主把臣下看作泥土草芥,任意践踏,那臣下就会把君主看作仇敌。孟子认为,君应该行君道,臣应该行臣道,君对臣关怀爱护、尊重才能得到臣的忠心,君臣之间是相互平等的,要相互尊重才行。

五、为善百祥——孟子的"性善论"

孟子的性善说是他的仁政学说的哲学基础。孟子认为,人生来都具有一种最基本的共同天赋本性,具有统治阶级所要求的那些基本道德品质的萌芽,这就是仁心,就是"不忍人之心",或者说是对别人的"同情之心"、"恻隐之心"。孟子举例说:人突然看到小孩要掉到井里去,都会有惊惧和同情的心情。这种心情,不是为了要讨好他人,也不是要在乡亲朋友中获得好名声,也不是讨厌孩子的啼哭声,而完全是从人天生的本性中发散出来的,这就是"不忍人之心"、"恻隐之心"。

孟子认为,每个人生下来都有"恻隐之心"、"羞恶之心"、"恭敬之心"、"是非之心",称为"四端"。"四端"如果发展起来,就成为"仁"、"义"、"礼"、"智"的"四德"。"恻隐之心"是"四端"之首,"仁"是"四德"之首。孟子认为把这种内心固有的"恻隐之心"发扬出来,并"扩而充之",推行到行政措施中去,每办一件事情,都要想到百姓的痛苦,这就叫"以不忍人之心,行不忍人之政",也就是所谓的"仁政"了。

性善之说是儒家的招牌,但孔子只说过"性相近,习相远也"并没有说人性是善还是恶。孟子提出了"性善"说,认为"人性向善",以此倡行人与人之间适当关系的实现。孟子的性善说虽然是唯心主义的,但在封建社会性善论对人民争取自由和个性解放提供了理论依据。

六、安身立命之道——孟子的"修身"说

在孟子看来,修身的第一步是"尽心",即最大限度地使人本来的善性得以扩张。善良

的本性得以扩张,也就是懂得了人的本性;懂得了人的本性是善的,也就懂得了天命;保持善心,培养人的善性,这就是对待天命的办法。对此,无论寿命长短,都要一心一意地培养善良之本心,这就是安身与立命的方法。

修身的第二步是"反求诸己",也就是人要主观反省,注意保存天赋的四"心"(即恻隐之心、羞恶之心、恭敬之心、是非之心),修养天赋的"心"的最好的办法就是减少欲望。他说,修身养性的最好方法是减少、控制物质欲望。欲望与善心在这里成反比关系,即物质欲望越多,善心所保留的就越少,反之亦然。

修身的第三步是培养"浩然正气",这是一种由"义"的道德观念和行为集合(积累)起来的充塞天地之间的巨大力量。孟子所说的"气"指的是正气、勇气、毅力和信心,也就是我们现在所说的顽强的意志和乐观积极的人生态度。有了这种"气",人的每一个念头、每一个行动都能够理直气壮,符合道德标准的要求。

第三节 "后圣"荀子

一、荀子的生平与政治活动

孔子死后,儒分为八派,其中就有荀子一派。荀子,名况,字卿,战国末期赵国(今山西南部)人,是承儒启法的重要思想家。

学术活动上,荀子的学术活动年代约在公元前298年至公元前238年。他尊崇孔子,但把子张、子夏、子游等后学都斥为"贱儒"、"俗儒",而对以儒家正宗自居的子思、孟子更不惜通加斥责。荀子是"重法"的,他的思想在实质上和法家有一致的地方,但他到实行法家政治的秦国去游历,却认为秦国"无儒"是个大缺点。可见,荀子既不是正统的儒家,也不是典型的法家,而是一位以儒家学说为基础,批判地吸收各家之长,自成体系的思想家。

荀子15岁的时候到齐国稷下学宫游学。当时齐国的稷下(在齐国都城临淄,今山东淄博)云集天下许多学者,有相当自由的学术氛围。稷下学宫是具有学术和政治的双重性质,既是一个官办的学术机构,又是一个官办的政治顾问团体。学宫所聚集的学者,广纳道、法、儒、名、兵、农等百家文化。荀子曾三次出任稷下学宫的祭酒。

公元前255年,荀子59岁时来到楚国,因春申君向北征伐灭掉鲁国,新得兰陵之地,因而就被春申君任命为兰陵(位于今山东兰陵县)令。春申君死而荀卿被废职,家居兰陵,几年后去世。

荀子曾经传道授业,战国末期的思想家韩非、政治家李斯及汉初政治家张苍均为其学生。著作集为《荀子》。

思想上,荀子对各家都有所批评,唯独推崇孔子的思想,认为这是最好的治国理念。他以孔子的继承人自居,特别继承了孔子的"外王学"。他批判地总结和吸收了诸子百家的理论主张,形成了富有特色的自然观、道德观、社会历史观,并在此基础上,对先秦哲学进行了总结。他尊王道,也称霸力;崇礼义,又讲法治;在"法先王"的同时又主张"法后王"。孟子创"性善"论，强调养性；荀子主"性恶"论，强调后天的学习。这些都说明他与嫡传的儒学有所不同。他还提出了人定胜天，反对宿命论，具有万物都循着自然规律运行变化等朴素唯物主义因素。

荀子密切关注现实世界的变化，充满事功精神。荀子讲学于齐、仕宦于楚、议兵于赵、论风俗于秦，对当时社会的影响不在孔孟之下。孔子不入秦，荀子却对秦政、秦俗多予褒奖，而同时又批评其"无儒"。这说明他在坚持儒学的基本信念的前提之下，还在努力争取扩大儒家的政治空间。俯仰于政治与学术之间，荀子所体现的务实精神，是汉代大儒董仲舒的取法对象。他们都为儒学适应时代环境、寻求新的发展作出了贡献。

二、"制天命而用之"的思想

战国中后期，各家学说之间的竞争空前激烈，迨战国后期，随着争霸天下的数大诸侯国的形成，各家学说一方面竞相为雄，一方面互相吸收，出现了这一时期的学术汇总的趋势和倾向。荀子生活在这样的历史时代，又曾在稷下学宫三任祭酒，对各家学说相当了解并进行了批判及取长补短。

荀子学说是在经过对诸子百家学术进行吸收的基础上重建的儒家学说。这就是荀子儒家学说不同于孔孟的地方。荀子认为："天行有常，不为尧存，不为桀亡。"他指出，自然的发展变化有它的客观规律，这种客观规律不是人的主观愿望所能改变的。但是人能够认识它，顺应它，运用它，以趋吉避凶，消祸得福。人类的活动必须顺应自然规律，随规律的运动而变化，才能拥有主动权。社会治乱的根源不在天而在人。一切生老病死祸福吉凶都要用合理的措施和办法去对待才可能顺利。

荀子与孔孟的不同，首先表现在自然观方面。荀子肯定"天"是自然的天，自然界的变化有着自己的规律，不受人的意志的支配。天不会因为人们怕冷就取消了冬天，也不会因为人们怕走远路而缩短距离；天也管不了人间事务。他把阴阳风雨等潜移默化的机能叫作神，把由此机能所组成的自然界叫作天。如果人们加强农业生产，又节约开支，天不能使人变得贫穷；如果人们荒废了农业生产而又浪费奢侈，天也不能使人富裕。这种论证"天"与人类社会的治乱毫无关系的"天人相分论"，第一次从理论上把人与神、自然与社会区分开来，是对天命论的有力批判。

其次，在天人关系上，荀子强调"天人相分"，强调人在认识自然和利用自然中的主观能动作用。这里的天人之分主要是将自然与人类区分开来，强调作为认识主体的人，能够主观能动地充分认识自然，认识自然规律，在此基础上发挥人的主观能动作用，进而改造自然，让自然为人类造福。孟子有史以来第一次提出了让人耳目一新的"制天命而用之"著名命题。

把人和自然界区别开来，充分地认识到自然的规律，这就是荀子的"制天命而用之"的光辉思想。人如果掌握了自然规律，就能够使天地万物为人类服务。这在孔孟学说中是不可想象的。

三、"隆礼重法"思想

"礼治"和"法制"本是儒家和法家对立的政治主张,但是荀子主张既要"隆礼",又要"重法"。礼与法的关系是:礼是根本原则,法是具体措施,二者不是对立的,而是相辅相成的。这一改造和发展,使儒学在战国末期到秦统一天下的这段时期内,成为富国、强兵、富民的经济措施和治国主张提供的理论指导。

荀子对孔孟的思想进行了改造,由单纯的礼发展为礼法并用,由孔孟的仁、仁政、王道发展为王道与霸道共用。荀子既主张以礼治国,也主张依法治国。在礼与法二者之中,荀子认为礼当是治国治民、富国强兵的根本。只有"隆礼"才能治国。在这里,荀子所说的礼与儒家完全一致。

荀子认为,人生是有欲望的,但物有限而欲无穷。世间的人必须有一定的组织,才能更好地生存,而人君就是管理这种组织的人。因此,权贵们人为地制"礼"把人们划分成等级,用"礼"来约束人们,把人们固定在礼义等级的管辖之下。身份等级高的权贵可以得到较多的物质与权益;身份等级低的人要多劳作,得到较少的物质以维持生活,而把劳动所得的大部分收获送给等级高的权贵,这就是"礼"的实质。"礼"是对社会物质财富分配制度的体现。王公大臣正是用礼去正国家、治民众的。

为了维护这种等级制度,荀子认为,君主必须在一国之内实行集权,树立君主的绝对权威,不准有分散国君的势力存在。国君处于至高无上的地位,把国家大权掌握在自己手中,才能更好地治理国家。

礼法兼治的思想表现在政治制度上,荀子提出了王道与霸道共用的治国方略,这符合其思想的认识规律,同时也符合社会实际的政治主张。他说:"君主,是国家中最高贵的人;父亲,是家庭中最高贵的人。最高贵的人只有一个,则安定;如果有两个,就会混乱。从古到今,还没有两个最高贵的人互相争夺权力而能长久的。"

诸侯国君在遵循礼的基础上,必须依法治国。荀子认为人生而好利,人性原本是恶的。如果顺由人之性情,则必然会出现争夺,争夺就会产生犯分乱理、礼义忠信消亡的情况。即简礼贱义者其国乱,所以,如果欲维护君主的统治,必须用法去制止。用法、刑的目的就是为了禁止那些由于人的本性恶而引起的偏险、罪恶。正因为人性是恶的,所以古圣先贤才立君立法以制之。法是维护礼的,维护等级制度的。

荀子还认为,刑罚公正也是产生盛世的重要因素。刑罚应当公平,善良之人能够受到保护,而那些受刑者又无怨恨、信服;反之,就会产生祸乱。对于那些奸谋不轨之人,必须坚决用刑罚去惩治。

荀子主张只有制定公正的刑法,并由廉明忠信的官员去执行,才会使诸侯国走上正确的道路。君主的刑法要正、要顺,并且由合适的人去执行才能政和刑平,国泰民安。对于刑法,君主一定要谨慎择之。他还主张,一人犯罪,一人当刑,而不应该罪及整个家族。

四、性恶论理论

在人性问题上,荀子主张人性恶,人性善是教化的结果,是人为的行为。

性之善恶之争论,是因为儒家的孟子、荀子各执一端而引起的。孟子认为,人性是与生俱来的善,其性善的依据是人有"四端",有"不忍人之心"。荀子认为性恶才是与生俱来的。在他看来,人性就是人的自然本性,人一生来就有喜欢财利之心,就有妒忌憎恨的心理,就有耳朵、眼睛的贪欲,就有喜欢音乐、美色的本能,其自然表现为"饥而欲饱,寒而欲暖,劳而欲休",其实质就是人的自然本能和心理本能。有了欲望就不能不争抢掠夺,大家都片面地追求自己的欲望,就不可避免地发生争端和斗争,发生争斗就会使社会秩序紊乱。总之,人天然的对物质利益的欲求是和道德礼仪规范相冲突的,所以一定要有师长与法度的教化、礼义的引导,人们才会从谦让推辞出发,遵礼守法,最终趋向于安定太平。

荀子力图通过性恶论说明建立法制和对人民进行教化的必要性。性恶论同样是唯心主义,但荀子强调后天学习、去伪存真的重要却有其积极意义。

所以荀子说:"青,取之于蓝,而胜于蓝;冰,水为之,而寒于水。"以生动的比喻,指出学习可以使后者居上,新知超过旧知。

"性恶论"是荀子思想中最著名的观点,也是其政治思想的基石。荀子是中国历史上的巨人,是先秦诸子百家的集大成者,是思想和文化领域的一座高峰。

思考链接:

1. 孔子对中国优秀传统文化有哪些贡献?
2. 选读《孝经》、《弟子规》、《荀子·劝学》、《千字文》,谈读后感。

第二章 崇尚自然无为的道家

【情境导入】

塞翁失马,焉知非福

战国时期,北方边塞住着一位老人,人称塞翁。一天他发现丢失了一匹马,大家都来安慰他。塞翁说:"没准会带来什么福气呢?"过了一段时间,他家的马带着一匹胡人的骏马回来了,大家都祝贺他。塞翁说:"白白得了一匹好马,没准是什么祸害呢。"塞翁的儿子有一次从马上摔下来摔断了大腿。大家都安慰他,塞翁又说:"腿摔断了却保住了性命,或许是福气呢。"过了一年,胡人大举侵入边塞,青壮年男子都拿起弓箭参战,靠近边塞的人绝大部分都因战争而死去。唯独他的儿子因为腿摔断了而免于征战,父子得以保全性命。

老子针对人们在福和祸面前的迷失,发出了善意的提醒:"祸兮福之所倚,福兮祸之所伏。"为福而极乐或为祸而极悲都是不明智的,聪明的做法是,不为好事大喜,不为祸事大悲,一切得失要顺其自然,心态平和。

道家学派是先秦时期的重要思想流派之一,在中国历史上的影响仅次于儒家。道家学说与儒家学说互为补充。历史上每当大的战乱过去,统治者都会采取道家"无为而治"的思想去治理国家,实行休养生息的政策,创造一个较为安定的社会环境,使饱受战乱苦难的人民有一个喘息的机会。如西汉初年、唐朝初年、北宋初年等封建政权都是以此思想为统治的基本国策。道家学说还是古代道教的理论基础。

有学者认为,今日所说的道家,本是先秦时期的两大学派。一派源于史官,这是本来的道家。另一派源于隐者,故称之为隐逸家。两派的思想有很大差异,发展线索也十分清晰。道家的价值追求是修身兼治国,而尤重治国;隐逸家的价值追求是修身养性。前者是入世的,侧重政治自由,追求平治天下;后者是避世的,侧重生命自由,追求修身养性。

第一节 道家始祖老子

一、老子其人其书

老子,姓李,名耳,字伯阳,号老聃,先秦时期有完整的哲学思想体系的思想家、道家学派的创始者之一。春秋后期陈国苦县(今河南省鹿邑县)人,陈后属楚,故又称楚人。曾做过东周王室的守藏史官,熟悉各种典章制度。后来,老子被粉饰为道教的开山祖师。

老子的思想根植于春秋时期陈国的社会现实。他作为一个小国的贵族,面对着强大的霸主国的侵略,存在着一种无能为力的心理,于是他提出安分守己,以柔弱胜刚强的应敌策略,要人们安于暂时的劣势注重保全自己。他的反战思想表明他对争霸战争的愤恨和对广大百姓的同情。

竹简本《老子》出自春秋末期的老聃,今本《老子》出自战国中期与秦献公同时的太史儋。后者曾将前者全部纳入并加以改造,两书各有自己独特的思想体系。

二、天人合一的理想境界

老子冲破传统宗教思想,提出了一个超绝一切的虚无本体,叫作"道",又叫作"大",以取代商周以来的人格之神——"天"的至上权威。他说,有一个浑然一体的东西,在天地出现之前就存在了。它寂静无声,空虚无形,独立长存而不改变,循环运行而不止息,可以作为天下万物的母体。我不知道它的名字,勉强叫作"道",再勉强命名为"大"。"道"是老子哲学思想体系的核心。

老子像

"道"本意是道路,引申为法则。老子所指的"道"是它的引申意义的延伸。老子认为"道"是创造世界万物的源泉,世间一切事物都是从"道"派生出来的。"道"生万物的过程是:"道生一,一生二,二生三,三生万物。"这里的"一"应理解为元气,是原始的物质。比原始物质更原始的"道"显然不是指物质实体,而是指"视之不见"的精神。

道为天下之母,然而道又是由什么而产生的呢?老子说:"人法地,地法天,天法道,道法自然"。道是遵循自然的法则而运行的。老子还说:"天下万物生于有,有生于无","无"比"有"更根本,是天下万物产生的根源。因此,"无"即是"道"。这种"道"是一种"恍惚"的、"玄妙"的、无形无迹的、看不见、听不到、摸不着的超感觉的东西。

今本《老子》以"道"解释宇宙万物的演变,"道"为客观自然规律,同时又具有"独立不改,周行而不殆"的永恒意义,遵循"道"的规律,才能长久而不灭亡。

三、无为而治的政治观

"无为而治"是老子为解救社会危机而提出的一种独特的、极具启发意义的政治主张。

周王室用礼乐制度来规范尊卑秩序,并为维持这种秩序殚精竭虑,可是最终还是失败了。老子从这种历史教训中总结出经验:"有为"治理是枉然的,真正的政治之道是"我无为而民自化","为无为,则无不治"。我无为而人民就自然顺化了。实行不用政治手段干预,只用道德引导,那么天下没有不能治理的。因此,在"道"的思想支配下,老子的政治主张是"无为而治",即主张政治宽松让民自主而为,则天下可以长治久安。

老子用"治大国,若烹小鲜"来说明这一道理,认为治理国家就好比是煎小鱼,不能多搅动,否则鱼会烂掉,这就是"无为";而鱼还是要煎的,国家还是要治理的,并且还要治理好,这就是"为";如能按照我"无为"的原则去"为",不妄加搅动、干涉,任其自成其功,就可以把鱼煎好、把国家治理好,这就是"无为而无不为"。可见,"无为"只是一种手段,"无不为"才是所要达到的目的。

我们可以用"自然无为"来形容老子的思想,"自然无为"是指顺任事物之自然,排除不必要的作为或妄为。顺其自然不妄为,实际上也是"为",是一种独到的、有深刻意蕴的"为"。这就是老子所说的"为无为,事无事",即以"无为"的态度去"为",以清静无事的态度去"事"。

"无为"的形态体现为"静"。静是自然本性,也是人之本性,遵循恬静本性,便是遵循自然正道,整个天下因此也就稳定大治了。统治者无为无欲、无事好静,那么人民就会自富、自朴、自正、自化,根本无需苛刻的法令去约束。

"无为而治"就是听其自然,统治者要"少私寡欲","不尚贤","不贵难得之货",少过问政事,力求做到"去甚、去奢、去泰"。他还号召统治者在"治民"时必须遵守"虚其心,实其腹,弱其志,强其骨,常使民无知无欲"的政策。也就是说要排空百姓的心机,填饱他们的肚子;减少百姓的斗争意识,增强他们的体魄;使其回归本性,无望无求,则人民安乐,国可太平。这些显然有同情人民疾苦的一面,但也有鼓吹"愚民"政策的一面。

但是,"无为而治"并不是什么事情都不做。老子极力反对统治者无情地搜刮人民和横征暴敛。在他看来,为政者有两件事一定要做并且必须做好,那就是减徭税、尚节俭。只有减轻了民之徭税,民才能安居;为政者要以身作则带动整个社会崇尚节俭。

道是无为的,无为才能无不为。道永远是顺其自然而无所作为的,却又没有什么事情不是它所作为的。君主诸侯如果能按照"道"的原则为政治民,万事万物就会自我化育、自生自灭而得以充分发展。自生自长而产生贪欲时,就要用"道"来镇住它,用"道"的真朴来镇服它,就不会产生贪欲之心了。万事万物没有贪欲之心了,天下便自然而然达到稳定、安宁。

四、朴素的辩证法思想

老子思想中的精华部分是朴素的辩证法思想,它揭示出世界的事物包含有矛盾对立的两方面,互相依存,相反相成。如美与丑、难与易、长与短、高与下、前与后、有与无、祸与福、刚与柔、实与虚等,都是对立的统一,相反而又相成。他说事物都是互相对立而出现的,所以有和无由互相对立而产生,难和易由互相对立而形成,长和短由互相对立而体现,高和下由互相对立而存在,音和声由互相对立而和谐,前和后由互相对立而出现。

老子还观察到了对立面的转化,"祸兮福之所倚,福兮祸之所伏",福与祸相互依存,互相转化,比喻坏事可以引发出好的结果,好事也可以引发出坏的结果。还如,"正复为奇,善复为妖",正常与怪异可互相转变,善良与邪恶也能彼此循环。这些命题肯定了事物都会向它的对立面转化。

老子不是绝对的消极厌世者,而是希望通过以柔胜刚、以退为进的途径来恢复他自己的理想生活。

但也要看到，老子极力否认对立面的斗争，夸大了对立面的统一。同时，老子所谓的对立面的转化，既无视事物转化的条件，又看不到新旧事物的质的区别，而是把对立面的转化仅仅看作循环往复的无尽过程。这样，老子朴素的辩证法思想就被唯心主义所冲淡。

五、个人处世原则

老子把"道法自然"、"无为而治"的哲学思想运用到个人的生活中去，也有他的一套办法，即以柔胜刚的消极进取精神。

其一，以柔克刚。遍天下再没有什么东西比水更柔弱了，而攻坚克强却没有什么东西可以胜过水。弱胜过强，柔胜过刚，水性温柔，但滴水石穿。我们应当向水学习，以柔克刚。人活着的时候身体是柔软的，死了以后身体就变得僵硬。坚强的东西属于死亡的一类，柔弱的东西属于生长的一类。这叫作守柔弱避锋芒。

其二，不争，或曰忍。忍是人处于劣势或地位低下时的一种处世智慧、情态。他说，最善的人好像水一样，水善于滋润万物而不与万物相争。他主张让人委曲求全，甘拜下风，不要出风头，不要锋芒太露。弯曲可以保全，受压反而伸直；低陷得到充盈，凋敝于是更新；单一因而得到，繁多所以迷惑。要人们安于暂时的劣势，才能保全自己。但同时也包括得意之时的清醒和警惕，因为优劣得失、高下贵贱时刻都处在变化转换之中。忍是人在平时状态中待人接物的处世智慧。

其三，不敢为天下先，即与世无争，淡泊宁静，谦退居下，明哲保身。"功遂身退，天之道"，主张听其自然，对功名、事业、成就等持严谨、慎重的人生态度。要达到谦下不争的境界需要心态平和，胸襟豁达。他的不敢为天下先，看似消极避世，实则是以退为进、积极进取。

第二节　道家文化的继承与传播者庄子

一、庄子其人其书

庄子，名周，字子休，约生于周烈王七年（公元前 369 年），卒于周赧王二十九年（公元前 286 年），宋国蒙邑（今河南省民权县）人，战国时期道家学派的代表人物。庄子继承和发展了老子的思想，与老子一起合称为"老庄"。

庄子自幼家贫，所处的时代，诸侯混战，争霸天下。庄子厌恶仕途，不愿与统治者同流合污，便辞官隐居，潜心研究道学。庄子学问渊博，游历过很多国家，对当时的各学派都有所研究，进行过分析批判，在社会上的名气也很大。他深入继承和发展了老子的思想，把"贵生"、"为我"引向"达生"、"忘我"，归结为天然的"道"、"我"合一。

庄子的思想保存在《庄子》中。他的想象力极为丰富，语言运用自如，灵活多变，能把一些微妙难言的哲理说得引人入胜。唐玄宗天宝初，诏封庄子为南华真人，称其著书《庄子》为《南华真经》。

二、无为而治的政治思想

庄子主张无为而治，归返自然。他的小国寡民的理想与老子无为而治的社会理想是同一形式。庄子认为，统治者应该顺民以自然，采取无为而治的办法，不要扩张领土、修建宫室、征伐劳役，使民有安定的生存环境，天下就会自然太平。当然，他是站在贵族的立场上议论的。

这里的无为，是指"上无为而下有为"。也就是说帝王必须要无为，对于臣下，则要求他们有为，努力地创造财富，为天下所用。无为是君道，有为是臣道；天道无为，人道有为。因此君无为符合天道，臣有为符合人道，天下才能实现合乎情理的发展。

庄子反对"人为"，主张天下之民应顺其自然的本性。对待人民，应当顺民之常性。民的本性是质朴纯真、无知无欲、纺织而衣、耕作而食、无党无私、自由放任。如果顺应人民的自然本性，就可以达到理想的社会即所谓的"至德之世"。

对于世俗社会的种种道德规范和价值观念，庄子是持反对态度的。在他看来，列国统治者提倡仁义，正是社会沦丧的表现。他们制礼义，使民趋于利，使民争于权，巧取豪夺，从而使人民丧失了淳朴的自然本性，使人性变得扭曲，这是统治者之过。仁义等道德规范已经沦为统治者掩饰自己道德沦丧和用以控制人民的工具。应当指出的是，庄子反对的并不是仁义本身，而是被统治者歪曲和盗用的仁义。

庄子也倡导仁义，但他倡导的仁义与儒、墨宣扬的仁义有两点不同。其一是其真实性，不加任何虚饰和扭曲；其二是其自然性，即无目的、无意识性，毫不勉强，"端正而不知以为义，相爱而不知以为仁"。这样的仁义，无论施行的一方，还是受惠的一方都是在不知不觉自然而然中进行的，就像时刻都是呼吸空气却又感觉不到空气的存在一样。这些说明庄子不仅以自己独特的方式关心着政治，也以同样的方式关心着社会与人生。

庄子的避世只是躲避政治，而不是逃避人世、逃避现实，他对官场的黑暗复杂和危险有清醒而深刻的认识，所以他拒绝了楚王的"千金之利"和"卿相之位"。但是，不直接投身政治不等于不关心政治，处身于政治漩涡外的庄子事实上是以批判者的身份或是反对的姿态来关心政治的。

三、充满矛盾的人生观

庄子在老子的人生观的基础上发展改造，形成了自己的人生观，表现在：

1. 追求绝对自由

一要"无待"。在庄子看来，人之所以有痛苦、不自由，是因为受到现实世界的是非之辨、贵贱升迁、贫富变化、生死祸福等的困扰，受到各种物质条件的限制，囿于人们有所依赖、有所期待、有所追求而造成的。这叫作"有待"。待是凭借的意思。大船在江河中航行，必须依赖水；大鹏展翅高飞，但离不开风。这些都是"有待"，都不是真正的自由。而追求绝对自由的理想境界是"无待"。"无待"即不依赖任何条件。就是说，要使自己的巨大能量展示出来，不需要凭借其他任何条件，"顺应天地万物的本性，驾着六气的变化"，在无边无际的宇宙中遨游,不需要依赖什么。这种情况就是真正的"无待",就是真正的精神自由。

二要"无己"、"无功"和"无名"。庄子希望按人的自然本性生活,从仁义礼智的桎梏中解脱出来,以求得精神上的自由。庄子认为,没有绝对的真正的自由的原因是"有己",即有自我意识,这也是不自由的。因为"有己"会使人分善恶、辨是非、别祸福,从而引起种种苦闷。要想达到没有痛苦,实现真正的自由,就必须"无己"。"无己"即从精神上超越一切自然和社会的限制,泯灭物我的对立,忘记社会和自我。

在庄子看来,不是客观必然因素束缚了人的自由,而是人们的思想束缚了自己。只有"无己",才能做到"无待",也才能获得精神上的"逍遥游"。"至人无己,神人无功,圣人无名",在庄子眼里,"至人"、"神人"、"圣人"他们实现了对世俗人生的精神超越,是庄子心目中的理想人格。

2. 想有所作为

有所作为的表现就是大鹏之高飞,庄子自喻大鹏,并嘲笑那些胸无大志的小雀。世俗之人沉溺于追逐功名利禄而不能自拔,他们虽说人还活着,但心却接近了死亡,这样的人生是非常可悲的,所以庄子沉痛地指出"哀莫大于心死"。通过对世俗人生的反思,他提出了一个深刻而严肃的问题:人生应该追求的价值是什么?什么样的人生才是有意义的?庄子希望人们从世俗的价值观念中解脱出来,过一种高尚的、理性的、自由的生活,这样的人生才有意义。由此可见,庄子对人生却是高度负责的。

思想的伟大之处必须在于思想本身的深刻。庄子思想的伟大,不仅是因为给出了一套身体和精神修炼的方技,并且以诗意的语言描绘了通过修炼实现的内心体验。

庄子关于精神自由的思想对不与统治者同流合作的隐士们起到精神安慰的作用,但这种反对一切制度规范,不辨是非、知足安命的思想从本质上讲是反对文明进步的颓废历史观。这种人生哲学是矛盾的,是无法解决的。

四、天人关系说

庄子在人与自然的关系上还有可取之处。他认为,不要用人为的手段毁灭自然,不要因贪心损害自己的名声,人的行为要使天和人自然地不失本性地协调起来,这就是天人关系的"真"。

在天人关系上,庄子一方面强调天人之分,把天道和人道、自然和人为加以区分。另一方面,区分之后,在保持各自本性的基础上强调统一,这一思想有其独到之处。

如何使二者统一,他提出了"真人体道"的思想。"真人"就是"真知"的人,有三大特点:其一,以"体道"的心态对待是非,错的并不因此后悔不已,对的并不因此而洋洋自得;其二,"其食不甘"、"寝而无忧"的精神境界;其三,心底坦然地对待生死,不贪生,不恶死,生不庆幸,死不拒绝,一切顺其自然。庄子讲,只有"真人"才能知道"天理之当然"和"人为造成"二者的关系,而要达到天理和人为的融合统一,必须具备真人的素质条件。因为只有真人才能体道,只有体道才能达到天人合一的境界。庄子还用人的生死讲述天人关系:人之生,本于自然,本于天,人乃自然万物中之一物,生亦自然,死亦自然,回归于自然,这种变化和四时交替本无不同。

  庄子的以真人体道的思想的确是达到了人与自然的合一。这种天人合一观,是消极的,是被动的,是从道家的角度以论述人与自然的和谐。

思考链接:

1. 儒道互补——中国文化的基本格局。
2. 老子为何主张"贵柔守雌",你怎样看待这种处世方法?

第三章　宣扬兼爱互利的墨家和强调功利的法家

【情境导入】

祁黄羊荐贤

春秋时期,晋平公要祁黄羊为他推荐一个南阳地方官,祁黄羊认为解狐很合适。平公很奇怪地问祁黄羊:"解狐不是你的仇人吗?你为什么要推荐他呢?"祁黄羊答道:"您问的是当县官的人才,不是问谁是我的仇人呀。"平公认为祁黄羊说得很对,就派解狐去做地方官。解狐上任后,为当地办了不少好事,政绩斐然,受到百姓普遍好评。

此后,晋平公又让祁黄羊为他推荐一个朝中掌管法制的官员,祁黄羊表示祁午能担当。平公又觉得奇怪,"祁午不是你的儿子吗?"祁黄羊说:"祁午确实是我的儿子,可您问的是谁可以为朝廷执掌法制,而不是问祁午是不是我的儿子。"平公于是又派祁午执掌法度。祁午在任时秉公执法,得到了朝臣们的一致赞扬。

墨子主张在举荐人才时应该举公义、辟私怨,做到任人唯贤、公正选拔,才能掌握"尚贤"的真义。祁黄羊"内举不避亲,外举不避仇"的故事是"举公义、辟私怨"的典型代表。

第一节　平民圣人墨子

墨家文化植根于中华民族古老而原始的文明之中,既博采众长,又在继承中有所创新和改造。它既反对儒家文化,又同道家文化相区别,显示出其独特的个性。

儒墨两家在当时并称显学,两家的弟子甚多,遍布各地。但两派的阶级立场显然不同。儒家植根于贵族文化,继承了西周以来的文化传统,比较重视传统、情感,有浓厚的人文色彩;墨家主要植根于"农与工肆之人",重视实用,强调下层人民的利益。孔子旨在维护没落的奴隶主贵族的统治,墨子则反映正在上升的小生产者的要求。

由于儒墨两家立场不同,彼此利益相反,所以两派形成对立面,社会政治思想亦背道而驰。儒家主张"爱有差等",墨家则主张"兼爱";儒家信"命",墨家则"非命";儒家鄙视生产劳动,墨家则强调"不赖其力者不生";儒家"盛用繁礼",墨家则俭约节用;儒家严义利之辨,墨家则主张"义,利也";儒家的格言是"穷则独善其身,达则兼善天下",墨家则"摩顶放踵,利天下为之"等。

一、墨子其人其书

墨子,名翟,生活于战国初期,约生于公元前468年,卒于公元前376年,墨家学派的创始人,著名思想家。

墨子出生在一个小手工业者家庭。当时的工匠处于官府的严密控制之下,隶属和服务于官府,社会地位非常低下,因此自称为北方之鄙人,人称布衣之士、平民圣人。

墨子对现实生活给予了积极的关注与思考,表现出鲜明的忧患意识和救世精神,他的一生以济世救民、制止战争、维护和平为己任。在政治立场上,他是下层社会成员利益的呼吁者;在价值观上,他提倡吃苦耐劳、热心救世。墨子曾师从儒者,后来抛弃儒学,自成学派,成为历史上第一个儒家思想的有力批判者,真正揭开了百家争鸣的序幕。

墨子像

墨子一生的活动主要在两方面:一是广收弟子,积极宣传自己的学说。为宣传自己的主张,墨子广收门徒,一般的亲信弟子达到数百人之多,形成了声势浩大的墨家学派。二是不遗余力地反对兼并战争。他四处奔波,不辞辛劳,只要能使诸侯国停止打仗,墨子可以帮助被侵略者去防守,并亲自去说服侵略者停止进攻。

墨子的活动范围较广,他曾到过楚、卫、宋、齐等,曾阻止楚国攻打宋国。丰富的阅历,加之其独特的社会地位,为他广泛吸收不同地区、不同阶层的文化与思想提供了十分便利的条件。墨子的学说博大精深,既来自多个源头的传承,也独树一帜。

墨家是墨子按照行会等级关系,创立的严格服从墨子本人领导的学术团体,这种团体具有共同政治理想和强烈军事色彩。墨子的弟子多半来源于社会下层。墨家有严密组织纪律,最高领袖称为"巨子",成员都称为"墨者",代代下传,所有墨者都必须服从巨子的指挥和指导,甚至可以"赴汤蹈火,死不旋踵"。墨者穿短衣草鞋,参加劳动,以吃苦为高尚。如果谁违背了这些原则,轻则开除,重则处死。

墨子死后,其弟子根据其生平事迹的史料,收集其语录,完成了《墨子》一书的传世。该书现存53篇,是研究墨子思想的可靠材料。

二、"爱无差等"的兼爱思想

墨子所倡导的爱是一种无差等、无等级的爱,爱个人与爱他人是处于同一层次的,即"兼爱",其实质是"爱利百姓",以"兴天下大利,除天下之害"为己任。

兼爱包含平等与博爱的意思。墨子要求君臣、父子、兄弟都要在平等的基础上相互友爱，"爱人若爱其身"。强执弱、富侮贫、贵傲贱等现象，臣与子不孝，君与父不慈，"大夫之相乱家，诸侯之相攻国"，盗贼之害人，都是互不相爱的结果。如果天下人能"兼相爱"，那么天下就太平了。

兼爱是一种古老的"博爱"思想。孔子将"爱人"含义的"仁"加上了宗法等级制的内容，改造成了"忠恕"含义的"仁"；墨子主张"使天下兼相爱"，则抽去了宗法等级制的内容，人与人不分贫富贵贱都是平等的。因为庶人也是可以被举为天子的，等级制的界限已被打破了。所以，墨家的"兼爱"是对儒家的"仁"的发展，更是对儒家的"仁"的否定。在墨子看来，儒家不兼爱的"仁"不能算是"仁"。

墨子把"如何去爱"的这样一个过程延伸到一个人所能延及的所有范畴。视别人的国家如同看待自己的国家一样，视别人的家族就像看待自己的家族一样，视别人就如同看待自己一样，这样可以增加相互间的理解与尊重，加强沟通，化解矛盾，促进群体和谐。墨子主张用"爱无差等，投桃报李"的思想来协调组织内部的各种关系，认为多多考虑一下对方的利益和处境，就可化解矛盾，和睦共处。如果人人都能够爱人如己的话，就不会再有欺骗、矛盾、争执、战争、屠杀，这个社会就会变得温馨。

墨子也讲"慈"、"孝"，但并不以"孝悌"为"兼爱"之本，更不主张有差等的爱，所以其"兼爱"具有反宗法等级制度的特点。

墨子的"兼爱"还要禁止"强执弱"、"富侮贫"、"贵傲贱"、"诈欺愚"，反对贵族、富人欺压下层民众。其要求"饥者得食，寒者得衣，劳者得息"，具有不少朴素的唯物主义的思想。

墨子吸收并发展了子思学派"义"、"利"合一的思想，主张"兼相爱"、"交相利"是相结合的，把兼爱和实现人们物质利益方面的平等互利相联系，表现出对功利的重视。

墨子的"兼爱"并不否认个人利益的正当性，不反对人有自爱自利之心，但认为个人与社会、个人与他人之间在利益上是一致的，是相互包容的。若己能爱群，己也能为群所爱。反之，若人人都追求自利，个人利益反而得不到保证。因此，他说，"爱人者，人必从而爱之；利人者，人必从而利之；恶人者，人必从而恶之；害人者，人必从而害之"。"兼爱"有利于自己，不"兼爱"则有害于自身，墨子将伦理道德和功利主义紧密地结合在一起。

墨子认为凡是兼爱之人就是仁人、义人。"兼爱"能够在人与人之间、人与社会之间形成一种良性循环，造成一种良好和谐的社会氛围。他把"兼爱"作为一种理想的道德境界以及一切善恶的标准。墨子所倡导的爱，就是我们今天所理解的博爱。很明显，墨子的"兼爱"主张在古代社会缺乏实现的可能性，但作为一种崇高理想，在世界文化史上却具有普世意义和永恒价值。

三、官无常贵的尚贤思想

"尚贤"即尊尚贤人，实际上是平民阶层的上层分子要求参政议政的口号。尚贤包括选举贤者为各级官吏，选举贤者为国君。墨子主张，治理国家的人必须是一批有才能的贤者，通过"尚贤"选举出新的能"为万民兴利除害"的国君，并在此基础上形成新的社会等级；要求向"农与工肆之人"开放政权，广泛选用有真才实学之人，给予相应的高官厚禄；上层必须了解下情,才能赏善罚暴;百姓理应在公共行政上对国君有所服从。他反对任人唯亲,反对"骨肉之亲无故富贵"的世卿世禄宗法制。

墨子还主张统治者不袒护亲属,不偏向有钱有势的人,不屈从所宠幸的人,不管是什么阶层的人,只要是贤能,即便是农夫、渔民、手工业者之类,也应该推选他,给他高官和厚禄,让他去做事;贤者,只要具有相应才能,也一样可以被举荐为天子。没有才能的人,应当免去职位,使之贫贱,让他做奴仆。贤者,在墨子看来,贤良之人是德行忠厚、道术渊博的德才兼备之人。这反映了小生产者试图提高自己的政治地位、参与国家管理的要求。

可以说,墨家尚贤使能的用人原则跟儒家基于血缘关系的"亲亲"用人原则是相对立的。墨家主张建立的是平民民主的政治制度,是以利万民的,而儒家主张维护世袭贵族的政治制度。墨家提出的政治主张有其历史进步性。

春秋战国时期的"举贤"、"荐贤"与儒家的"尚贤"、"选贤"都是作为宗法制世袭官职的补充手段而存在,而墨子则表达了更好的诉求:"天子"都应当是"尚贤"推选出来"治天下之民"的。

儒家、墨家的等级思想各异,两家斗争的焦点在于维护还是反对宗法世袭制度。所以,战国之初的儒墨交锋实际上是贵族和平民在政治思想上的争论。墨子的"尚贤"、"赏罚"理论对战国法家有很大的影响。

从一定意义上讲,墨子的用人之道是与其人性论的根本观点是一致的。在他看来,不论是天子还是庶人,不同于禽兽的根本点在于必须从事听政和耕织才能生存生活。这里既触及了人的本质特征在于劳动实践活动,又十分清楚地表明:全社会的人尽管从事的活动类型不同,但都必须各从其事、各尽其职。

四、兼爱的政治观

墨子政治观的核心是"兼爱"、"非攻"。"兼爱"就是人与人要相亲相爱,不要仇视;"非攻"就是反对战争。所以墨家的言论、行动,都是以国家、百姓之利为准绳。

墨子认为,圣人的任务是治理天下,不可不考察战争和祸乱产生的根源。他认为混乱起源于人和人的不相爱。墨子讲,如果君、父、兄爱其臣、子、弟,像爱自己一样,就不会有不忠不孝的人了;如果臣、子、弟爱其君、父、兄亦如爱自己一样,那么君、父、兄也都会以慈爱之心对待他们。同样,盗贼如果爱别人的家如同爱自己的家一样,也就不会盗窃别人的财物了。

墨子的"兼爱"思想指的是政治管理之道。整个"兼爱"思想体系包括非攻、节用、节葬等多个方面。他反对各国诸侯互相攻伐;他提倡勤俭,认为人的衣食住行均应力求简朴,反对为政者奢侈铺张;针对儒家"厚礼守丧"的观念,他提出要节葬。

"兼"的核心则是人伦。兼爱是圣王的大道,王公大人因此得到安稳,万民衣食因此得到满足。所以君子最好审察兼爱的道理而努力实行它。做人君的必须仁惠,做人臣的必须忠诚;做人父的必须慈爱,做人子的必须孝敬;做人兄的必须友爱其弟,做人弟的必须敬顺兄长。所以君子假如想要做仁惠之君、忠诚之臣、慈爱之父、孝敬之子、友爱之兄、敬顺之弟,对于兼爱就不可不去实行。这是圣王的大道,万民最大的利益。

从表面看，墨子也在提倡君臣、父子、兄弟的秩序关系，但墨子关注更多的是这些关系中双方之间的爱：君要惠，臣要忠；父要慈，子要孝；兄要友，弟要悌，双方之间的爱是互动的，也就是说是"兼"的。兼相爱，使天下人皆能友好相处，这就是万民之大利。

"使天下兼相爱"，是墨家为治世开出的政治药方。在墨家看来，既然天下大乱源于人间的无爱，臣、子不忠不孝，君、父不惠不慈，以及"大夫之相乱家，诸侯之相攻国"，直至盗贼之害人，都是因为无爱，那么只要倡导天下人能"兼相爱"，天下就大治了。

墨子体察到下层的民情，代表小生产者及广大百姓的利益，提出了"非攻"主张，这反映了民众要求平等、厌恶战争、希望安居乐业的愿望，是有积极的意义。自古至今，无论什么形式的战争，受害最深的是黎民百姓。"非攻"反映了墨家学派反对发动不义战争的和平愿望。

墨子反对大国对小国的攻伐和侵略。当楚国攻伐宋国时，墨子竟"自鲁往，裂裳裹足，日夜不休，行十日十夜而至郢说楚王"不要攻宋，并亲派弟子为宋守城，使楚王不得不放弃这次战争。这是墨子"非攻"、"反战"思想所支配的政治活动。墨子站在小国的立场上，认为大、小诸侯国是平等的，应该相互救援，相互帮助，才是人间正道。杀害百姓，贼虐万民，则此"上不中天之利"，"中不中鬼之利"，"下不中人之利"，必然会激起天怒人怨。

墨子反对不义战争，而支持正义战争。禹汤文武是顺天命而行，他们的征讨不叫"伐"，而应该叫"诛"，以有道诛无道，上顺天命，下合民意。"非攻"表现了墨家强烈的热爱和平的思想。墨子还主张弱小国家团结起来，共同抵御大国兼并，这一理论是战国"合纵"的先声。

第二节　法家思想的集大成者韩非子

诸子学说尽管道殊论异，但基本上都是基于人性和人心，也就是说都是以人为中心，其学说有很强的人性味。而法家提倡以法制为核心思想，它的思维极其冷静、理性，因此被称为"峻刻寡恩"，"牧民、驭臣之法"。然而，几乎每一代帝王都要依赖法家这一非常实用而且被无数次证明是行之有效的政治手段与管理智慧。

一、韩非子其人其书

韩非，约出生于公元前280年，卒于公元前233年，战国末期韩国新郑（今河南省新郑市）人，出身于韩国贵族，后称韩非子。

韩非师奉荀子，但没有承袭儒家的思想。在战国末期新的形势下，韩非顺应时代发展的需求，继承和发展了荀子思想中的法术理论，又吸收了早期法家学说，将商鞅的"法"、申不害的"术"和慎到的"势"集于一身，是法家思想的集大成者，是诸子百家争鸣中产生的最后一位思想家。他才学超人，不善言谈，而善于著述，作有《韩非子》一书。

韩非目睹战国后期韩国的积贫积弱，总结了历史上的经验教训，多次上书韩王，希望改变当时治国不务法制、养非所用、用非所养的情况，但其主张始终得不到韩王的重视与采纳。韩非认为这是"廉直不容于邪枉之臣",便退而著书立说,以总结历史上的得失,言明时代的变迁,提出自己的治国思想。他写出了《孤愤》、《五蠹》、《说难》等著作,字里行间,叹世事之难、人生之难,阅尽天下,万千感怀。

韩非的文章构思精巧,描写大胆,于平实中见奇妙,具有耐人寻味、警策世人的艺术风格。《韩非子》呈现出韩非子极为重视唯物主义与效益主义的思想,积极倡导君主专制主义的理论。《史记》载,秦王嬴政见《孤愤》、《五蠹》之书后甚悦,推崇备至。后来韩非出使秦国,受到秦王赏识,但被李斯、姚贾等陷害,终年47岁。韩非的思想深邃而又超前,对后世影响深远。

韩非子

二、进化的社会历史观

先秦显学中,儒、墨、道三家都持今不如昔的观点,在政治理论上往往言必称三代,要求循古不变,只有法家坚持历史进化论。

战国时期,法家提出了具有发展进化因素的历史观,力图论证当时政治、经济地位的变动和财富权力的转移是合理的、进步的,批判儒家的守旧不变。韩非进一步发展了这一观点,提出了圣人不期望照搬古法,不死守陈规旧俗,而是根据当前社会的实际情况,进而制定相应的政治措施的主张,建立了较为系统的历史进化观。

在社会历史观上,韩非将人类社会分为四个阶段,认为人类社会是处于不断发展变化的过程之中,不是今不如昔,而是今胜于昔。社会上的事物也在不断变化,人们不应该转身向后,不能像"郑人买履"那样墨守成规,而应当目光朝前,要根据社会变化的新情况来制定相应的制度和措施;事物发生变化,应对的办法也应当有相应的改变。上古之时,竞于仁义道德,中古之世逐于智谋,当今之世则争于气力。

他在《五蠹》篇中有一段脍炙人口的话,是批判孟子"法先王"思想的:

> 上古之世,人民少而禽兽众,人民不胜禽兽虫蛇。有圣人作,构木为巢以避群害,而民悦之,使王天下,号之曰有巢氏。民食果蓏蚌蛤,腥臊恶臭而伤害腹胃,民多疾病。有圣人作,钻燧取火以化腥臊,而民悦之,使王天下,号之曰燧人氏。中古之世,天下大水,而鲧禹决渎。近古之世,桀纣暴乱,而汤武征伐。今有构木钻燧于夏后氏之世者,必为鲧禹笑矣;有决渎于殷周之世者,必为汤武笑矣。然则今有美尧、舜、汤、武、禹之道于当今之世者,必为新圣笑矣。

韩非还以"守株待兔"的著名寓言,讲述其社会历史观,认为现在假使还要用先王的政治来治理当代的民众,那就无疑属于守株待兔之类的人了;现在如果还拿古代先王的政治措施来统治民众,那就无疑是呆守枯树根等待死兔子一样的蠢事。韩非的历史社会观是执行其法家政治的理论依据,如今看来仍然有着不可多得的闪光点。

三、刑、德思想

韩非认为,杀戮处罚之权叫作刑,庆赏奖励之权叫作德。国君在全体臣民中能够享有威望,使臣下信服,手中必须掌握刑赏大权,其实就是生杀予夺之权。刑、德是国君治理国家、统治人民、垄断国家权力的重要手段。国君必须对群臣操生杀予夺大权,才能够君临天下,以课百官,以责百官。

韩非指出,做臣子的害怕刑罚而贪图奖赏,所以君主亲自掌握刑赏权力,群臣就会害怕他的威势而追求他的奖励。如果刑赏之权被臣下所篡夺,那么国君的地位就非常危险了。这里的"德"不是儒家所讲的仁义道德,而是赏罚得当的"德",这是法家对儒家的"德"的改造。

刑德既然如此重要,怎样对待刑德就是国君需要把握的关键。

第一,对大臣的奖赏应有度,不能因为大臣的名誉而赏,也不能由朋党私誉而赏。如赏赐不公,那么奸邪之人得利不以功,就会使能臣寒心,此为灭亡之兆。

第二,明君选择大臣,不能凭好恶、名声,而应以法而断,这样才能得到忠烈之臣。无论提拔大臣、赏赐百官,或是刑罚臣下,都应以法为准。

第三,对于贤能臣下应限制使用。君主有两种祸患:任用贤人,臣下就会依仗贤能来威逼君主;如果妄举庸才,就会败坏事情,国家将难以治理。在这种情况下,国君用人是非常难的,既想任用贤能之士,又害怕其难以制驭;欲用庸才,又害怕国家无法很好治理。因此,大臣的权力不宜过大,大臣的富贵不能过大。如果国君对于臣下没有防备之心,任其臣下势力发展,终究会对国君构成威胁,最后取而代之。

第四,君主对大臣绝不能因私废法。刑罚是"退淫殆,止诈伪"的最有效的措施。如果没有办法去辨别是非曲直,那么上与下、国君与臣民、贵族与百姓就没有区别了。这对国君来说,是最可怕最可悲的。所以国君用法,要不阿贵,不挠曲,使智者无法开脱,勇者不敢争论,从而维护法的严肃性,也是维护国君的权威。

第五,如果大臣不驯,不能归顺国君,那么必须把他除掉。

第六,对于百姓也要牢牢掌握刑德大权。韩非反对儒家、墨家"先王兼爱天下,则视民如父母"的说法。君主治民兴刑,非以恶民,而是爱民。诸侯国君应根据当世的情况,赏、刑并用,才能使民信之、使民畏之,从而使民听之。统治者要根据客观情况,在每一个发展阶段中因时制宜,制定新的法律措施去适应时代的要求。

圣人治理民众,是从根本上考虑问题的,他只希望给民众带来实际利益。所以当君主对民众施用刑罚的时候,他并不是憎恨民众,而是从爱护他们的根本利益出发的。刑罚严峻,民众就安宁;赏赐太滥,奸邪就滋生。所以治理民众,刑罚严峻是国家太平的首务。

四、以赏罚为核心的法治政治观

韩非吸收了儒、法、道诸家的一些观点,总结了前期法家的经验,形成了以法治思想为中心,法、术、势相结合的政治思想体系。

对于人的自利之心,荀子认为可以通过后天的教育加以改造,即所谓的"化性起伪"。而韩非认为,这样的人性是无法改造也无需改造的。因为它产生于人类维持生存的本能和需要,"人无毛羽,不衣则不犯寒……以肠胃为根本,不食则不能活"。对于这样的人性,应该顺应、利用其自私与好利恶害,用赏罚的手段加以驱策、治理。

而基于对人性的认识,韩非突出了法治的必然性和必要性。具体的方法是,对于君王想实现的,诱以重赏,这样人们自然会趋之若鹜竭力效忠;对于君王想禁止的,威以重罚,这样人们自然会老老实实行不逾矩。这就是韩非所谓的法治的精髓所在。

韩非子着重总结了商鞅、申不害和慎到的思想,并按照自己的观点,论述了术、法的内容以及二者的关系,他认为,国家图治,就要求君主要善用权术,同时臣下必须遵法。在"术"的方面,他认为国君对臣下不能太信任,还要"审合刑名";在"法"的方面,他特别强调"以刑止刑"思想,强调"严刑"、"重罚"。

道是变化的,天地是变化的,社会是变化的,人是变化的,治理社会的方式方法也是变化的。但道也有相应的稳定性,这个稳定,就是人应遵守的行为准则,在现实中就是法。法就是依着道而建立起来的。法必须随时代变化,法必须人人遵守。

韩非子主张将人的自利本性作为社会秩序建立的前提,强调君主统治权视为一切事物的决策核心,君权是神圣不可侵犯,君主应当运用"苛刑峻法重赏"来驭臣治民,以建立一个君主集权的封建国家。

尤可称道的是,韩非子第一次明确提出了"法不阿贵"的思想。即使是对高贵的人、有权势的人也不应该徇情偏袒。惩罚和奖赏应一视同仁,不应因人的地位不同而区别对待。这是对中国法治思想的重大贡献,对于清除贵族特权、维护法律尊严,产生了积极的影响。

改革图治,变法图强,是韩非思想中的一大重要内容。韩非子的法治思想适应了中国一定历史发展阶段的需要,在中国封建中央集权制度的确立过程中起了一定的理论指导作用。

思考链接:

1. 查阅相关资料,浅述韩非子的"法"、"术"、"势"兼治理论。
2. 法家以功利原则为唯一向导原则的道德价值取向,对后世社会有哪些消极影响?

第四章 灵活睿智的兵家和唯利是趋的纵横家

【情境导入】

伍子胥智逃敌手

战国时期,楚国名门贵族伍子胥获罪,计划逃向吴国。在逃跑中,楚王的一个手下在边境发现了他,并将他擒获。伍子胥对抓住他的那个人说:"其实,大王追捕我,是想得到我们传家的一颗宝珠。但是,在逃亡的途中,已经弄丢了。如果你把我押送国都,楚王一定会亲自审问我,我到时就说是你把它拿走了并吞进了肚子里。那么你一定会被剖腹搜查。"

那人一听,惊惧不安:如果放了他,就等于欺骗了楚王,是死罪一条;如果将他带回去交给楚王发落,被他这么一说也是死路一条,这使他陷入了左右为难的境地。他环顾左右见没人就放了伍子胥。

第一节 兵圣孙子

一、孙子与《孙子兵法》

孙子,名武,字长卿,春秋后期齐国乐安(今山东省惠民县)人,出生于约公元前545年,卒于约公元前470年,约与孔子同时代,我国古代著名的军事家、政治家,后称"兵圣"。

约公元前六世纪末,孙子因齐国内乱而来到南方的吴国,在吴国都城姑苏(今江苏省苏州市)隐居,潜心研究兵法。

吴王阖闾即位后,礼贤下士,任用伍子胥等一批贤臣,励精图治。孙子也在此时被吴王重用,"吴宫教战"的故事即讲述了吴王任用他时的一件事情。

孙子像

吴王从后宫挑选宫女180名,交给孙武演练,观察他的军事才能。孙武将宫女分为两队,指定两名吴王宠妃为队长,并严肃地宣布了操练方法和要求。然而演练开始,队伍一片混乱。孙武再三明确军法纪律,继续演练,宫女们仍不在乎,满场混乱。为严肃军纪,孙武下令处斩两名队长。吴王为两名妃子求情,孙武不许,坚持将两位妃子处斩,而后另选两人为队长,再演练时,所有动作完全符合要求。孙武向吴王禀报说,这支队伍已经可以驰战沙场了。

孙武被任命为大将后,不但为励精图治的吴王治军讲武,勾画富国强兵的蓝图,而且为吴国的兼并战争立下了卓越的战功。

到公元前506年(吴王阖闾九年),吴军在孙武、伍子胥的指挥下,只用了十几天时间,就占领楚国都城郢城,创造了春秋时期攻占大国都城的先例。公元前494年,越王勾践进攻吴国。吴军在伍子胥、孙武的策划下,接连取得几次胜仗,勾践只得屈辱求和。

孙子五十多岁时隐居乡间,修订其兵法著作。

《孙子兵法》十三篇,共约六千字,以其深邃的思想、深刻的哲理、冷峻的分析、精湛的韬略战术而为后世所推崇,是我国古代军事思想精华的集中体现,被誉为"兵学圣典"。孙子的军事理论并非没有缺点和错误,但远远超出了同时代的兵法著作。孙子在军事这门具体科学中概括和总结出了异常丰富、多方面的哲学道理,确立了他在春秋末期思想界中与孔子、老子的并列地位,被并称为春秋末期思想界上空的三颗明亮的星体。

从唐代开始,《孙子兵法》开始传播到国外。二战后,各国著名的军事家和学者对《孙子兵法》的军事谋略日益重视和推崇。随着《孙子兵法》在世界范围内广为传播,它的影响逐渐超出军事领域,变成后人从经济、政治、文化、外交、人生等多种角度吸取智慧的经典。

二、《孙子兵法》的主要思想

(一)《孙子兵法》的战略思想

《孙子兵法》的战略思想十分丰富。孙子认为:"兵者,国之大事",强调"知己知彼",注意了解情况,全面地分析敌我、众寡、强弱、虚实、攻守、进退等矛盾双方,并通过对战争客观规律的认识和掌握来克敌制胜。

他还提出,用兵作战没有固定不变的方式方法,就像水流没有固定的形状一样,要依据敌情的变化而取胜。他同时也特别强调了战略战术上的"奇正相生"和灵活运用。

1. 先计而后战

用兵之前,要在朝堂之上对敌我双方的各种因素进行比较研究计算,这就是"计",主要包括:道、天、地、将、法。这五个方面,属于19世纪德国军事学家克劳塞维茨说的"战略要素"。判断战斗力的强与弱,决定某一场战争可以打还是不可以打,预测打的后果是什么,不能单独看其中一种或两种战略要素,而要看所有这些要素的强弱及其组合状况。这体现出孙子思想的整体性思维的特点。

孙子强调战争的胜负不取决于鬼神,而是与政治清明、经济发展、外交努力、军事实力、自然条件诸因素有联系,预测战争胜负主要就是分析以上这些条件如何。

2. 知彼知己,百战不殆

这是《孙子兵法》中流传最广的名言。

在朝堂上对敌我双方进行比较计算,这样做的前提就是要知彼知己,了解敌我双方的真实情况。知彼当然不易,因为敌方不会让你了解他的真实情况;知己也不容易,自己方面的民心、将领的才能与心理状况、士兵的士气与训练状况如何等,这些有时也会出现许多假象。所以孙子强调,知己而不知彼,知彼而不知己,知己知彼而不知地知天,胜利都只有一半的概率,只有知己知彼而又知地知天,胜利才有百分之百的把握。

3. 兵以诈立

"兵者,诡道也","兵以诈立",孙子认为用兵必定要用诡诈之道。这个思想又被后来的兵家概括为"兵不厌诈",就是以无限为有限,以无法为有法,运用之妙,存乎一心。

兵以诈立,所以要制造假象来迷惑敌人,要用种种办法来引诱敌人犯错误,使敌人的将领狂暴自满,使敌人内部分崩离析,使敌人四处疲于奔命,乘敌人混乱之际夺取胜利,要在敌人完全意料不到的时间和地点对其发动攻击。兵以诈立,方能运筹帷幄之中,决胜千里之外。

4. 不战而屈人之兵

孙子谈用兵,并不强调一开始就给敌方以大规模毁灭性的杀伤和打击,相反,他认为这种大规模毁灭性的杀伤和打击是最下策,反对无限使用暴力。他说,战争的目的是为了取得胜利,并不是杀人越多越好,因此应该尽力避免对城市的破坏和对人的伤害。敌方的一个城市,你能完整地拿过来最好,敌方的军队,你能用最小的杀伤而取胜也最好,这就是全利原则。能用政治、外交、心理以及各种威慑手段取得胜利,不战而屈人之兵,才是最理想的。攻城是最下策,因为古代城市中有宗庙和祖坟,守城一方必然拼死抵抗,所以攻城所造成的人员牺牲和财富破坏必然极大。孙子的这些论述,包含了对于今天所谓整体战争的深刻理解。

(二)利用对立因素造"势"

孙子认为,战争中的形势瞬息万变,用兵者要想取胜,必须善于把握变化的形势,积极创造条件,促成对立面朝着有利于自己的方向转化。在战争中,转败为胜,转胜为败,都是常见的事,所以孙子强调用兵者从正反两方面来考虑利害得失,不仅要看到"利"的一面,还要看到"害"的一面。

孙子对于战争中这种对立因素的转化,不是静止的分析,而是着眼于阐述如何创造条件,推动对立的因素朝着有利于自己的方面转化,也就是制造一种有利于自己的态势。他教导用兵者,要善于采用种种方法来分散敌人的兵力,使敌人由"众"转化为"寡",而使自己由"寡"转化为"众",形成"以众击寡"的态势,用绝对优势的兵力打击分散薄弱的敌人。

《孙子兵法》中充满了这种利用对立因素来造"势"的辩证法。例如,孙子提出的"后人发,先人至"、"投之亡地然后存,陷之死地然后生"等策略,都是运用对立因素互相转化的辩证思维,去推动战场上的整体态势朝着有利于自己的方面转化,掌握战场上的主动权。

(三)"慎战"的警告

孙子并不鼓励当政者好战,相反,他一再警告当政者要"慎战"。

战争是关系士兵和百姓生死以及国家存亡的大事,决不可轻易发动。他一再重复这种警告,国君决不可因为一时动怒就发动战争,将帅也决不可因为心情不好就兴兵打仗。

一定要考虑国家整体利益。动怒了可以变为欢喜,心情不好也可以变好,但国家灭亡了就不可能再存在,人死了也不可能再复活。国君必须万分慎重,将帅也必须万分小心,这是保证国家、军队安全的大道理。

《孙子兵法》自始至终是教人善战,但同时又自始至终强调战争的残酷性和严重性,警告当政者、用兵者要慎战,这充分表现了作为军事思想家的孙子的仁者胸怀。

孙子"慎战"的思想为战国中期军事家孙膑所继承。同《孙子兵法》一样,《孙膑兵法》在教用兵者如何善战的同时,也发出警告:"十战十胜,未必是什么好事情。好战的人、一心只想通过战争去夺取胜利的人,早晚会自取灭亡,自取其辱。"

第二节　纵横家

纵横家是春秋战国时期以从事政治外交活动为主的一派,主要人物有鬼谷子、苏秦和张仪等。纵横家知大局,善揣摩,通辩辞,会机变,长谋略,能决断,游说开合有度,纵横自如,一直是战国社会舞台上的活跃分子,被形容为"翻手为云,覆手变雨",操纵着战国政治与战争的局势。纵横家思想是诸子百家中最活跃的思想,也被后世认为是最实用的思想。

《战国策》及当代出土的《战国纵横家书》是研究这一学派的主要著作。

一、纵横家的起源与发展

(一) 纵横家的定义

纵横家自己的著作中并没有"纵横"这一概念的系统解释。《韩非子》说:"纵者,合众弱以攻一强也;横者,事一强以攻众弱也。"南北向称为"纵",六国结盟为南北向的联合,故称"合纵"。东西向称为"横",六国分别与秦国结盟为东西向的联合,故称"连横"。合纵连横,是纵横家所宣扬并推行的外交和军事政策。

纵横家是指鼓吹"合纵"或"连横"外交策略的人物。他们是一类杰出的谋士和辩家,是三教九流中最讲实务的,一切从客观出发,朝秦暮楚,反复无常,设计划谋多以国家政治需要考虑,并以取得成功为目标。

纵横家是纯粹意义上的谋略之士,具有以下特点:其一,无从一而终的固定事主;其二,无固定的政治主张;其三,无势利营求之外的固定束缚。

(二) 纵横家的起源

纵横家起源于春秋向战国过渡的时代,成分复杂,主要来源于当时极为活跃的游士阶层。这种"游士"主要由因社会变动而获得周游列国,宣传乃至实验自己思想与政见的自由,却同时又失去固定生活保障的"士"构成。除此之外,当时各国诸侯、大贵族所招养的宾客,以及讲授百家之学的私学所传授的弟子门徒等也都是"游士"的重要成分。

纵横家人物多出身贫贱,在最艰苦的条件下,"投机倒把"是一种人类智慧的超常解放、创造和发挥,他们以布衣之身廷说诸侯,可以以三寸之舌退百万雄师,也可以纵横之术解不测之危。苏秦佩三国相印联六国逼秦废弃帝位;张仪雄才大略,以片言得楚六百里;唐雎机智勇敢,直斥秦王存孟尝封地;蔺相如浩然正气直逼秦王完璧归赵。

(三)纵横家的发展

从战国七雄的确立开始,到秦始皇统一中国为止,这个时期纵横家的发展,可分为三个阶段。

第一个阶段:七雄确立初期,各国虽纷纷称王,但立国尚未稳固,大都忙于巩固内政,无力外战,各国之间的兼并战争规模还不太大。这一阶段以众弱联合攻伐一强的合纵运动为主,代表人物是惠施、公孙衍。

第二阶段:经历一个较长时期,大国之间的兼并战争日益激烈,国际政治形势变化迅速而频繁,纵横家的作用更加重要,影响也更为巨大。这一时期形成了东西方各以齐、秦为核心的两大政治集团对峙的局面,合纵连横的盟主在齐、秦之间变换,双方都企图通过合纵连横运动有效地遏制对方的兼并战争,阻止对方的过分强大。

这一阶段的特点是,合纵连横适应着各国之间政治、军事、外交及经济形势迅速复杂的变化,达到了纵横家发展历史中第一个高潮。其标志,一是产生了众多的纵横家代表人物,最为著名的有苏秦、张仪、陈轸、楼缓、郭隗、虞卿、甘茂等人;二是纵横家的行为模式基本形成,其思想与文化的内容业已发展成熟,并最终确立起独具特色的纵横家思想及学术流派。

第三阶段:以统一中国为目的的兼并战争已经接近尾声,秦国由于成功地实行了纵横家范雎提出的"远交近攻"为特点的新的连横政策,经过长期的政治和外交攻势,发展成为最大的强国。秦国的统一在相当程度上可以说是纵横家长期努力的结果。

这一阶段以秦国纵横家的连横运动为主,代表人物是范雎、蔡泽。

二、纵横家思想

纵横家崇尚权谋策略及言谈辩论的技巧,他们注重揣摩游说对象的心理,运用纵横捭阖的手段,或拉拢或分化,事无定主,说无定辞,一切从现实的政治要求出发。纵横家在运用纵横术时往往都是建立在"把握全局"的基础上的,也就是我们现在常说的"整体思维"。

纵横家人物是结盟至上论者。所谓"邦无定交,士无定主",与谁结盟似乎是一国安全的关键,所以士子们唯利是趋,为达到结盟、谋取利益的目的,他们信口雌黄,用尽智谋甚至骗术。而他们掌握权力后,"一怒而诸侯惧",地位上举足轻重,实利上受封受爵显贵一时,失败后如丧家之犬另起炉灶。

纵横家明确宣称他们所奉行服膺的是"进取之道"。但是,各家在表述其思想时,所用之"道"的具体含义各有其异,即便同一家、同一学派在用"道"字表述其思想时,具体内容也不尽相同。纵横家思想与文化的三个方面包含了纵横家由表及里的三个层面:

第一个层面,有关社会政治、外交、军事、经济等方面的思想,就是纵横家道术。这对中国文化的影响与作用是十分显著的。然而,数千年来,对于纵横家,最受到非议与贬抑的却又正是他们的外交活动与外交政治思想。

　　第二个层面,纵横家的道德伦理观,就是纵横家道德。纵横家没有专门对道德伦理问题作过长篇大论的系统分析,是通过亲身的社会实践与生活体验来加深对儒家道德学说的认识并提出评价。其意见散见于纵横家在战国时期奔走驰说于各国之间的纵横捭阖的游说与论辩当中。

　　第三个层面,即显著地呈现出纵横家富于进取的纵横精神,就是纵横家进取之道。其特点一是进取,二是有为。如果说"有为"极大地突出了纵横家进取之道的实践性,那么"进取"则象征着纵横家进取之道中所蕴含的创造精神,这两者结合起来,就形成了纵横家以"进取有为"作为最大的利和最高的善的行动人生哲学的行为准则。

三、纵横学术的现实意义

　　纵横家的智谋、思想、手段、策略基本上是当时处理国与国之间问题的最好办法,是世界史上独一无二的历史阶段,其在历史条件下所创造的智慧是后世任何一个朝代都无法超越的。

　　纵横家和法家不同,法家重点针对社会内部的中心问题,主张土地财产国民化的法制,反对富贵尊卑由天定的氏族宗法制度,而纵横家重点针对均衡势力的运用,把问题中心移向力量的矛盾与抵消,故国际的外交与关系便成了解决时务的最好方法。纵横家主要从国际关系、国家强弱与方位等方面考虑,常把注意点摆在外交力量的排拒与结合方面。

　　纵横派不同于儒家那种只说不练的学院派风格,也不同于道家那种虚无缥缈的高深莫测,也不像墨家那样用个人或小团体之力去阻挡历史发展。纵横家是务实者,纵横派的学说是审时度势,用自己的想法去说服诸侯,然后付之实行,借用外力去达到自己的理想。

　　纵观历史,九流十家各有各的存在价值,只是用者的看法、角度和观念之差而已。道家思想是哲学范畴的,儒家思想是国家政策层面的,法家思想属于政法部门的事情,墨家学说属于军队、纪律部门,而审时度势的纵横家则属于政府总理部门、外交部门的角色。他们需要在国力富足的基础上利用联合、排斥、威逼、利诱或辅之以兵之法不战而胜,或以较少的损失获得最大的收益。

思考链接:
1. 阅读《孙子兵法》,谈谈你对有关内容的感受。
2. 如何批判地借鉴纵横家唯利是趋的思想?

第二篇 格调生活

第一章 绚丽多姿的传统服饰

【情境导入】

传说远古时候有个部落首领的女儿,父亲去打仗,女儿思念父亲,就对自己的白马说:"马啊,马啊,你如果能找到我父亲,我就嫁给你。"白马听到这句话就马上跑出去,风一样把得胜归来的首领从半路上驮回家,父亲看到女儿很高兴。可是随后的几天,父亲发现,白马一看到女儿就兴奋异常,感到很奇怪,女儿只好把实情告诉父亲,首领气坏了,暗中埋伏弓箭手把白马射死了,并把马皮剥下来,晾在门口。有一天,女孩儿在门口玩,指着马皮说:"你不是想娶我吗,真是癞蛤蟆想吃天鹅肉。"话还没说完,马皮突然将女孩儿裹起来,卷走了。部落里的人赶紧去找,走了很远,在一棵桑树下发现了一条洁白的长着马头的虫子,幽幽地吐着丝,好像有无尽的悲伤要诉说,部落里的人知道这是小女孩儿食言遭到了报应,怜惜这个女孩儿,就把这种会吐丝的虫子起名叫"天虫",就是"蚕",这也是传说中国蚕丝的来源。

人类社会经过蒙昧、野蛮到文明时代,历经几十万年。我们的祖先在与猿类相揖别以后,披着兽皮与树叶,在风雨中徘徊了漫长的岁月,终于迈进了文明时代的门槛,懂得了遮身暖体。服饰是人类特有的劳动成果,它既是物质文明的结晶,又具精神文明的体现。对于美的追求是人之天性,衣冠于人,如金装在佛,其作用不仅在遮身暖体,更具有美化装扮的功能。几乎是从服饰起源的那天起,人们就已将其生活习俗、审美情趣、色彩爱好,以及种种文化心态、宗教观念,都积淀于服饰之中,构筑成了服饰文化的内涵。

《礼记·冠义》记载:"礼仪之始,在于正衣冠。""礼义之始,在于正容体,齐颜色,顺辞令。"即礼是从端正容貌、整齐服饰和使用得体的辞令开始的,可见服饰在礼仪中的重要性。唐代大学者孔颖达在《春秋左传正义》中写道:"中国有礼仪之大,故称夏;有章服之美,谓之华。"从原始服饰为防寒御暑开始看历代服饰演变,无不体现了人类对美的认知与追求。现代服饰仍然可以看到传统服饰的元素,让我们一起了解一下华夏几千年以来绚丽多姿的传统服饰吧。

第一节　上古服饰

一、原始及先秦(夏商周)服饰概述及图案赏析

(一) 原始服饰拉开了中华传统服饰的序幕

服饰在最初的时候，多是为了保护生命、蔽体御寒和装饰自己。人们或出于对寒冷气候的抵御，或出于猎获猛兽、应付战争的需要，为了避免利爪和矢石的伤害，或出于伪装或威吓，取法于自然。原始服饰据考古发现源于山顶洞人，从传说中神农时"衣皮之民"逐渐演变成"衣布之民"的历史。原始服饰是根据出土的骨针、骨锥等制衣工具想象复原的。在纺织技术尚未发明之前，动物的毛皮、树叶和草藤等是最早服饰的主要材料。当时还没有绳、线，只能用动物韧带来缝制衣服。在山顶洞人的遗址及其他古墓里发掘出大量的装饰物，其中有头饰、颈饰和腕饰等，材料有天然美石、兽齿鱼骨和海里的贝壳等。当时佩戴这些饰物，可能不仅是为了装饰，也许还包含着对渔猎胜利的纪念。山顶洞人处于原始社会旧石器时代晚期，当时人类已经掌握了磨光和钻孔技术，用兽皮缝制衣服，用手工制品装饰自己；到了母系氏族时期，人类开始纺织麻丝制作衣服；父系氏族时期，出现了养蚕织丝，制衣原料逐渐多起来。服饰在我国的历史可谓源远流长，在旧石器时代晚期遗址中就发现有穿孔的兽牙、蚌壳、石珠等饰品，还有骨针出土。新石器时代，出现了纺织，人们可以把自然界的物品随心加工成更适合身体需要的服饰。河姆渡文化遗址及龙山文化遗址都发现有织布的工具骨梭、木机刀、机具卷布轴等，表明了纺织技术的逐步提高，为服饰文化的发展提供了条件。从此以后，我们的先民在漫长的历史岁月中创造了灿烂的服饰文化。

中国素来享有"衣冠古国"的美誉。可以说旧石器时代已经开启了服饰文化最早的篇章，虽然这种原始缝制的服装和我们概念中的服装还有很大的差别，但也是具有了质的飞跃。人类概念中服装是纺线织布再经裁制而成，它的产生始于纺织，因而真正的衣服应是纺织后的产物。在纺织工具还没有出现时，线的获得是由人们手捻而成。进入新石器时代后，纺织开始出现。原始时期的服饰可以说是中国传统服饰的雏形阶段，自此也揭开了中国服装史的序幕。原始服饰文化呈现以下几个特点：首先，原始社会的服饰表现出明显的对天地崇拜的文化特点；其次，原始社会的服饰形成了较为典型的交领、右衽、系带，上衣下裳的服饰造型；再次，原始社会初步形成了以五色作服，以等级为核心的冕服制度；最后，原始社会的服饰制作原料出现了多元化的趋向。

山顶洞人的原始服饰

鞋是人们服饰的组成部分，在服饰穿着上起着"画龙点睛"的装饰效果。鞋作为人们

生活的必需品,已有数千年的历史,从远古年代先人们用兽皮、树皮裹足,到今天繁花似锦的各种鞋式,走过漫长发展的路程。鞋由实用性发展到既讲究实用,又要求美观。古代就有"上衣,下衣,足衣"之说。所谓"足衣",即指鞋与袜。下图一是仿制品,它反映了远古居民兽皮裹脚的原始形态。数十万年以前,人类为了保护脚部不受伤害,已学会了用动、植物的皮或茎裹脚。特别是皮革之类的东西是狩猎以后得来的剩余产品,因为它的质地坚韧耐磨,防寒保暖,所以被用来当作服饰和"鞋袜"穿。这就是人类最初的鞋。下图二的照片展示的是我国迄今为止,最为古老的原始木屐。板上有五个洞,作为系绳之用。1989年在浙江省慈湖新石器时代良渚文化时期遗址发现。出土时一只已腐烂,另一只比较完整。据考古学家运用C14测定为5365±125年前的遗物。这虽是仿制品,但再现了原始木屐的形制。

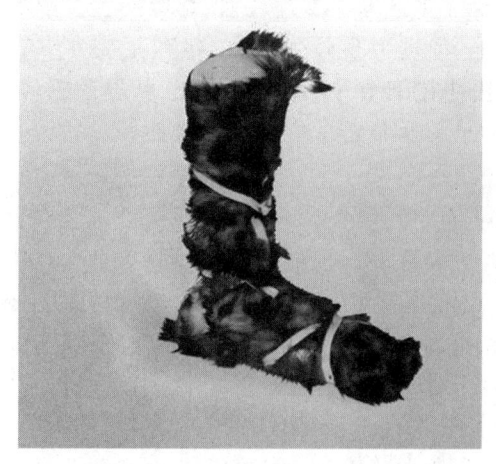

仿制的原始鞋　　　　　　　　　　原始木屐

(二) 夏商时期服饰制度初步形成

夏商周时期,中原华夏族的服饰是上衣下裳,束发右衽。河南安阳出土的石雕奴隶主雕像,头戴扁帽,身穿右衽交领衣,下着裙,腰束大带,扎裹腿,穿翘尖鞋。这大体反映了商代服饰的情况。周初制礼作乐,对贵族和平民阶层的冠服制度作了详细规定,统治者以严格的等级服装来显示自己的尊贵和威严。深衣和冕服始于周代,这两种服制,对后世都产生了深远的影响。

夏朝是中国历史上第一个正式建立的王朝,中国的历史进入了新纪元。它的一些习俗和传统,在延续了新石器时代晚期的一些特点的基础上又有所创新,随着国家制度的完善,服饰也开始完善并建立了服饰制度。其中最引人注目的就是服饰上贵贱分化越来越明显,服饰已经被逐渐列入礼制的范畴。夏朝的服饰以黑为主,尚青色,其服饰带有鲜明的宗教信仰色彩,其确立的上衣下裳的形制和玄衣黄裳的服色。其中上衣代表天,因为天在未明时为玄色,故上衣用玄色,下裳象征地,因为土地为黄色,故下裳用黄色。夏朝建立了一套以帝王的祭服——冕服为中心的服饰制度,它的形式、色彩、纹样均源于对天地的尊崇和对乾坤秩序的追求。经历夏、商、西周三代,已经建立了严密的等级制度。服饰文明在先秦有了更大的发展。服饰的式样、颜色、材料、制作工艺等等,都已达到相当高的水平。周朝时完善起来的上衣下裳制和深衣制对后世影响深远。祭服制度、丧服制度、朝服制度、戎服制度等开始形成并逐渐完善。据《说文解字》记载,"上曰衣,下曰裳"就是夏朝确立的。但此处"裳"是裙而非裤。商代奴隶主贵族穿用冕服,也即是礼服。礼服的兴起应当是服饰等级使用的显著体现。礼服是隆重场合所穿的服饰,是伴随着礼而产生的。原始时期敬鬼神时为表示隆重,要穿上华丽的服饰,于是就有了礼服的雏形。据记载夏禹平时生活节俭,但在祭祀时,则穿华美的礼服——黼冕,以表示对神的崇敬。

夏商时期葛麻业有了大的发展。葛本是生长于沟坡、路旁或疏林中的野生植物,人们发现其优良的长纤维性能后,就开始种植。商周时已有性能更优的丝质衣料,麻衣主要为下层人们所穿用,但制作精良的麻布,奴隶主贵族也穿用。史载夏以黑色为贵,商时崇尚白色,周代则尚赤。夏商时期,纺织业比原始社会更进一步发展。商周时期的织物颜色,以暖色为多,尤其以黄红为主,间有棕色和褐色,但并不等于不存在蓝、绿等冷色。只是以朱砂和石黄制成的红黄二色,比其他颜色更鲜艳,渗透力也较强,所以经久不变并一直保存至今。经现代科技分析,商周时期的染织方法往往染绘并用,尤其是红、黄等正色,常在织物织好之后,再用画笔添绘。下图(根据出土玉人服饰复原绘制)为夏朝服饰赏析:

戴冠冕的夏禹

夏朝服饰赏析

商代服饰不论尊卑和男女都是采用上下两段的形制,上着衣,下穿裳。其服饰的腰身和衣袖基本上设计为紧窄的样式,长度齐膝,便于活动。虽然商代服饰的基本形制趋同,但实际上商朝的服饰还是具有相当严格的等级制度的,奴隶主阶级享用比较高级的染织品、刺绣品及装饰品,底层的民众穿麻布以及与麻布同类的葛布制成的编织物。据研究表明,商代高级权贵的服饰通常是上身穿短衣,交领右衽,衣长及臀,袖长及腕,袖口窄小,下身穿带褶短裙,腰间束有宽带,裹腿;脚上穿翘尖鞋。贵族妇女则上身穿长及足踝的大衣,交领,长袖,腰间束宽带和蔽膝。蔽膝围于衣服前面的大巾,用以蔽护膝盖,蔽膝呈上窄下宽状。脚上穿履,头戴圆箍形冠卷。除形制以外,商朝服饰严格的等级制度还体现在颜色的使用上。贵族的礼服,上衣多采用青、赤、黄等纯正之色,下裳多用间色,如缃、赭、绿等经过数次浸染的颜色,并且衣领、衣袖处还有镶边,日常家居则常穿缟衣、绿衣和缃衣。平民百姓的衣服就没有这么丰富多彩了。

服饰文化,不光有服还有饰,服和饰通常是搭配出现的。从殷代的出土玉石人形象可见殷代男女贵族身上还有佩玉的习惯,统治者甚至制定了一整套的玉佩制度,用以区别阶级和等级。商人玉佩的形式,一般是把玉雕琢成各种小动物形象,最常见的是一种玉鱼。殷商时期,服饰能够出现这样的等级差别,与当时相对于原始经济而言的繁荣和技术进步密切相关。正是由于当时的经济有了一定的发展,才有可能为社会提供众多的服饰资料,统治阶级才能择其优者自用,而弃其劣者予贫民;才能够在服饰材料的质地、颜色、图案上分等论级,这就给后代的等级制度奠定了一定的基础,并在后世正式确立了章服制度。"章服制度"始自我国奴隶社会,封建社会时期发展完备,章服制度对帝王和百官公卿所穿衣服的底色和花纹等设置了相关的规定,作为区别身份等级的标志。

服饰图案据最初考察表明,有文字记载始于商代。商代奴隶主身上穿的是带有雷龟纹的服装。图案的装饰主要表现在服装的领口、袖口、前襟、下摆、裤脚等边缘处及腰带上;表现形式主要是规则的回龟纹、菱形纹、云雷纹,而且是以二方连续构图形式来表现的。这充分说明那时我国的原始先民不但会设计制作带有图案的较合体的服装,而且也能够运用设计技巧在服饰上进行装饰。从奴隶社会到封建社会的服饰品的装饰图案来看,主要是从对于动物形状的愉悦感中得到启发的,但主观色彩并不浓,是一种自然物象的再现。图案在服饰的表现上,主要以云雷纹、回龟纹、几何纹为主。纹样的运用比在青铜器上的运用要巧得多。奴隶社会的青铜器上的云雷纹是作为底纹出现的,主纹是以兽面纹为主的,而在服装上的云雷纹则是以主纹出现的。随着社会的发展,人们对纹样的追求表现出了主观意识,这种意识也就是图腾的萌芽意识。当时,人们把一些动物作为图腾崇拜物,如鸟、鱼、虎等。其纹样首先在人们所用的器物,如酒具、餐具、生活用品上表现出来,但很快就反映在服饰上。在商代,男女所用的各种玉饰、帽饰、牙笄等也有这种印记。

殷商服饰纹图

殷商佩饰图：玉象、玉虎、玉鹅、玉凤

周代在夏、商的基础上，形成了较为系统的服饰制度。周代服饰大致沿袭商代的服制，只是略有变化。衣服的样式比商代略宽松。衣袖有大小两式，领子通用矩领，如图一所示的样式。这个时期的服装还没有纽扣，一般在腰间系带，有的在带上还挂有玉制的饰物。当时的腰带主要有两种：一种以丝织物制成，叫"大带"或叫"绅带"。另一种腰带以皮革制成,叫"革带"。图一所系的为绅带。下面图二为窄袖织纹衣穿戴展示图(根据出土铜人服饰复原)。这种服装为矩领,领、袖、襟、裾均有缘饰,肩上有披肩,腰系绦带,并在右侧挂玉佩。此服属于当时一般士之服饰。

(图一) (图二) (图三)

西周以来,服饰等级逐渐完备起来,各种礼服也相继产生。礼服根据社会生活礼仪需要划分为五类:祭祀上帝、祖先、社稷等为吉礼,穿"祭服";哀吊凶事、服丧等为凶礼,服"丧服";战争之前的集合、阅兵及田猎为军礼,服"军服";君臣、百官之间的朝见、会盟等为宾礼,服"朝服";男女冠、笄、婚嫁及庆贺等为嘉礼,服"吉服"。在所有礼服中,祭服是最为贵重的服饰,场面也最为隆重,祭祀者显然是对天地、祖先的迷信和敬畏,幻想通过对他们的祭拜以祈求神灵的佑福。礼服已成为社会生活的主要表达物,这时的服饰已远远超越了自身的实用功能,成为一种礼仪、一种标志,进而成为一种制度的体现。

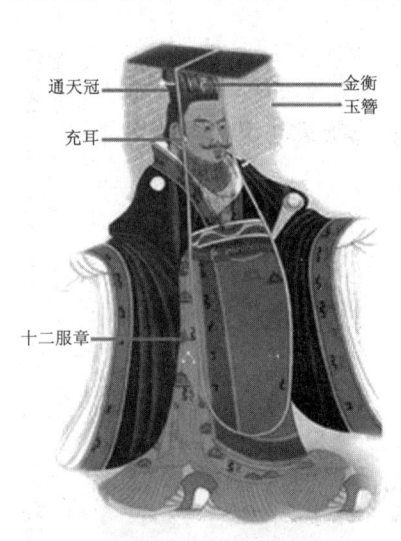 

帝王冕冠图

西周帝王冕冠设计造型完整、对称、均衡、稳定,结构合理,层次分明,点、线、面的运用结合得恰到好处。先秦帝王冕冠设计到了西周,无论是思想性还是设计水平,都已经相当完备。能够把完整、系统的设计思想贯穿于冕冠及冕服设计中,同时也不放过每一个细节;既有概括的表现手法,又能使细腻的装饰把握得恰到好处;各部分结构功能合理,视觉审美上也简洁、明快、清晰,同时,又巧妙地运用设计元素使其浑然一体。总而言之,造型、色彩、材质在统一中寻求变化,变化中又保持了整体统一感。不得不称之为设计中的杰作。

西周章服制度中的色彩存在着尊卑的区别,统治阶级则要按照礼制的种种规定,根据爵位、级别的高低和从事活动的内容,选配相称的服装色彩。青、赤、黄、白、黑为正色,象征着高贵,是冕服的色彩,而到春秋时期帝王喜紫,西周服制中卑贱的紫色代替了尊贵的红色,而且使紫色这种具有稳重、华贵性格特征的颜色,在后来中国社会中,受到人们的热崇,被视作权威的色彩。到了战国后,由于周室已衰,七国争雄,礼乐上都有所减损,虽然尚有如魏文侯端冕而听古乐,仍保持着一些冕服形制的存在,但后因五霸迭兴,争夺不息,对于实际需要上无用的黻佩等便去而不用,西周冕服、章服,因战争的影响也几乎全都被弃用。周代平民与贵族的服饰差异很大,亦体现出了周代等级森严的礼制,也就是服饰仍然担当了区别阶级地位的标志。但从质料、样式、纹饰、颜色等方面来讲,平民的服饰总体风格简单、粗朴,没有更多的修饰和具体的种类区分。如"周代丝织品极少,染上美丽色彩的细羊毛织物也不多,这些只有贵族才能穿,平民只能穿粗麻、粗毛织物。从色彩、纹样来看,周代以黄、红为高贵之色,黑色为低贱之色,贵族、官吏的服饰多为朱红、鹅黄,平民为黑青、赭色等"。平民更注重服饰的实用功能。关于周代之后历代的服饰制度大都体现在各朝《舆服志》中,可凭借《舆服志》看出各朝的服饰制度受到周代服饰制度影响的印记。

纵观先秦服饰发展史,周代的服饰制度最具特色。从西周初期到春秋战国整个周代的服饰制度不是一成不变的,而是经历了一个发展变化的过程,其中等级制度的变迁对于周代服饰制度的前后变化起到了重要的作用。春秋战国时期由于王室衰微、连年战争,西周以来的各种礼仪逐渐废除,于是在西周时期与礼仪紧密结合的服饰制度相应地产生了一些变化。探寻华夏婚服的源头,并上溯至周代时,才发现最初婚礼服的颜色是玄黑色和纁红色,而大红婚服实际到了明代才有明确的定制。下图为周制婚服赏析:

周制婚服中的男装　　　　　　周制婚服中的女装

《仪礼》所述的整个过程其实包含两个不同的阶段。在婚礼举行之前,新夫家当以媒拜会新妇父亲。媒着玄端服。婚礼当日,新夫着爵弁服迎娶新妇,新妇由姆(即教导新妇的年长妇女)陪同,并两名随嫁女子到达夫家。新夫头戴爵弁形似无旒之冕;上衣玄色(青黑)象征天,下裳纁色(浅红)象征地,有黑色缘边,喻阴阳调和。蔽膝随裳,棕红色。大带黑色。鞋履为赤舄,即红色复底鞋。新妇戴着与真发混同梳编的装饰假发。婚服形制与男子同,唯服色有别,上衣下裳均为黑色,取"专一"之意。蔽膝、鞋履、大带随裳色,亦为黑色。另外从阴阳五行思想考虑,由于黑色属阴,故而在裳下缘红色边,以注入阳气而致平衡。姆以黑色丝带和发笄束发,身着生丝所制黑色衣裳。蔽膝、鞋履和大带色黑。随嫁者亦为黑丝衣裳,披绣有黑白相间的黼纹的披肩。新妇上车时由姆为其披上由黑色素纱罩衣以防风尘,此衣名"景"。婚礼中使者、侍者均着玄端服,包括玄冠、玄衣、玄色或者黄色裳、黑舄。汉代深衣盛行,推测婚服也当为深衣。以玄纁二色为主的基调一直延续至隋唐时。

(三)战国服饰锐意创新

春秋战国时期在服装方面最重要的变化是,深衣的广泛流行和胡服的出现。所谓胡服,实际上是西北地区少数民族的服装,它与中原地区宽衣博带式汉族服装有着较大的差异,一般为短衣、长裤和革靴,衣身瘦窄,便于活动。首先采用这种服装的赵武灵王,是中国服饰史上最早一位改革者。短衣齐膝是胡服的一大特征,这种服装最初用于军中,后来传入民间,成为一种普遍的装束。战国时期形成的服饰制度无疑对后世专制王朝的服饰等级制度的影响是巨大的,是历朝历代制定服饰制度的基础。春秋战国时期的战争促进了汉族宽衣博带、长裙长袍服装的改革。赵武灵王为了军队的战斗力,冲破阻力,下令全国穿游牧民族的短衣长裤,学习骑射,终于使赵国强盛起来。这是中国历史上第一次服装改革,胡服从此盛行。伴随胡服也传来了带钩,它是用于结束革带的,由于它比革带的扎结方式更加便捷,因而很快就流行起来。

胡服和深衣

战国妇女的曲裾深衣与其他服装相比,除了上衣下裳相连这一特点之外,还有一明显的不同之处,叫"续衽钩边"。"衽"就是衣襟。"续衽"就是将衣襟接长。"钩边"就是形容衣襟的样式。它改变了过去服装多在下摆开衩的裁制方法,将左边衣襟的前后片缝合,并将后片衣襟加长,加长后的衣襟形成三角,穿时绕至背后,再用腰带系扎。战国妇女服饰见下图:

续衽钩边

从战国开始,王公贵族、社会名流都以带钩为装饰,形成一种风气。带钩的制作也日趋精巧。它的作用,除装在革带的顶端用以束腰外,还可以装在腰侧用以佩刀、佩剑、佩鞘、佩镜、佩印或佩其他装饰物品。由于带钩结扎起来比绅带更便利,逐渐被普遍使用,取代了丝绦的地位。南北朝以后,一种新型的腰带"蹀躞带"代替了钩络带,"蹀躞"不用带钩,而用带扣,带钩的作用便随之消失。

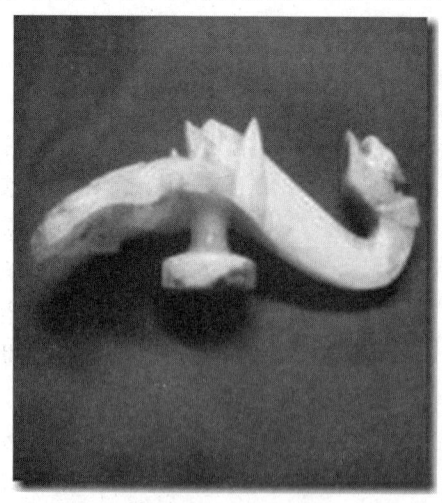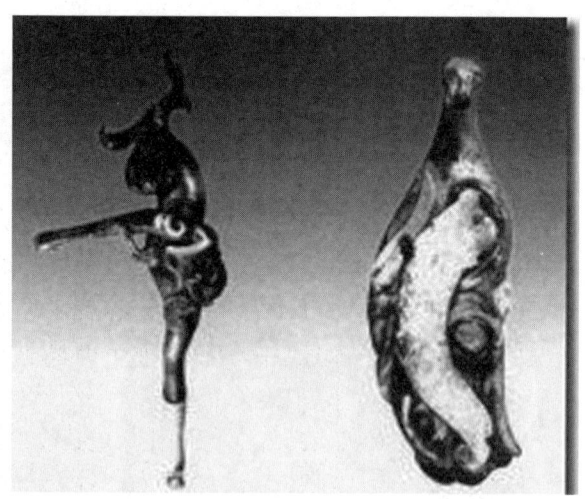

带钩

战国武士服饰也很有特色。这个时期的盔帽,称兜鍪,又称胄、首铠、头鍪或盔,其形制各不相同,有用小块甲片编缀成一顶圆帽的,有用青铜浇铸成各种形状的。在一些铜盔的顶端,还往往竖有一根铜管,以便在使用时插上鸟羚及缨饰等饰物。这种铜盔的表面,大多打磨得比较光滑,而里面却粗糙高低不平,由此推断,当时戴这种盔帽的武士,头都要裹头巾。战靴上的蟠螭纹是典型的战国纹样。此仿古品的形制,是赵武灵王"胡服骑射"变革时从东胡族引进的皮靴。"胡服骑射"是我国鞋文化史上第一次伟大的改革实践。战国时,各国战争频繁。赵武灵王首先引进北方民族和西域少数民族所着的胡服,战士们穿短衣、着裤、着马靴,作战十分灵活。于是赵国逐步放弃车战,改用骑兵战术,终于使赵国成为"战国七雄"之一。靴的出现,是我国鞋史上的一个伟大里程碑。它变穿舄穿履而改着靴,从根本上改变了中国的军事生活、政治生活乃至社会生活。从此,皮靴不仅成为我国各朝代的军事用鞋,同时传入民间,演变为生活用鞋。成为中原一带的民族鞋饰。

皮靴

二、秦汉服饰概述及图案赏析

秦汉时期的服饰可以说是中国传统服饰的定型阶段。汉代规定,百姓一律不得穿各种带颜色的服装,只能穿本色麻布。直到西汉末年才允许平民服青绿之衣。对商人的禁令更严。然而在服装的样式上,似乎没有严格的制度。从出土的汉代陶俑及画像砖石来看,劳动者或束发髻、或戴小帽、巾子,也有戴斗笠的,身上穿的服装,几乎全是交领,下长至膝,衣袖窄小,腰间系巾带,脚穿靴鞋,还有不少赤足者,反映了这个时期劳动人民的生活状况。秦汉时期虽不是中国服饰演变史中最瑰丽的一页,但它的很多风格都给予后世以重要影响,而它本身又是吸收外来文化的结果且具有开拓精神。从汉代开始,中国的民族交流才开始大规模开展。中国的服饰,包括服饰质料乃至图文,才更丰富且融入了更多民族的文化内蕴和艺术精神。概括起来,秦汉服饰的主要特点有:首先,服饰的种类和式样更加丰富。如头衣主要有冠、巾、冕、笄、帻、胜等;体衣则有衣、裳、裙、深衣、袍、褐、中衣、小衣、衫子、裘、皮衣等。胫衣有袴、裹衣、履等。此外,礼服、祭服和佩饰也日趋增加。其次,在服饰中体现了较为严格的等级制度。主要体现在服饰的样式、色彩和佩饰的规定上。再次,确立了较为完备的服饰制度。最后,纺织印染业进一步发展,开始出现制衣官吏和组织机构。

汉代皇帝冕服

先秦女子服饰

秦汉时期的男子
服装,以袍为贵

秦汉妇女曲裾

汉代男子曲裾

至今秦代是我国历史上资料最全面、最准确、最详细的朝代,这有归功于秦始皇陵兵马俑的发现。从目前在陕西临潼一、二、三号坑内发掘出土的陶俑来看,这些兵马俑的雕塑手法极为写实,不仅人物神态自若,而且表情栩栩如生。秦代出土的兵俑分为军俑、军吏俑、骑士俑、射手俑、步兵俑、驭手俑几类,他们的铠甲服饰装束表现出森严的等级制度。这是西汉时期的铠甲形制,主要用于将官。甲身采用鱼鳞状的小甲片编成,共有十四五排。腰带以下部位及披膊,仍用札甲,以便于活动。

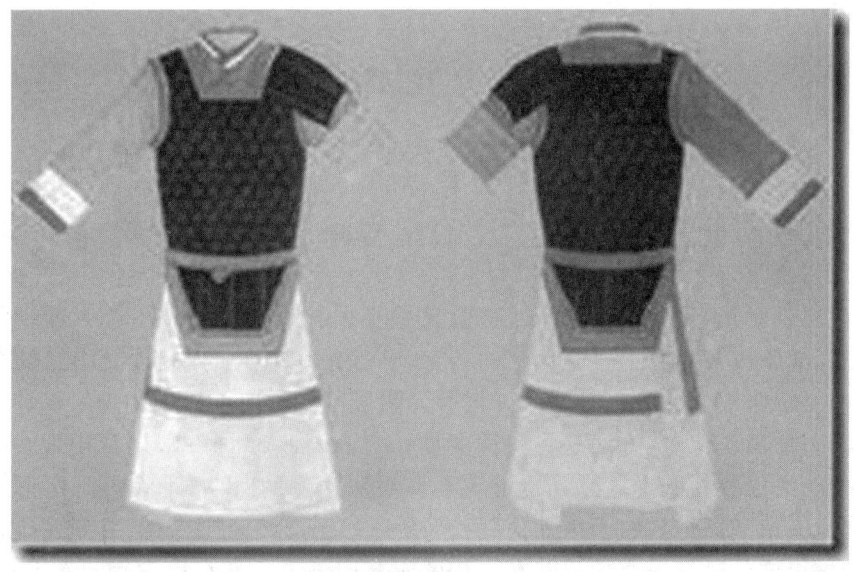

汉代铠甲（将官铠甲）展示图

汉代曲裾深衣不仅男子可穿，同时也是女服中最为常见的一种服式。这种服装通身紧窄，长可曳地，下摆一般呈喇叭状，行不露足。衣袖有宽窄两式，袖口大多镶边。衣领部分很有特色，通常用交领，领口很低，以便露出里衣。如穿几件衣服，每层领子必露于外，最多的达三层以上，时称"三重衣"。

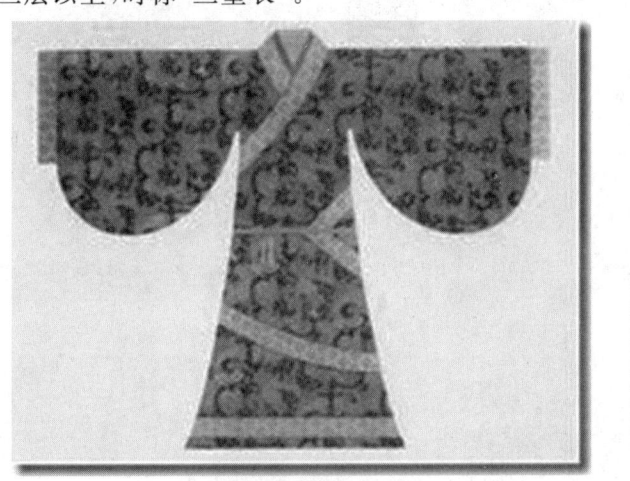

秦汉妇女的曲裾深衣图
（根据西安、徐州等地出土陶俑服饰复原绘制）及穿曲裾深衣的妇女（江苏徐州铜山汉墓出土陶俑）。

第二节　中古服饰

一、魏晋南北朝服饰概述及图案赏析

魏晋南北朝时期,是中国古代服装史上又一个大转变的时期。由于大量少数民族进入中原地区,胡服成为社会上司空见惯的装束,一般平民百姓的服装,受胡服的影响最为强烈。他们将胡服中窄袖紧身、圆领、开衩等元素吸收到原有的服饰中来。汉族贵族也在胡服的基础上加以变化,其方法是将其长度加长,加大袖口和裤口,改左衽为右衽。但礼服仍然是传统的汉族礼服形式。魏晋是政治和经济动荡的时期,士大夫阶层形成了消极的社会风气,追求"对酒当歌,人生几何"的享乐主义,沉沦于颓废的生活方式,以老庄、佛道思想为时尚,这种风气也直接反映在人们的衣冠服饰上。最有代表性的是当时的"竹林七贤"。宽衣博带是这时期的流行服饰。男子穿衣敞胸露臂,衣服披肩,追求轻松、自然、随意;女子服饰则长裙拖地,大袖翩翩,饰带层层叠叠,优雅而飘逸。

魏晋南北朝男子服饰

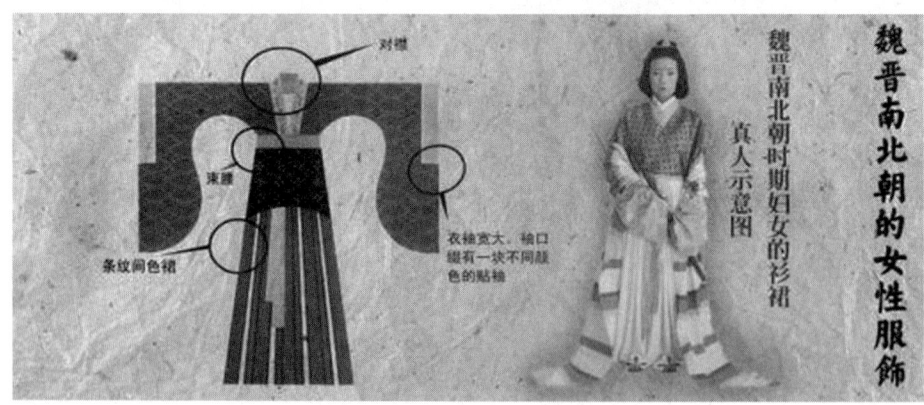

魏晋南北朝女子服饰

魏晋时期的男子一般都穿大袖翩翩的衫子,直到南朝时期,这种衫子仍为各阶层男子所爱好,成为一时的风尚。笼冠的形象与北朝墓葬中出土的图像略同,然而时间却比其他资料要早,可见笼冠并非出自胡服,而是先在中原地区流行以后,才逐渐传到北方,成为北朝时期的主要冠式之一。

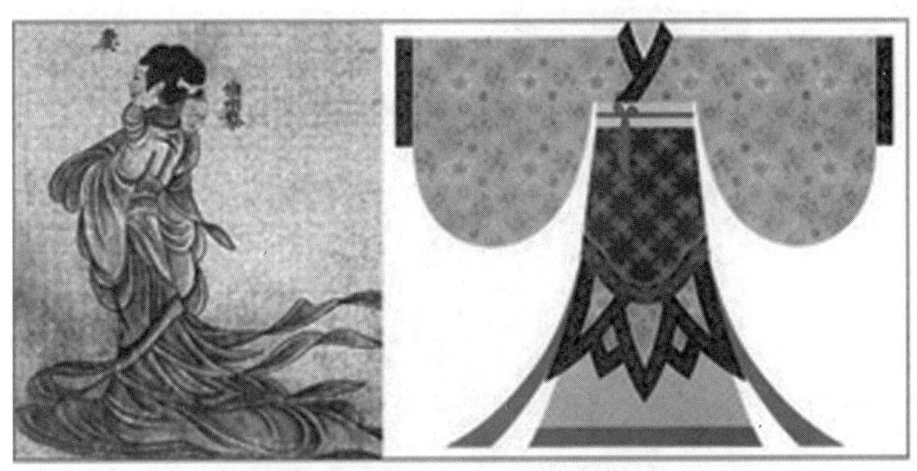

魏晋笼冠大袖衫

魏晋南北朝时期,传统的深衣制已不被男子采用,但在妇女中间却仍有人穿。这种服装与汉代相比,已有较大的差异。比较典型的是在服装上饰以"纤髾"。所谓"纤",是指一种固定在衣服下摆部位的饰物。通常以丝织物制成,其特点是上宽下尖形如三角,并层层相叠。所谓"髾",指的是从围裳中伸出来的飘带。由于飘带拖得比较长,走起路来,如燕飞舞。到南北朝时,这种服饰又有了变化,去掉了曳地的飘带,而将尖角的"燕尾"加长,使两者合为一体。

杂裾垂髾服展示图

魏晋南北朝时期的铠甲主要有筒袖铠、两裆铠和明光铠。"明光铠"一词的来源,据说与胸前和背后的圆护有关。因为这种圆护大多以铜铁等金属制成,并且打磨得极光,颇似镜子。在战场上穿明光铠,由于太阳的照射,将会发出耀眼的"明光",故名。这种铠甲的样式很多,而且繁简不一:有的只是在两裆的基础上前后各加两块圆护,有的则装有护肩、护膝,复杂的还有数重护肩。身甲大多长至臀部,腰间用皮带系束。左面陶俑是戴兜鍪、穿明光铠的武将。

明光铠穿戴展示图

二、隋唐服饰概述及图案赏析

隋唐时期,由于政治和经济的稳定与繁荣,使其能上承历史服饰之源头,下启后世服饰制度之经道,所以,这一时期成为中国古代服饰制度发展的重要历史时期。男子的常服为幞头、袍衫、穿长勒靴。但此时的袍衫与前朝略有不同,式样为圆领、右衽、窄袖、领袖裾无缘边。此外,还有襕袍衫和缺胯袍衫等式样。这种袍衫主要是受胡服影响,并且与汉族的生活习惯和礼仪特点相结合,形成了这时期袍衫的风格。隋唐时期,唐代纹样不仅继承了传统,而且吸收了西方艺术形式。加上对外开放、丝绸之路的重开,中西结合,使唐朝服饰华丽清新。隋代女子穿窄合身的圆领或交领短衣,高腰拖地的长裙,腰上还系着两条飘带。

隋唐女子服饰一

隋唐女子服饰二

隋唐女子服饰三

唐代胄甲,用于实战的主要是铁甲和皮甲。除铁甲和皮甲之外,唐代铠甲中比较常用的,还有绢布甲。绢布甲是用绢布一类纺织品制成的铠甲,它结构比较轻巧,外形美观,但没有防御能力,故不能用于实战只能作为武将平时服饰或仪仗用的装束。

唐代胄甲

唐高祖李渊于621年正式颁布束舆衣服之令,对皇帝、皇后、群臣百官、命妇、士庶等各级各等人士的衣着、色彩、佩带诸方面都作了详细的规定,唐朝的衣冠制度正式确立。例如,唐朝对服饰色彩规定:黄色只有皇帝和皇室亲臣、贵臣才可穿用,他人穿用则为犯罪,因此黄色为皇权的特殊象征。另外,还以服装的颜色区分官职品级:三品以上服紫色,五品以上服朱色,六品为绿色,七品为青色。唐代的妇女服饰,是历代中的佼佼者。衣料质地考究,造型雍容华贵,装扮配饰富丽堂皇。唐都长安不仅是当时中国的政治、经济、文化中心,同时也是东西方文化交流的中心。与朝鲜、日本、波斯等国贸易、文化交流频繁。唐朝服饰形成了独特的开放浪漫风格。袒胸、裸臂、披纱、大袖、长裙是唐代妇女典型的着装形象。唐朝年轻女子不受保守传统的约束,她们不仅可以穿袒露胸臂的宽领服装,甚至穿上胡服男装,在街上策马扬鞭,政府和社会还允许女性享有选择配偶和离婚的自由。唐代的女装主要是衫、裙、帔,还有短袖半臂衫(套穿在长衫外面)。最时兴的女子衣着是襦裙,即短上衣加长裙,裙腰以绸带高系,几乎及腋下。

唐代官吏服饰及唐代男子服饰,以幞头袍衫为尚,幞头又称袱头,是在汉魏幅巾基础上形成的一种首服。唐代以后,人们又在幞头里面增加了一个固定的饰物,名为"巾子"。巾子的形状各个时期有所不同。除巾子外,幞头的两脚也有许多变化,到了晚唐五代,已由原来的软脚改变成左右各一的硬脚。唐代官吏,主要服饰为圆领窄袖袍

唐代圆领袍衫展示图及纱罗幞头图

衫，其颜色曾有规定：凡三品以上官员一律用紫色；五品以上，绯为色；六品、七品为绿色；八品、九品为青色。以后稍有变更。另在袍下设一道横襕，也是当时男子服饰的一大特点。

唐代女子衣着偏好胡装，身穿紧腰胡装，足登小皮靴，朱唇赭颊，是时尚的打扮。唐代胡人俑服饰装束非常引人注目，如梳辫盘髻，卷发虬髯、高尖蕃帽、翻领衣袍、小袖细衫、尖勾锦靴、葡萄飘带、玉石腰带等等，都在陶俑塑刻中表现得淋漓尽致。时尚是社会变化的缩影，服装的流行趋势随着社会在不停地变化，胡人服装对汉人的影响肯定是这一时期胡人进入中原社会后融入的结果。特别是唐代流行的"女扮男装"俑或是"女穿胡服"俑均是当时社会风俗表现的特征，唐高宗、武则天时期还扩散成时髦装束之一。

唐代流行时尚女穿胡服

随着发展，唐代的妇女上衣种类一般分为襦、袄、衫三种。襦是一种衣身狭窄短小的夹衣或棉衣。袄长于襦而短于袍，衣身较宽松，也有夹衣或棉衣。襦、袄有窄袖与长袖两类。衫是无袖单衣，功用吸汗，有对襟及右衽两种。衫在春秋天也可穿在外面，但和穿在外面有短袖的衫不同，后者就发展成了背子或半臂。而在以前，裙子的造型向来都是一种长方形的方片直裙，有点类似于和服裙子。方片裙的样式显得较呆板硬性，因此女性穿起来并不能显出美丽来。因此到了唐代，裙子的形式流行高腰束胸，宽摆拖地的样式，既能显露人体结构的曲线美，又能表现一种富丽潇洒的优美风度。这种裙子的结构必须和人体的主体结构有机适应，所以是一种下摆呈圆弧形的多褶斜裙，或喇叭裙。值得一提的是，这种高腰将裙带束到胸部的裙子，至今还影响着朝鲜和韩国的女子裙装风格。到了中晚唐时期，服装中加强了华夏的传统审美观念，开始复古，从以显出女子身材为主逐步恢复到秦汉那种宽衣大袖，飘逸如仙的风格，服式越来越肥，这种风格的定型一直影响到后期华夏女装的基本理念，即宽松随体肥大，这自然在后来也成了礼教所要求的对象，柔和自然，无形无欲。中晚唐女装华丽大气，一般类似于礼服，她们里面直接穿抹胸——原本是内衣，在唐代和裙子结合形成了一体，它不系腰带，宽松自然。外面直接套上罩衫，罩衫一般都很华丽，基本上都是拖摆至地，有的达几米，比如，有的袖阔4尺，裙曳地达5尺，因此，如同后来的欧洲一样，衣摆的长短决定着妇女的身份地位。罩衫一般都是广袖的，广袖就是我们常看到的宽大的袖子，唐代的广袖基本呈方片形，类似今天的和服袖子。

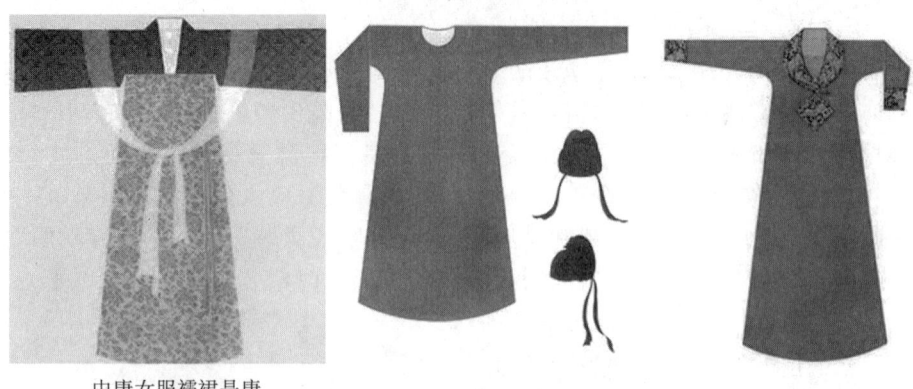

中唐女服襦裙是唐代妇女的主要服式　　唐代官吏常服袍衫　　中晚唐回鹘女服

第三节　近古服饰

一、宋朝服饰概述及图案赏析

宋代的服饰，大体沿袭唐制，但在服装式样和名称上略有差异。宋代的缺胯袍衫式样有广袖大身和窄袖紧身两种。穿褙子和半臂的习惯极为普遍，但都不能作为礼服穿用。总的来说，宋代的服饰比较拘谨保守，色彩也不及以前鲜艳，给人以质朴、洁净、淡雅之感，这与当时的社会状况，尤其是程朱理学的影响有密切关系。宋朝统治者注重文治，竭力推崇程朱理学，其目的在于去掉人们的任何反抗意识。这种理学观点影响到人们的着装，使宋朝的服装一改唐朝服饰旷达华贵、恢弘大气的特点，服装造型封闭，颜色严肃淡雅，色调趋于单一。宋代的女装是上身穿窄袖短衣，下身穿长裙，通常在上衣外面再穿一件对襟的长袖小褙子，很像现在的背心，褙子的领口和前襟都绣上漂亮的花边。受封建礼教的影响，宋出现了缠足陋习，称"裹小脚"。宋代的男装大体上沿袭唐代样式，一般百姓多穿交领或圆领的长袍，做事的时候就把衣服往上塞在腰带上，衣服是黑白两种颜色。

  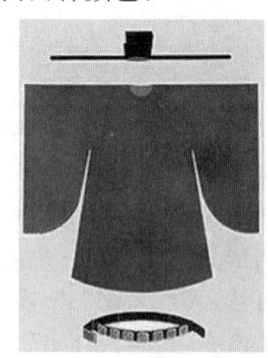

宋代皇帝服　　宋代皇后服　　宋代官服

宋代妇女常穿服饰

宋代男子常穿服饰

二、元明清服饰概述及图案赏析

(一) 具有民族特色的元朝服饰

元代贵族袭汉族制度,在服装上广织龙纹。

据《元史舆服志》记载,皇帝祭祀用衮服、蔽膝、玉簪、革带、绶环等饰有各种龙纹,仅衮一件就有八条龙,领袖衣边的小龙还不计。龙的图案是汉族人民创造的,它代表着华夏民族的文化。晚唐五代以后,北方少数民族相继建立政权,都无例外地沿用了这一图案。到了元代更加突出,除服饰大量用龙之外,在其他生活器具中也广泛使用。元代蒙古族男子,戴一种用藤篾做的"瓦楞帽",有方圆两种样式,顶中装饰有珠宝。

元代贵族便服为窄袖织龙纹锦袍、瓦楞帽、云肩、缎靴展示图

元代贵族服饰。 元代服装大量用金,超过以往历代。织物加金,早在秦代以前就已出现。至于汉族服饰上得到运用,时间大约在东汉或东汉以后,而且主要在宫廷中使用。直到魏晋南北朝以后,服饰织金的风气才在全国范围内普及。宋代贵族服饰用金,在技术上已发展到了十八种之多。辽、金统治地区织金技术也有很大进步,尤以回鹘族地区最为流行,所织衣料最为精美。元代继辽、金之后,在织物上用金更胜于前代。

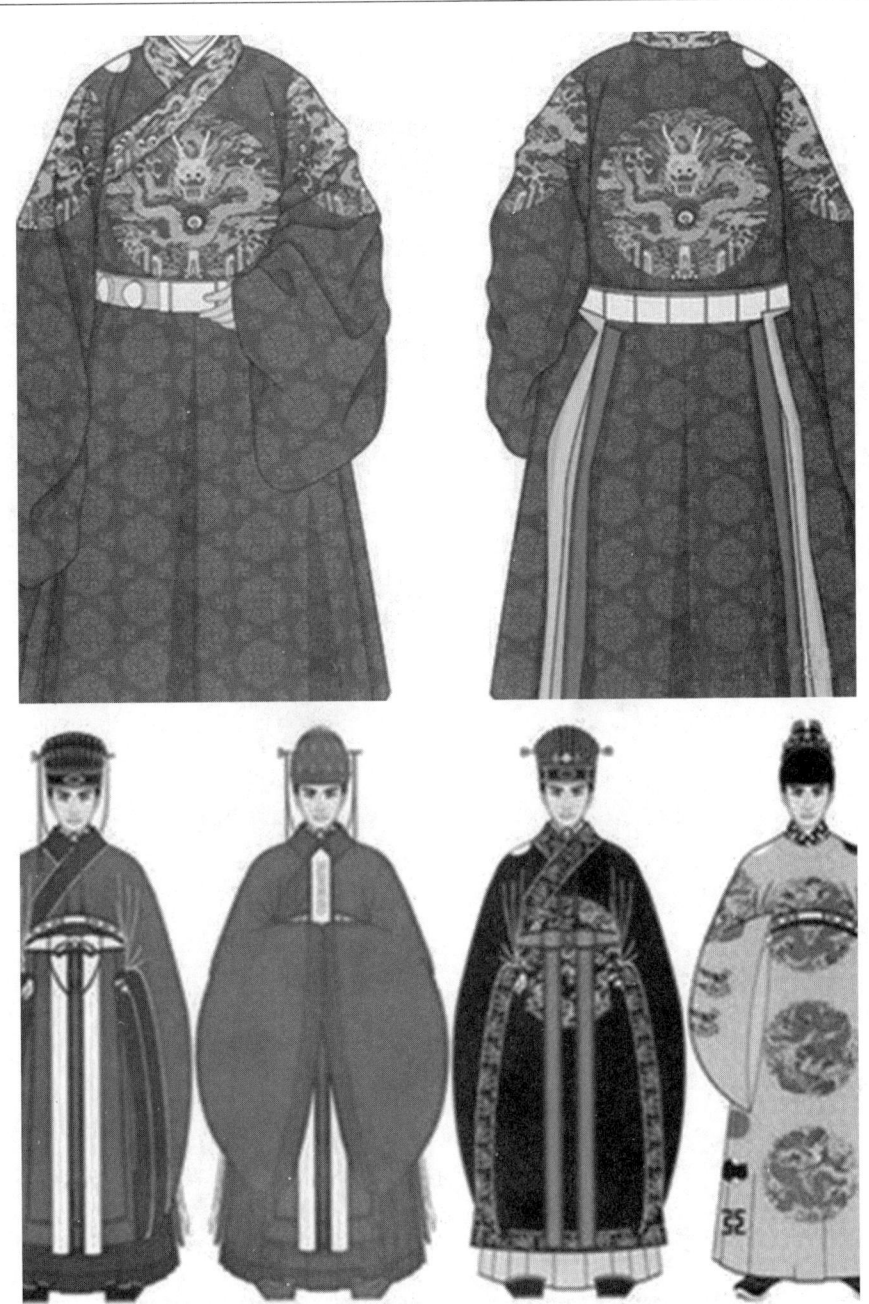

元明贵族服饰

(二) 艳丽堂皇的明代服饰

明代的服饰,大体上沿袭唐制,但宋元服装形式中的某些式样也有保留。朱元璋称帝后,为了恢复汉族的礼仪,便制定了以周汉、唐宋为准则的新服饰制度。以袍衫为主要服饰,而官员则以补服为常服,头戴乌纱帽,身穿圆领衫。所谓补服,是指在袍衫前有一块方形刺绣图案的官服,文官图为飞禽,武官图为猛兽。用袍衫颜色和图案的分别来区分官阶品位。平常穿的圆领袍衫则凭衣服长短和袖子大小区分身份,长大者为尊。明代官服中最具特点的是乌纱帽,乌纱帽翅因戴者官职、身份不同而各异。其形制前低后高,两旁各插一翅,通体皆圆。帽内另用网巾以束发。明朝的儒生文士男子服饰,大多穿圆领或斜领的青布直身的宽袖长衣,头戴四方平定巾。明代的贵妇多是穿红色大袖的袍子,一般妇女只能穿一些浅淡的颜色。裙子宽大,样式很多。

明代皇帝常服又称翼善冠,戴乌纱折上巾,样式为盘领、窄袖、前后及两肩绣有金盘龙纹样,玉带皮靴。此服用途较多。明代皇帝的常服,服装以黄色的绫罗,上绣龙、翟纹及十二章纹。龙的图案从上古发展到明代,经历了无数次的变化。总的看来,先秦的龙纹,形象比较质朴粗犷,大部分没有肢爪,近似爬虫类动物。秦汉时期的龙纹,多呈兽形,肢爪齐全,但无鳞甲,常绘成行走状,给人以虚无缥缈的感觉。明代的龙,形象更加完善,它集中了各种动物的局部特征,头如牛头、身如蛇身、角如鹿角、眼如虾眼、鼻如狮鼻、嘴如驴嘴、耳如猫耳、爪如鹰爪、尾如鱼尾等等。在图案的构造和组织上也很有特色,除传统的行龙、云龙之外,还有团龙、正龙、坐龙、升龙、降龙等名目。本图服装上所绣的团龙中,就有升龙、降龙两种。

明代皇帝常服展示图

明代皇帝冕服想象图

明代皇后服饰。明代妇女的服装，主要有衫、袄、霞帔、背子、比甲及裙子等。衣服的基本样式，大多仿自唐宋，一般都为右衽，恢复了汉族的习俗。凡命妇所穿的服装，都有严格的规定，大体分礼服及常服。皇后常服为戴龙凤珠翠冠、穿红色大袖衣，衣上加霞帔，红罗长裙，红褙子，首服特髻上加龙凤饰，衣绣有织金龙凤纹。

明代皇后大袖衣

明代官吏常服官补服图及乌纱帽。戴乌纱帽、幞头，身穿盘领窄袖大袍。"盘领"即一种加有圆形沿口的高领。这种袍服是明代男子的主要服式，不仅官宦可用，士庶也可穿着，只是颜色有所区别。平民百姓所穿的盘领衣必须避开玄色、紫色、绿色、柳黄、姜黄及明黄等颜色,其他如蓝色、赭色等无限制,俗称"杂色盘领衣"。明朝立国二十五年以后,朝廷对官吏常服作了新的规定,凡文武官员,不论级别,都必须在袍服的胸前和后背缀一方补子,文官用飞禽,武官用走兽,以示区别。这是明代官服中最有特色的装束。

明代官吏常服

明代官吏常服五福捧寿纹大襟袍展示图及戴四方平定巾、穿大襟袍的男子。明代男子的便服,多用袍衫,其制为大襟、右衽、宽袖,下长过膝。贵族男子的便服面料以绸缎为主,上绘有纹样,也有用织锦缎制作的。袍衫上的纹样,多寓有吉祥之意,比较常见的团云和蝙蝠中间,嵌一团型"寿"字,意为"五福捧寿"。这种形式的图案在明末清初特别流行,不仅在服装上使用,在其他的器皿及建筑装饰上也大量反映。另一种,为宝相花是一种抽象的装饰图案,通常以莲花、忍冬或牡丹花为基本形象,经变形、夸张,并穿插一些枝叶和花苞,组成一种既工整端庄,又活泼奔放的装饰图案。这种服饰纹样在当时深受欢迎。从唐代开始,宝相花大量进入服饰,成为广大人民喜爱的艺术图案。到了明代,宝相花还一度成为帝王后妃的专用图案,与蟒龙图案一样,禁止民间使用。但很快解除禁律运用于各种服装上。

唐代妇女的主要服饰是上襦下裙的服装形式,在明代妇女服饰中仍占一定比例。上襦为交领、长袖短衣。裙子的颜色,初尚浅淡,虽有纹饰,但并不明显。至崇祯初年,裙子多为素白,即使刺绣纹样,也仅在裙幅下边一两寸部位缀以一条花边,作为压脚。裙幅初为六幅,即所谓"裙拖六幅湘江水";后用八幅,腰间有很多细褶,行动辄如水纹。到了明末,裙子的装饰日益讲究,裙幅也增至十幅,腰间的褶裥越来越密,每褶都有一种颜色,微风吹来,色如月华,故称"月华裙"。腰带上往往挂上一根以丝带编成的"宫绦",宫绦的具体形象及使用方法,一般在中间打几个环结,然后下垂至地,有的还在中间串上一块玉佩,借以压裙幅,使其不至散开影响美观,作用与宋代的玉环绶相似。

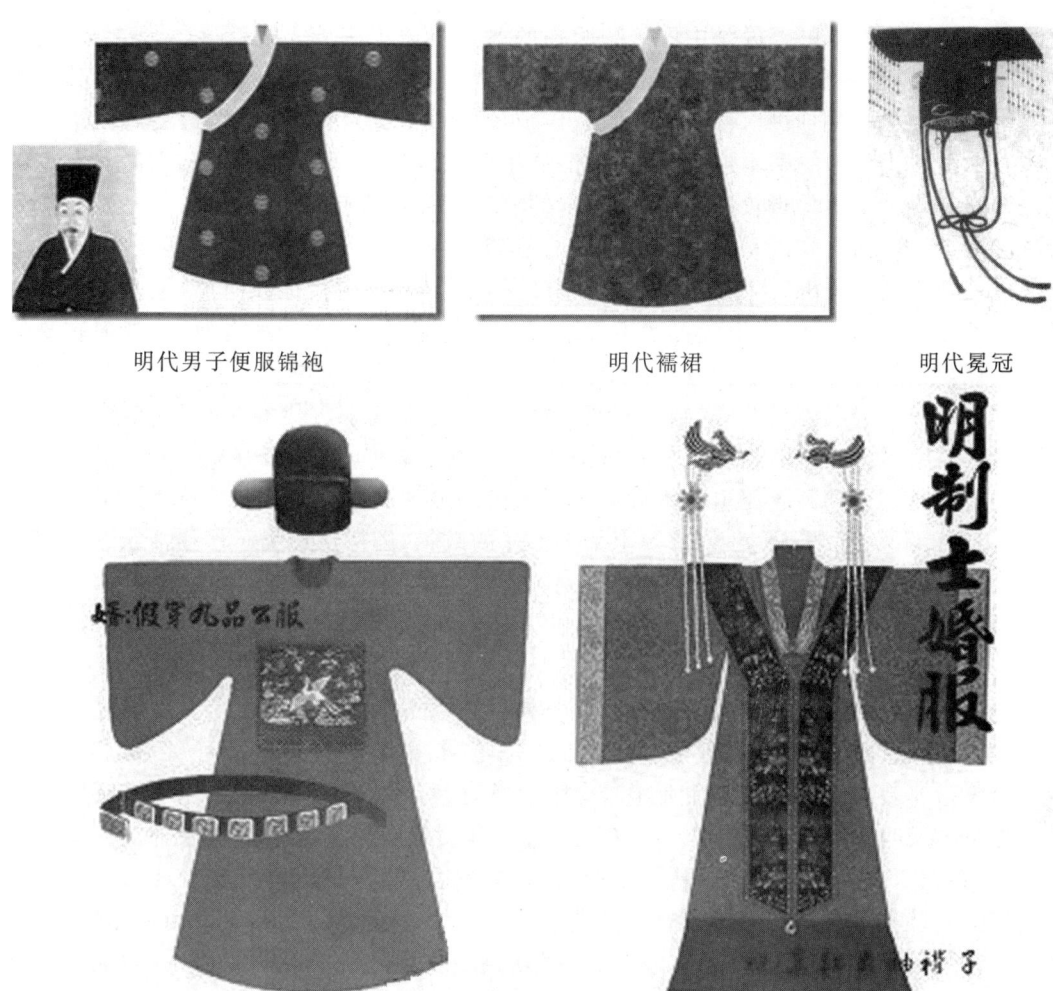

明代男子便服锦袍　　　　明代襦裙　　　　明代冕冠

明制婚服

明代婚服中士婚，婿若穿深衣，妇则对应地服真红褙子、红罗裙，假髻花钿；婿也可假穿九品官服——青绿色，文官补子为鹌鹑，武官补子为海马。妇则按与婿相同的品级佩戴相应凤冠霞帔或花钗，真红大袖衣或圆领女蟒服、大红褶裙。

（三）繁缛华贵的清代服饰

清朝是我国服装史上改变最大的一个朝代，清代服饰对近现代服装形式影响较大，清代与以往任何朝代不同，是以少数民族服饰完全取代汉族服饰为主的朝代，汉族服饰逐渐淡出历史舞台。清代男子服饰可分为两种：满族民族服装和外来西洋服装。清代袍的式样，是在满族传统基础上加以变化，并吸取汉族服装特点。一般袖子比较窄瘦，礼服是箭袖，又称马蹄袖。袍身用纽扣系结。右衽大襟，圆领口。皇室的袍有前后左右四开气，而士庶男子只能在左右开气。马褂是清朝特有的满式服装。它式样多为圆领，有对襟、大襟、琵琶襟等式样，有长袖、短袖、大袖、窄袖之分，但均为平袖口。直到清末西洋服装传入和辛亥革命后，中国的服装才起了重大变化，进入了近现代服装的发展阶段。

清代时期的服饰可以说是中国传统服饰的改革阶段。满族入关后,强迫汉人穿满人服装,渐渐形成了一套有别于明代服饰的体系。清代是个满汉文化交融的时代,尤其是服装文化,也是在进入中原后,保留原有服装传统最多的非汉族王朝。满服改变了几千年来形成的中国古代服饰的基本形式,清代服饰是中国古服与近代服的交接点,它的存在是以后发展到近代男士的马褂长袍、女士的旗袍的前身。关于清朝男子服饰,长袍马褂是清朝男子最常穿的服饰。马褂是穿在长袍外面的短褂子,长度只到腰际,袖仅掩肘,短衣短袖便于骑马,所以叫"马褂"。平日所戴的便帽就是瓜皮小帽,颜色是外面黑,里面红。清朝满族女子服饰,妇女服饰在清代可谓满、汉服饰并存。满族妇女以旗袍为主,旗袍衣身修长,衣袖短窄,与历时数千年的宽袍大袖拖裙盛冠、潇洒富丽、纤细柔弱的中国服装形成鲜明的对比。旗装以它用料节省,制作简便和穿着方便,取代了古代的衣裙,这是后人易于接受的主要原因。关于清朝汉族妇女服饰,清军入关后,清朝统治者强制推行其满族的发型和服装样式。这种民族压迫政策激起汉族人民的强烈反抗。为缓和汉族人民的反抗斗争,清朝不得不实行"男从女不从"等十从十不从的政策,即对汉族男子严格要求遵从满族服制,而汉族妇女服饰仍沿用明朝服装形制。满洲八旗统治者实行了长达三百七十年的"剃发易服",禁止中国传统服装和强迫中国人改穿满族服装,从此汉服在清朝时期消失了。

清朝晚期,汉族男子改穿满族的长衫、马褂,汉族妇女依旧保持明代上衣下裳式的袄裙,清代妇女服饰的样式及品种很多,如背心、一裹圆、裙子、大衣、云肩、手笼、抹胸、腰带、眼镜等等。旗装由满洲旗人设计制作,并作为所有旗人统一的一种袍式服装,所以叫旗装。"旗装"又叫"旗服",分为单、夹、皮、棉四种,旗装是中国满族的传统服饰。女子穿长及脚面的旗装,或外罩坎肩。脚着长筒白丝袜,穿花盆底绣花鞋,裤腿扎青、红、粉红等各色腿带。服装喜用各种色彩和图案的丝绸、花缎、罗纱或棉麻衣料制成。有的将旗装面上绣成一组图案,更多在衣襟、袖口、领口、下摆处镶上多层精细的花边。盘头翅,梳两把头或旗髻。喜戴耳环、手镯、戒指、头簪、大绒花和鬓花等各种装饰品。

1. 清代皇帝朝服

清代皇帝服饰有朝服、吉服、常服、行服等。皇帝朝服及所戴的冠,分冬夏二式。冬夏朝服区别主要在衣服的边缘,春夏用缎,秋冬用珍贵皮毛为缘饰之。朝服的颜色以黄色为主,以明黄为贵,只有在祭祀天时用蓝色,朝日时用红色,夕月时用白色。朝服的纹样主要为龙纹及十二章纹样。一般在正前、背后及两臂绣正龙各一条;腰帷绣行龙五条襞积(折裥处)前后各绣团龙九条;裳绣正龙两条、行龙四条;披肩绣行龙两条;袖端绣正龙各一条。十二章纹样为日、月、星辰、山、龙、华虫、黼、黻八章在衣上;其余四种藻、火、宗彝、米粉在裳上,并配用五色云纹。皇帝的龙袍属于吉服范畴,比朝服、衮服等礼服略次一等,平时较多穿着。穿龙袍时,必须戴吉服冠,束吉服带及挂朝珠。龙袍以明黄色为主也可用金黄杏黄等色。古时称帝王之位,为九五至尊。九、五两数,通常象征着高贵,在皇室建筑、生活器具等方面都有所反映。清朝皇帝的龙袍,据文献记载,也绣有九条龙。从实物来看,前后只有八条龙,缺一条龙,有人认为还有一条龙是皇帝本身。其实这条龙客观存在着,只是被绣在衣襟里面,一般不易看到。这样一来,每件龙袍实际即为九龙,而从正面或背面单独看时,所看见的都是五龙,与九五之数正好相吻合。另外,龙袍的下摆,斜向排列着许多弯曲的线条，名谓水脚。水脚之上，还有许多波浪翻滚的水浪，水浪之上，又立有山石宝物，俗称"海水江崖"，它除了表示绵延不断的吉祥含意之外，还有"一统山河"和"万世升平"的寓意。

清代皇帝在每年夏至时节在地坛举行祭地仪式，穿明黄色礼服，与土地的颜色黄色相符。清雍正时明黄色彩云金龙妆花缎皮朝袍，朝袍圆领，大襟右衽，马蹄袖，附披肩，裾左开。袍在明黄色缎地上织彩云金龙及海水江崖等纹样，镶石青色祥云花卉纹织金绸边。领、襟缀铜鎏金錾花扣五，披肩缀同质扣三。领、襟、下摆及披肩饰以紫貂，袖口饰薰貂。袍内上施羊皮里，下接银鼠皮里，披肩衬红色团龙杂宝纹织金绸里。清乾隆时明黄色缎绣金龙朝袍，朝袍圆领，右衽，马蹄袖，腰帷以下为襞积式。袍面料为明黄色素缎，上衣柿蒂形纹样中前后及两肩各绣金正龙一条，饰五彩祥云，福山寿海。袖端饰行龙各一，腰帷行龙五，衽正龙一，襞积正团龙二十二，下裳前后饰正龙各一，行龙五，饰五彩祥云、福山寿海，披领行龙二。全身共绣金龙43条。附石青缎平金绣行龙纹披领，衬大红色织金缎里。后背垂明黄色绦背云2个。马蹄袖饰石青缎平金绣行龙，里衬银鼠皮，有出锋。明黄色素缎接袖。襟缀铜镀金錾花扣5枚，披领上缀铜镀金錾花扣三枚。

清代皇帝祭天在每年的冬至日在天坛圆丘举行，为蓝色礼服，象征着天空的蓝色。清乾隆时的蓝色缎绣彩云金龙夹朝袍，此袍圆立领，大襟右衽，马蹄袖，腰帷下部饰襞积，上衣下裳相连属，附披肩，缀铜鎏金錾花扣六枚。披肩及后背垂饰明黄绦珊瑚米珠背云各一。袍缘镶饰蓝色团龙杂宝织金缎和三色平金银边各一条，内衬月白色缠枝菊暗花绫里。袍身采取二至四色间晕与退晕相结合的装饰方法，运用平针、套针、平金、钉线、缠针、戗针、打籽等刺绣针法，在蓝色缎地上，绣制彩云金龙、海水江崖及十二章等纹样，构图繁复庄重，晕色自然和谐，绣工细腻入微，凸现雍容华贵金碧辉煌的皇家气派，是清乾隆时期苏州刺绣的典型佳作。

祭日于每年春分时节在日坛举行，为红色礼服，似火红的太阳的颜色。清代嘉庆时祭日时所穿大红色缎绣彩云金龙夹朝袍，朝袍圆领，大襟右衽，马蹄袖，附披肩，上衣下裳相连属，裾左开，缀铜鎏金錾花扣五。缘饰蓝色团龙杂宝织金缎及平金边各一，外镶染银鼠皮边，内衬湖色缠枝菊暗花绫里。领口系墨书黄纸签二，一书"仁宗"，一书"仁宗 绣红缎面染银鼠皮边夹朝袍一件"。袍身采取二至四色间晕与退晕相结合的装饰方法，运用多种刺绣技法绣制云龙等纹样，两肩前后正龙各一，下摆前后正龙二，行龙五，腰襕行龙五，襞积处团龙二十二，列十二章。

祭月于每年秋分时节在月坛举行，为月白色礼服，似月光清澈，泛着淡淡的白色。清乾隆时月白缂丝云龙纹单朝袍，朝袍圆领，右衽，披肩领，马蹄袖，上衣下裳相连，披领和后背均垂明黄色绦红珊瑚背云。袍身所饰纹样为：前后及两肩正龙各一，腰帷前后行龙各二，衽正龙一，襞积前后团龙各九，下摆前后各正龙一与行龙二，两袖端正龙各一，披领行龙二。另在里襟腰帷处饰行龙一，襞积处团龙四，下摆处行龙一。衣前后列十二章，下边饰八宝平水纹。

清雍正时明黄色彩云　　　清乾隆时期皇帝　　　清乾隆时明黄色缎绣
金龙妆花缎皮朝袍　　　　十二章龙袍　　　　　　金龙朝袍

清乾隆时的蓝色　　　　　清乾隆时月白缂丝　　　清代嘉庆时大红色
缎绣彩云金龙夹朝袍　　　云龙纹单朝袍　　　　　缎绣彩云金龙夹朝袍

2. 清代皇后凤袍

清代皇后服饰。皇后常服样式与满族贵妇服饰基本相似,圆领、大襟,衣领、衣袖及衣襟边缘,都饰有宽花边,只是图案有所不同。服装纹样为凤穿牡丹,整件服装在鲜艳的蓝色缎地上,绣八只彩凤,彩凤中间,穿插数朵牡丹。牡丹的颜色处理得净穆而素雅,色彩变化惟妙,具有传统的山水画特点。与此相反,凤的颜色比较浓重,红绿对比度极为强烈,具有典型的民族风格和时代特色。

皇后所穿的凤袍

3. 清代琵琶襟马褂与晚清云肩

清代服饰。清代男子服装主要有袍服、褂、袄、衫、裤等。袍褂是最主要的礼服。其中有一种行褂,长不过腰,袖仅掩肘,短衣短袖便于骑马,所以叫"马褂"。马褂的形制为对襟、大襟和缺襟(琵琶襟)之别。对襟马褂多当礼服。大襟马褂多当常服,一般穿袍服外面。缺襟（琵琶襟）马褂多作为行装。马褂多为短袖，袖子宽大平直。颜色除黄色外，一般多一天青色或元青色作为礼服。其他深红、浅绿、酱紫、深蓝、深灰等。

清代命妇礼服云肩为妇女披在肩上的装饰物。五代时已有，为四合如意形。明代的妇女作为礼服上的装饰。清代妇女在婚礼服上也用。清末江南妇女梳低垂的发髻，恐怕衣服肩部被发髻油腻沾污，故多在肩部戴云肩。贵族妇女所用云肩，制作精美，有的剪裁为莲花形，或结线为缨珞形，周围垂有排须。慈禧所用的云肩，有的是又大又圆的珍珠缉成的，一件云肩用 3500 颗珍珠穿织而成。

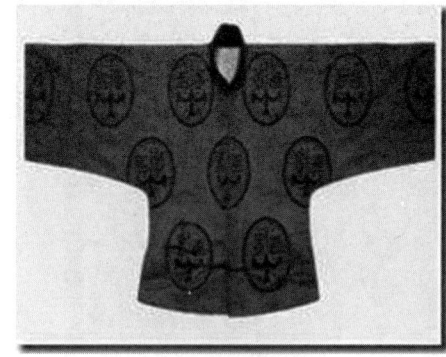 

清代妇女上衣配云肩

4．清代八旗兵甲胄

清代服饰清代一般的盔帽，无论是用铁或用皮革制成，都在表面髹漆。盔帽前后左右各有一梁，额前正中突出一块遮眉，其上有舞擎及覆碗，碗上有形似酒盅的盔盘，盔盘中间竖有一根插缨枪、雕翎或獭尾用的铁或铜管。后垂石青等色的丝绸护领，护颈及护耳，上绣有纹样，并缀以铜或铁泡钉。铠甲分甲衣和围裳。甲衣肩上装有护肩，护肩下有护腋；另在胸前和背后各佩一块金属的护心镜，镜下前襟的接缝处另佩一块梯形护腹，名叫"前挡"。腰间左侧佩"左挡"，右侧不佩挡，留作佩弓箭囊等用。围裳分为左、右两幅，穿时用带系于腰间。在两幅围裳之间正中处，覆有质料相同的虎头蔽膝。清代八旗兵的甲胄，用皮革制成。此服供大阅兵时穿用，平时收藏起来。清代除满八旗外，在蒙古设蒙古八旗，在汉族设汉八旗，参加大阅兵的实为二十四旗。本图为满八旗服色，从左至右为：正黄旗、正白旗、镶红旗、正蓝旗、镶黄旗、镶白旗、正红旗镶蓝旗。

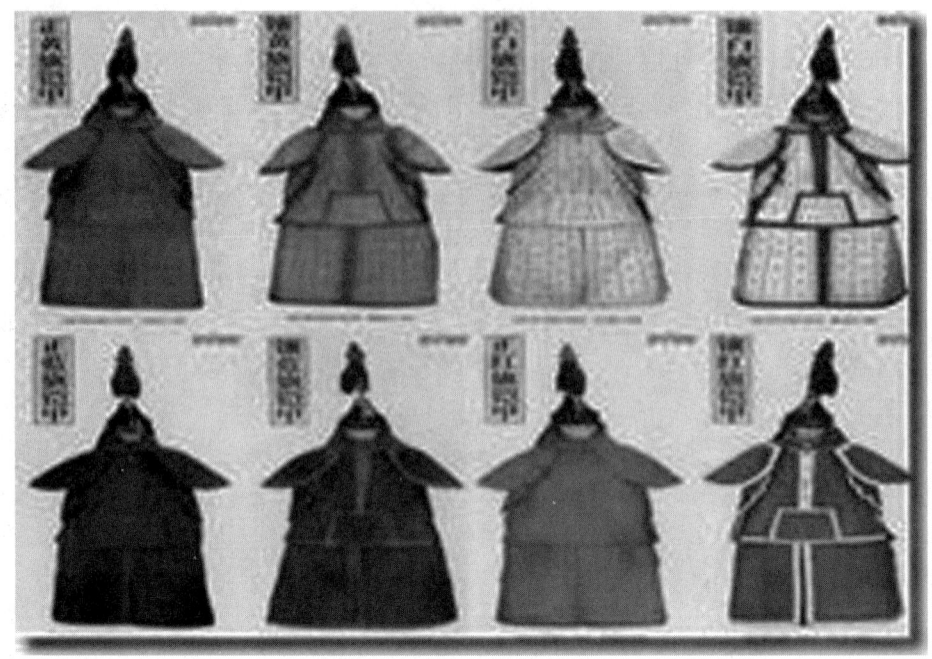

满八旗服色

清代宫廷女布鞋仍是中国传统色红色为主色调,配以花纹,底有寸厚,贵气而精美,满族女子多有穿着,且脚都比较大,跟常人无异。清代宫廷男布鞋造型粗犷,短鞋口、双梁,配以花纹,秀长而不失阳刚之气。满族妇女喜欢穿长袍,行走不便,便在鞋底上加上高底。鞋底上宽下圆,形似花盆,因此而得名。这种花盆底鞋为木头底,上面裹一层布,鞋底制成马蹄状,所以又叫马蹄底鞋,走路时会发出有节奏的响声,传说满族穿上这种鞋可以驱蛇虫,蛇虫听到走路的声音,就会远远地避开。另说妇女穿长裙,花盆底鞋可使身体增高,使身体更加修长,另外由于鞋的特殊造型,女子走路双手臂前后摆动幅度较大,身材更加婀娜多姿。

清代女鞋

清代男鞋

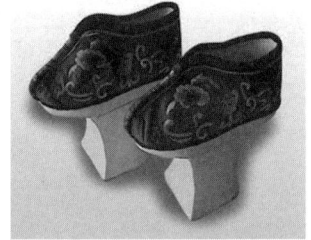
清代花盆底鞋

小 结

从服饰产生开始,人类历史上就呈现出一幅充满魅力的绚丽画卷。服饰不仅仅是人类外表的包装,更起到美化的功能。其产生之初,人类就把生活习俗、审美情趣、色彩爱好,以及种种文化心理、宗教观念和政治理念都沉淀在服饰中,无时无刻不折射出服饰的深厚的文化内涵。

本章从原始服饰谈起,按照朝代的更迭,介绍各朝代服饰的发展。随着社会经济和人们生活水平的不断提高,服饰同样也经历着不断地发展和变化,进入阶级社会后,衣冠制度日臻完备。从多姿多彩的史前服饰,到夏商时期服饰制度的初成,服饰文化已经显现出尊卑贵贱的差别。周代等级制逐渐完善,服饰上也体现出各种礼仪规制,无论是从祭服、朝服,还是戎服、丧服和婚服都延续和影响着此后两千多年的封建社会生活。战国时期,受当时社会动荡和割据影响,思想上百家争鸣,服饰上也体现出风采各异和锐意进取的特点。随着秦汉的统一,服饰体现出前所未有的端庄和稳重。魏晋南北朝时期,民族大融合在服饰上也有彰显,这时期士人风度的褒衣博带无疑也给中国服饰风尚增加了狂放豁达的一笔。隋唐时期,国家统一,经济繁荣,服饰以开放、大气和华丽为特点,彰显着雍容富丽和大国气象,从当时女装的坦露风尚可以看出其开放的程度。宋代和明代,封建伦理纲常较森严,服饰风格又渐趋保守。元代和清代,异族统治又为中原服饰注入了新鲜的因子,体现出北方草原风情。

在整个世界服饰走向一体化的当今社会,回顾中国漫长和多姿多彩的服饰发展历程,体会各朝各代的礼俗风尚和社会风情,领略中国传统服饰文化的独特魅力,对于思考中国文化定位和发展方向无疑具有重要的意义。

思考链接:

1. 谈谈中国服饰体现了怎样的精神内涵与传承。
2. 你喜欢哪个朝代的服饰?为什么?

第二章　形式考究的传统礼仪

【情境导入】

　　杨时是北宋一位大才子,南剑州将乐人(今属福建),中进士后,他放弃做官,继续求学。洛阳的程颢和程颐兄弟俩是当时很有名望的哲学家、教育家,北宋理学的奠基人,是名副其实的大学问家。他们的学说被后来的南宋朱熹所继承,世称"程朱学派"。杨时仰慕二程的学识,投奔洛阳程颢门下,拜师求学,四年后程颢去世,又继续拜程颐为师。这时他年已四十岁,仍尊师如故,刻苦学习。一天,大雪纷飞,天寒地冻,杨时碰到疑难问题,便冒着凛冽的寒风,约同学游酢一同前往老师家求教。当他来到老师家,见老师正坐在椅子上熟睡,怕影响老师休息,不忍打搅,就静静地侍立门外等候。老师一觉醒来,发现他们的脚下已积雪一尺深了,身上也落满了雪,便急忙把两人请进屋去,为他们讲学。这便是后来广为流传的"程门立雪"的典故,也成为后世尊师重礼的典范。

第一节　政治礼仪

一、祭天地

　　始于周代的祭天也叫郊祭,冬至之日在国都南郊圜丘举行。古人重视实体崇拜,对天的崇拜也体现在对月亮和星星的崇拜,最终发展为对天的崇拜。对天的崇拜始于商殷时期,最高统治者为天子,君权神授,祭天是为最高统治者服务的,因此,祭天盛行到清代才宣告结束。祭天和祭地都属于中国传统五礼中的吉礼。祭天即祭天神,天神是指天上所有的星宿。而星宿又分为大示、中示和小示等。大示指天皇大帝,宇宙之神的主宰,是百神之君;中示主要是指天上的日、月、星、辰等,它们是与民生关系最为密切的天体;小示是指天上比较小的神。祭祀天神时,先要积聚木柴,再依据级别在木柴上放置牺牲或者玉帛,然后点火焚烧,让香气飘上天,天神闻到香气就算享用了。至于能够祭天之人,只有历朝历代的天子方可,古代帝王称"天子",受命于天,所以在古代只有天子才可以祭天。祭天也是古代一国之中最重大的典礼。祭天之日会选在冬至日,因为冬至是一年四季中阴尽阳生的时候。

　　夏至是祭地之日,礼仪与祭天大致相同。汉代称地神为地母,说她是赐福人类的女神,也叫社神。最早祭地是以血祭祀。汉代以后,不宜动土的风水信仰盛行,祭地礼仪还有祭山川、祭土神、谷神、社稷等。祭地是之祭祀大地上的各种神示,包括土地、名山、大川乃至建筑中的神明,依照尊卑也分为大示、中示和小示三等。大示是指社稷、五祀和五岳。社指土神,稷指百谷之主。五祀指金、木、水、火、土五行之神。五岳指东岳泰山、西岳华山、南岳衡山、北岳恒山、中岳嵩山。中示指山、林、川、泽等。山林川泽是人类日用取资的来源,所以用祭祀来报答。小示指四方的小神。古代人有泛神的意识,万物都有神明,这些神明被称为"四方百物"。祭祀大示要用血祭,就是将牲畜的血浇灌在地上,使其气渗透至地中,就算地神享用了;中祭是祭山林和川泽,就是要把祭牲或者玉器、币帛埋进挖好的坑里,当祭祀川泽时,要把祭牲或这玉器、币帛沉到水底,体现了顺应自然之性;小示祭祀四方百物的方式,据《周礼·春宫》记载是"以疈辜祭四方百物",疈是剖牲之胸,辜是将剖过的牲体继续分解。四方百物与人类最为密切,厚于民生,所以感其对人类之功,予以祭祀。

祭天地

二、祭宗庙

宗庙制度是祖先崇拜的产物。人们在阳间为亡灵建立的寄居之所即宗庙。帝王的宗庙制是天子七庙,诸侯五庙,大夫三庙,士一庙,庶人不准设庙。宗庙的位置,天子、诸侯设于门中左侧,大夫则庙左而右寝。庶民则是寝室中灶膛旁设祖宗神位。祭祀时还要卜筮选尸。尸一般由孙辈小儿充当。庙中的神主是木制的长方体,祭祀时才摆放,祭品不能直呼其名。祭祀时行九拜礼:稽首、顿首、空首、振动、吉拜、凶拜、奇拜、褒拜、肃拜。宗庙祭祀还有对先代帝王的祭祀,据《礼记·曲礼》记述,凡于民有功的先帝如黄帝、帝喾、尧、舜、禹、文王、武王等都要祭祀。自汉代起始修陵园立祠祭祀先代帝王。明太祖则始创在京都总立历代帝王庙。嘉靖时在北京阜成门内建立历代帝王庙,祭祀先王三十六帝。宗庙制度是祖先崇拜的产物。

周人宗庙制度,一般认为:天子七庙,三昭三穆,与太祖之庙合而为七。所谓昭、穆,是指宗庙中位次的排列,自始祖以下,父曰昭,子曰穆,按照世次递邅排列下去。诸侯五庙,二昭二穆,与太祖之庙合而为五。大夫三庙,士一庙。庶人不准设庙。汉代经学家刘歆认为,周人宗庙自始祖稷以下有文王、武王两宗没有列入七庙的数目中,他们的庙称为"世室",因此实为九庙。不过,"七庙"也好,"九庙"也好,随着世代延续,总是不够的,对于渐渐远去的"亲尽"之庙,礼仪规定有"毁庙"制度。即除始祖之外,不在"七庙"之数的远祖的宗庙平时都不再加以祭祀,神主移入"祧庙"内,藏在石函或专设的房间里,每当祫(xiá)祭时才拿出来。祫祭就是合祭,把远近祖先的神主集中在一起进行总祭,三年一祭。

天子、诸侯宗庙的正祭,春曰祠,夏曰礿(yào,或作禴),秋曰尝,冬曰烝,在四季的孟月举行,加上腊祭,每岁共五祀。祫祭是在太祖之庙合祭祖先。当三年之丧毕,先祖神主将依次迁出一辈,这时举行祫祭。明年举行禘祭。禘祭是三年或五年一次的大祭。正祭之外,又有"荐新"之祭,即按照时令节序,将当令的新鲜果蔬品物奉享于宗庙。周人宗庙祭享之礼,先有修除、择士、卜日、斋戒等准备工作。祭日入庙后先到太室行祼(guàn)礼,用圭瓒酌了一种叫郁鬯的香酒灌地,使香气到达地下,以告知鬼神降临受祭。祭祀用的食物,行礼后要分而食之,称为"馂"(jùn),是食鬼神之余的意思。牲肉(生曰脤,熟曰膰)分赠给参加祭祀的宾客或颁赐给同姓诸侯。

宗庙祭祀用的鼎、彝、尊、瓿等礼器,都是国家重宝,"宗彝"成为国家的象征,必须妥为保藏,所谓"祭器不逾境"。"迁鼎"——国家的祭器被迁走了,表示一个国家被灭亡了。对于一个家庭来说,祭器也至为重要,"君子虽贫不鬻祭器,虽寒不衣祭服"(《礼记·曲礼》),就是这个道理。祭祀使用鼎彝礼器有一定之规。用于祭祀的牺牲与物品,都有代称,祭祀时不得直呼其名。宗庙祭祀拜祖先,郊祀拜天拜神,以及臣拜君,子拜父,学生拜老师,新婚夫妇拜天地、拜父母,都行稽首礼。稽首是跪下后,两手着地,拜头至地,停留一段时间,是拜礼中最重者。宗庙祭祀时向西南行礼,是在室内的祭奠。神主收藏在西面的墙壁,因为那儿是活人居处的部位。对着藏神主的石室而祈祷,所以要向西面祭奠。

宗庙祭祀制度属宗法制度,中国古代的政治制度有二,一是专制制度,二是宗法制度。两种制度互为表里,维护和强化了政治统治,以至中国封建社会绵延了两千多年。宗法制度以血缘关系为基础,是在父权家长制的基础上不断扩大发展起来的,在夏商时期基本形成,西周建立以后,统治者在商代宗族制度的基础上,建立了一整套体系完整、等级严格的宗法制度。

宗法制度下的各级贵族之间,以姓氏区别和建立各自的宗法关系,按其班辈高低、宗族的亲疏确立各级贵族的等级地位。这样组成了"君君臣臣"、"父父子子"的统治网络,"国"和"家"结合起来,"父"和"子"结合起来,既是政治关系,又是宗族关系。宗法制度的架构又由三项内容组成,即嫡长子继承制、封邦建国制和宗庙祭祀制度。宗庙是帝王、诸侯、卿大夫、士等祭祀祖宗的处所。宗庙祭祀制度是为达到维护宗族团结而发展起来的一种重要手段。统治阶级利用宗法制度,通过祭祖,把宗族心理升华为阶级意识,从而有效地巩固和强化了现实的统治秩序。宗庙的位置,天子、诸侯设于门中左侧,大夫则庙左而右寝。庶民则是寝室中灶膛旁设祖宗神位。宗庙制度的继续发展形成了中国传统的礼乐文化,进入封建社会以后,这一传统还有发展之势。皇宫之前、左宗右社制度一直延续到明清。现在故宫左侧的劳动人民文化宫便是明清的太庙、右侧的中山公园是明清的社稷坛,也就是左宗右社的格局。左宗即是宗法的标志,右社是国土的象征,共同表示着这个王朝的天下和对全部土地臣民的占有。宗庙祭祀制度对中国社会制度以及民族的心理结构有着深远的影响。

太庙

三、祭先师先圣

祭祀先圣先师是立学之礼。汉魏以后,逐渐以周公为先圣,孔子为先师;或者以孔子为先圣,颜回为先师。唐代确定孔子为先圣,颜回为先师,从此以后不再变更。对于孔、颜,历代帝王谥封爵,赠谥号,直至用天子之礼乐优加尊崇,祭祀典礼极为隆重。唐宋以后一直沿用释奠礼作为学礼,也作为祭孔礼。南北朝时,每年春秋两次行释奠礼,各地郡学也设孔、颜之庙。明代称孔子为"至圣先师"。清代,盛京(辽宁沈阳)设有孔庙,定都北京后,以京师国子监为太学,立文庙,孔子称"大成至圣文宣先师"。曲阜的庙制、祭器、乐器及礼仪以北京太学为准式。乡饮酒礼是祭祀先师先圣的产物。《礼记》所载立学祀典,不过"释奠"、"释币"、"释菜"三项。"释币",即有事之前的告祭,以币(帛)奠享,这不是常行之礼。"释奠",是设荐俎馔酌而祭,有音乐而没有尸。"释菜",是以菜蔬设祭,为始立学堂或学子入学的礼仪。唐、宋以后一般只用"释奠"礼,既作为学礼,也是祭孔礼,仪式则日趋繁琐。

祭孔始于汉高祖十二年(前195年),当时孔子的地位并不高;汉平帝才追谥孔子为褒成宣尼公。学校祀先圣先师周公、孔子,始于东汉明帝永平二年(59年)。南北朝时,太学内已立有宣尼庙,祭祀时设轩悬之乐,用六佾之舞,牲牢器具,依上公之例。每年春、秋二仲月,行释奠之礼;每月初一,国子祭酒率博士以下及学生拜孔揖颜。各地郡学也都立有孔、颜之庙。唐宋以后孔子封爵加至"大成至圣文宣王",从祀弟子、贤人封为公、侯。元代世祖时虽有一时贬黜孔子及儒家的举动,但成宗即位后立刻恢复尊孔。直到明朝嘉靖时,世宗才废除所封孔子王号,取消了塑像,降低了原用天子之礼的祀典规格,称为"至圣先师"。清代,盛京即建有孔庙。定都北京后,以京师国子监为太学,立文庙,孔子称"大成至圣文宣先师"。祀礼规格又升为上祀,奠帛、读祝文、三献奠爵,行三跪九拜之礼。雍正四年(1726年),又定八月二十七日为孔子诞辰,全体官民军士斋戒一日。在孔子故里,春、秋祭祀与太学相同,其庙制、祭器、乐器及礼仪也都以北京太学为准式。祭孔礼仪在文庙举行。唐玄宗又为姜太公师尚父立武庙,肃宗又追封姜太公为武成王。其祭祀礼仪与祭孔类似。至明初,由于明太祖的反对,武成庙才被废止。宋代又有算学先师之祭。宋徽宗大观三年(1109年),立黄帝为算学先师,但典仪规格较低。

魏晋南北朝期间,有时又以孔子为先圣,以颜回为先师奉祀。拜孔揖颜之礼更多是在国家太学举行,往往是国子监祭酒负责典礼。南朝宋文帝元嘉二十二年(445年),皇太子释奠孔子用乐奏登歌,此为释奠孔子用乐之始。东魏孝静帝兴和元年(539年)兖州刺史李珽修建孔子及十弟子容像,立碑于庙廷。唐高祖李渊在武德二年(619年)于国子学中立孔子庙和周公庙,亲往释奠。自此以后,这项祭祀活动就多由皇帝和皇太子亲自祭奠了。唐太宗以孔子为先圣,以颜回为先师,并昭尊孔子为宣父,在曲阜作孔庙,贞观二十一年(647年),由皇太子释奠,并作初献,以国子祭酒为亚献,以兖州刺史摄司业为终献。以二十二位儒家学者配享。唐玄宗开元八年(720年)初定十哲配祀孔子庙,在先圣庙树立孔子、颜回等十哲雕塑坐像,并在墙壁绘上七十位孔门弟子和二十二位贤人的画像。在东西二京,用太牢牺牲,一起举行祭祀,音乐规格为宫悬,舞为六佾。这一切已是仅次于天子的规格了。

宋代是孔氏受朝廷恩宠较为兴盛的时期,宋太祖建隆元年(960年),亲谒孔子庙,诏增修祠宇,绘先圣先贤先儒像,释奠用永安之乐。建隆三年(962年)诏祭孔子庙,用一品礼,立十六戟于庙门。宋真宗大中祥符元年(1008年),赐孔子庙经史,又赐太宗御制御书一百五十卷藏于庙中书楼。大中祥符二年(1009年)春二月,诏立孔子庙学舍。三月颁孔子庙桓圭一,加冕九旒,服九章,从上公制。夏五月诏追封孔子弟子,秋七月加左丘明等十九人封爵。三年(1010年)颁释奠仪注及祭器图,建庙学。

释奠礼图

孔子

从元到清,孔庙神灵的设置,基本沿袭宋朝确定的格局。明初,朱元璋尊孔循礼,规定每年仲春和仲秋的第一个丁日,皇帝降香,遣官祀于国学。以丞相初献,翰林学士亚献,国子祭酒终献。清代,盛京即建有孔庙,顺治十四年(1657年),就曾在弘德殿祭先师孔子。

顺治定都北京后,在京师国子监立文庙,庙内有大成殿,专门用来每年举行祀孔大典。文庙中还有启圣祠、燎炉、瘗坎、神库、神厨、宰牲亭、井亭等设施。尊孔子为"大成至圣文宣先师",祀礼规格又上升为上祀,奠帛、读祝文、三献、行三跪九拜大礼,俨然与天、地、社稷和太庙的规格平起平坐。

第二节　生活礼仪

一、诞生礼

从妇女未孕时的求子到婴儿周岁,一切礼仪都围绕着长命的主题。高禖之祭即是乞子礼仪。此时,设坛于南郊,后妃九嫔都参加。汉魏时皆有高禖之祭,唐宋时制定了高禖之祀的礼仪,金代高禖祭青帝,在皇城东永安门北建木制方台,台下设高禖神位。清代无高禖之祭,却有与之意义相同的"换索"仪式。从婴儿诞生的那一重要时刻,每个民族都以不同的礼仪形式来庆祝。

诞生礼自古就有重男轻女的倾向,自秦代开始,随着婴儿的落地,如果是男孩,就在门左边挂木弓一张;如果是女孩,就在门右挂佩巾一副。木弓象征着阳刚之气,佩巾象征着阴柔之德。诞生礼还包括"三朝"、"满月"、"百日"、"周岁"等。"三朝"是婴儿降生三日时接受各方面的贺礼。孩子出生三天后,如果是贵族男孩就要举行射天地四方的仪式,预示着孩子将以上事天地、下御四方为己任。如果是女孩就没有这个仪式了,而且男孩睡床并佩戴玉器,称为"弄璋",女孩睡地佩戴陶纺锤,称为"弄瓦",可见古代的诞生礼体现出鲜明的等级和男尊女卑的色彩。

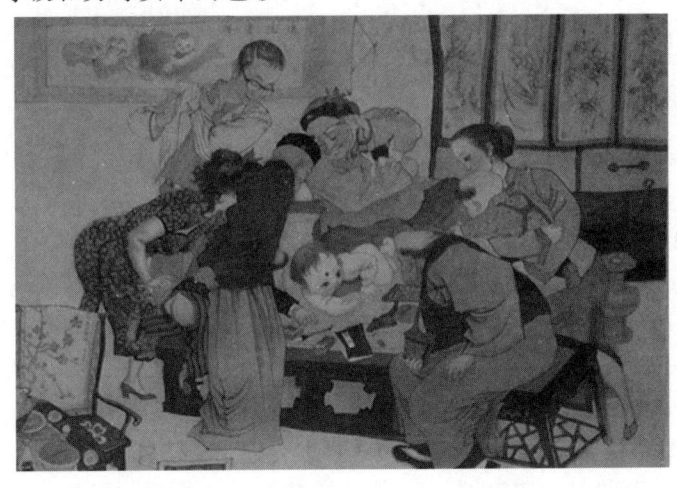

诞生礼图

后世诞生礼沿用先秦之诞生礼,有增删变化,但出入不是很大。"满月"时,婴儿剃胎发,备酒食以接待亲朋好友的祝贺,举办"洗儿会"。洗儿盆内有立枣儿,年轻妇女争先食之,喻示生男孩之意。外婆家要给新生婴儿做新衣、新帽、新鞋。有的要做被褥,死角缝上长命钱。生子百日,称"百岁儿"或者"百禄",以外婆家亲友为主,要送长命锁和长命衣。"百日"时行认舅礼、命名礼。"周岁"时行抓周礼,以预测小儿一生命运、事业吉凶。孩子百日过后,择吉日为孩子行剪发礼,同时举行命名仪式。《周礼》规定,婴儿出生三月,其父亲为之命名。

二、成人礼

汉文化是礼仪的文化,而冠、笄之礼就是华夏礼仪的起点。为跨入成年的青年男女举行这一仪式,是要提示他们:从此将由家庭中毫无责任的孺子转变为正式跨入社会的成年人,只有承担成人的责任、履践美好的德行,才能成为各种合格的社会角色。通过这种传统的仪式,可以正视自己肩上的责任,完成角色的转变,宣告长大成人。汉族成年礼延续数千年,至满族入关后,清统治者一纸令下,终结了绵延了几千年的成人礼,以致后来人只能在不知不觉中进入成年,现在正在逐渐恢复。

成人礼图

古时成人礼指冠礼和笄礼,男子满20岁时行冠礼,即加冠,表示其已成人,被族群承认,之后可以娶妻。女子则是在满15岁后行笄礼,及笄之后可以嫁人。这个传统从西周一直延续到明代。古代的成年礼本意是为了禁止与未成年的异性通婚。现代成人礼是在少男少女年龄满18岁时举行,象征着迈向成人阶段。中国少数民族不少地区至今还保留着古老的成年礼,如拔牙、染牙、穿裙、穿裤、盘发髻等仪式。冠礼是成年礼的一种高级的代表性仪式,也可以说是对成年人婚姻资格的一种道德审查。冠礼从氏族社会盛行的男女青年发育成熟时参加的成丁礼演变而来。汉代沿袭周代冠礼制度。魏晋时,加冠开始用音乐伴奏。唐宋元明都实行冠礼,清代废止。冠礼从氏族社会盛行的成丁礼演变而来,一直延续至明代。具体的仪式是由受礼者在宗庙中将头发盘起来,戴上礼帽。由于要穿戴的服饰很多,包括冠中、帽子、幞头、衣衫、革带、鞋靴等,于是分为3道重要程序,分3次将不同材料制成、代表不同含义的帽子一一戴上。"三加"之后,还要由父亲或其他长辈、宾客在本名之外另起一个"字",只有"冠而字"的男子,才具备日后择偶成婚的资格。

三、飨燕饮食之礼

飨在太庙举行，烹太牢以饮宾客，重点在礼仪往来而不在饮食，燕即宴，燕礼在寝宫举行，主宾可以开怀畅饮。燕礼对中国饮食文化的形成有着深远的影响。节日设宴在中国民间食俗上形成节日饮食礼仪。正月十五吃元宵，清明节吃冷饭寒食，五月端阳的粽子和雄黄酒，中秋月饼，腊八粥，辞岁饺子等都是节日仪礼的饮食。在特定的节日吃特定的食物，这也是一种饮食礼仪。宴席上的座次，上菜的顺序，劝酒、敬酒的礼节，也都有社会往来习俗中男女、尊卑、长幼关系和祈福避讳上的要求。

飨燕饮食图

四、宾礼

宾礼，是指诸侯见天子，以及各诸侯国之间相互交往时的礼节，即所谓"以宾礼亲邦国"（《周礼·春官·大宗伯》）。宾礼包括朝、聘、盟、会、遇、觐、问、视、誓、同、锡命等一系列的礼仪制度。宾，是为客人，故又称宾客，古代也称他国派遣的使臣为宾客，所以宾礼实际是主人与客人、东道国与他国交往中的礼仪。后代则将皇帝遣使藩邦，外来使者朝贡、觐见及相见之礼等都归入宾礼。使用的范围比较广泛，属于经常性的礼节仪式。宾礼有等级差别。士相见、宾见主人要以雉为贽；下大夫相见，以雁为贽；上大夫相见，以羔为贽。

五、相见礼

（一）官场相见礼

"相见礼"是我国古礼中一个十分重要的方面,简单讲,就是相互见面的礼节。这些礼节规范着人们的日常生活,这些礼节都是人们观念的反映,因此每一个简单的礼节背后都有丰富的文化内涵。《仪礼》有《士相见礼》一篇,以士礼为主,兼及士见大夫、大夫相见、士大夫或庶人见君以及言谈、视看、侍食等内容。

宋以前各朝礼书皆无相见礼,宋太祖乾德二年(964 年),始定内外群臣相见之礼。主要内容是,下级见上级,按照职位、品级分别行礼。

明代品官相见,揖拜行礼。公、侯、驸马相见,各行两拜礼。下级见上级,下级居西先行拜礼,上级居东答拜。如果本是亲戚而有尊卑之分,则应按私礼行礼。如果上下级官员品级相差二、三级,则下级居下方,上级居上方;如果品级相差四级,则下级居下方拜,有事须跪着陈述,上级坐而受拜。大小衙门官员每日见长官行揖礼,见副长官行肃揖礼(直身推手)。政府官员居于乡里,宗族家人之外,与异姓无官者相见,不行答礼;筵宴时,专设别席,不得坐于无官者之下。

清代内外王公相见,宾主二跪六叩行礼,饮茶叙语毕,宾离席跪叩,主人答叩,送宾下阶。如是外藩郡王、贝勒、贝子见宗室亲王,主人答礼规格依等级递减。朝廷官员相见,宾主再拜行礼,饮茶叙语毕,相揖告辞,主人送来宾于大门之外,至来宾登舆上马乃退。下级见上级,仪制递减。官员途中相见,同级分道而行,次等让道而行,再次等勒马等待上级先行,又次者下马而立。遇到钦使应回避。士庶相见,主人出迎,相揖而入,登堂再拜行礼。饮茶叙语完毕,客人退,行揖礼,主人送至大门外,相揖而别。卑幼见尊长,尊长不送。

（二）民间相见礼

古代庶人相见,依长幼行礼,幼者先施礼。子孙弟侄甥婿等晚辈见尊长,学生见老师,奴婢见尊长,如久别不见则四拜行礼,近别则行揖礼。其余亲戚久别行二拜礼,近别行揖礼。

1. 趋

趋是古人日常生活中常用的一种传统礼节。指在一些特定场合,卑者、贱者、后辈、地主,自觉遵照法律的规定或约定的习俗,用低头弯腰、小步快走的方式,向尊者、贵者、前辈、宾客表示恭敬。作为一种礼仪,趋在古代社会是屡见不鲜的。《论语·子罕》云:"子见齐衰者、冕衣裳者与瞽者,见之,虽少,必作;过之,必趋。"意思是说,孔子遇见穿丧服的人、穿戴礼帽礼服的人和盲人,尽管对方年轻,也一定要站起来;在这些人的面前走过时,要快走几步,表示敬意。后辈从前辈面前走过,当然更只能小步快走,决不能昂首阔步。

2. 拜

拜是古人日常生活中又一种常见的传统礼节。据《世说新语》和《荀子》记载,古拜屈膝跪地,头不至地,头与腰如衡之平。据《礼记·内则》记载,古拜两手相交,男尚(上)左手,女尚(上)右手。这是由于左主阳,男属阳;右主阴,女属阴的缘由。其实,古代的拜并不是一种,而是有九种之多,即所谓"九拜"。《周礼·春宫·大祝》云:"辨九拜,一曰稽首,二曰顿首,三曰空首,四曰振动,五曰吉拜,六曰凶拜,七曰奇拜,八曰褒拜,九曰肃拜"。九拜中,前四种是日常生活中的交往礼节,后五种只有在特殊情况下才使用,其中吉拜、凶拜是丧葬中的拜礼,肃拜是军旅和妇人所行的拜礼。

3. 拱手

拱手,亦称捧手,双手合抱举胸前,立而不俯,表示恭敬。《论语·微子》:"子路拱而立。"《说文》徐铉注:"两手大指相柱也。"《尔雅·释诂》郭璞注:"两手合持为拱。"拱手和作揖是沿用很久的礼节,一直到晚清仍然存在。

4. 作揖

两手抱拳高拱,身体略弯,向人行礼。如果是参加追悼会,与人作揖,或进或退都要离开原位,即所谓"揖人必违其位"。陆游《老学庵笔记》说:"古时作揖,但举手而已。"《汉乐府·孔雀东南飞》有"举手长劳劳,二情同依依"句可证。后世因举手常伴以屈身,故亦称打恭为作揖。《颜氏家训》说:"南人宾至不迎,相率捧手而不揖,送客下席而已;北人迎送并至门,相见则揖,皆古之道也。"由此可见,"捧手"与"揖"是古代两种不同的相见礼仪;这也说明南北朝时期,南方和北方在送迎宾客的礼俗上有所不同。

5. 唱喏

唱喏是古代男子所行的一种礼节。作揖时同时出声致敬。如《京本通俗小说·碾玉观音》:"崔宁倒退两步,低声唱个喏。"

6. 长跪

长跪是跪时挺身直腰。这时身体似乎加长,所以叫长跪。古人席地而坐,两膝着地,臀部紧靠脚后跟。伸腰及股而两膝着地为跪。长跪旨在表示敬意和庄重。《史记·留侯世家》云:"有一老父,衣褐,至(张)良所,直坠其履圯下,顾谓良曰:'孺子,下取履!'良愕然……下取履。父曰:'履我!'良业为取履,因长跪履之。"《汉乐府·孔雀东南飞》云:"府吏长跪告:'伏唯启阿母……'"以上两例都是晚辈对前辈有所敬的姿势。随着社会生活的变革(席地而坐的改变),长跪之礼也就逐渐失去了地位。

7. 鞠躬

两脚并拢,两手下垂于股部两侧,弯曲上身以表示敬意。《礼记·曲礼上》云:"凡遗人……尊卑垂帨。"意思是说,赠送平辈东西,授予者和接纳者双方都要彼此鞠躬。《敦煌变文集·庐山远公诇》载:"来至山神殿前,鞠躬唱喏。"这种礼节是现在致敬、致哀时仍然在普遍使用的礼节。

8. 寒暄

亦作暄寒,是问候起居寒暖的客套话。旧时在拱手的同时,说"幸会幸会"或"久仰久仰"。然后是询问其家人健康平安与否。初次见面还有"请问贵姓(与人初交忌问名,以直呼其名为失礼)"、"请教台甫(台甫即尊字、大号,古人除姓名外多有字、号)""敢问贵庚(问人年龄)贵府(问人居住)"等套话。

(三) 十种常见的相见礼

1. 拱手礼

在胸前拢手，由前向后收，呈拱手形。向前推，不躬身。视距离远近，可高，不能低于胸。日常相见礼，送别礼。古代的一种相见礼，两手在胸前相合表示敬意。如"子路拱而立"（《论语》）。

2. 揖礼

在胸前抱手，轻于抱拳，重于拱手。略躬身或不躬身。用于日常行礼，敬长上，同学朋友互敬。拱手行礼，是为揖。这是古代宾主相见最常见的礼节。揖让之礼分为三种：一专用于没有婚姻关系的异姓，行礼时推手微向下；二专用于有婚姻关系的异姓，行礼时推手平而致于前；三专用于同姓宾客，行礼时推手微向上。

3. 一拜礼（拜礼）

展臂，至胸前合，拢手。男左手前，女右手前。躬身（30度）。手臂随腰部动，头不动。用于初相见，敬长上，行家礼。只行一个。常规大礼。古代表示恭敬的一种礼节。古之拜，只是拱手弯腰而已，两手在胸前合抱，头向前俯，额触双手，如同揖。如《孔雀东南飞》中的"上堂拜阿母，阿母怒不止"，这儿的"拜"就是焦仲卿对母亲行的这种礼节。后来亦指将屈膝顿首、两手着地或叩头及地称为"拜"。如《鸿门宴》中的"哙拜谢，起，立而饮之"，这儿的"拜"应是这种跪拜礼。

4. 两拜礼（再拜礼）

展臂，至面部前，拢手。躬身（45度）。手臂随腰部动，头不动。用于向长上行大礼。一般行一个，叫"拜"。最多行两个，叫"再拜"。拜两次为再拜，表示礼节之隆重。如"谨使臣良奉白璧一双，再拜献大王足下"（《鸿门宴》）。过去书信末尾也常用"再拜"以表示敬意。

5. 三拜礼（再拜额手礼）

立定，挺身，庄重。"双手附心"，即双手附在胸腹之间，男生左手在前，女生右手在前。叠并，两肘与手成直线。双手表示"与天地合其德"。天德大刚健，大恒久，大信用，大起始。地德大承载，大包容，大丰富，大付出。两德兼备而各有显。显德可以因时因境而变化。"高揖"，即双手向前上方推出，推至额头前方，两臂伸直。"行礼（拜）"，即头、颈、手臂皆不动，腰部下躬，深躬（90度）。"兴"，即起身，双手升至额前。"再行礼（再拜）"、"兴"、"额手"双手贴向额头，再推出"三行礼（三拜）"、"兴"、"礼成"双手复位，至胸腹间。用于敬天地祖先先师，特定场合敬父母，行人生大礼。用于集体行大礼。大礼站着要行三个，叫"再拜额手"，相当于古代的"再拜稽首"。

6. 叩首礼

古人因为席地坐在小腿和脚后跟上，叫"踞"、"正坐"，行这个大礼很方便。古人行的最大礼是"再拜叩首礼"。先踞坐下去，挺直身，臀部不要离开小腿，也就是不要跪起来。先行拜礼，行两个。拜礼的动作是，双手在额前揖起，下落，手拜至前面地面，身子随手臂前倾。行第三个礼时，两手下行，分开，手心向上。躬身，手背贴在侧前方地面上，额头叩至地面。第三个礼仪动作也可以双手不分开，额头叩至手心。这三个礼仪动作表示越来越敬。今人可以再拜叩首,也可以只行一个叩首礼。站着行就是"再拜额手礼"和"额手礼"。只用于特定大礼,如敬天敬地敬祖先,特定场合敬先师,特定场合敬亲生父母辈祖辈,结婚那一天夫妻对拜,不可以随便行礼。随便行是亵渎礼仪,亵渎对方。

7. 执手礼

双手平伸并出,晚辈手心向下,长辈手心向上,长辈握住晚辈的手。长辈可以坐着,执晚辈之手。家庭礼仪。结婚时夫妻礼仪。

8. 交手礼

仅用于生向孔夫子行拜师礼时,师代孔夫子还礼。孔子像上,孔夫子用的是这个还礼动作。双手在胸前交叉叠并,推出,平示。师不能随便还这个礼。

9. 鞠躬礼

垂手,躬身。鞠躬幅度可大可小,越下越敬。颔首、躬身,长者用于还礼。

10. 附手礼

双手附胸腹间,上手男左女右。行大礼前站姿,升国旗站姿。表示诚意正心。

握手、挥手、摆手、招手、拥抱、起身、鼓掌、点头、躬身、应答、微笑、示请、示让,也是礼仪,属于"仪"、"貌"的范畴。

古代常见的相见礼

以上礼仪动作看似复杂,而平常只用朋友间平等对等的拱手礼和敬长的一拜礼。对方怎么行,自己怎么还,很简单。礼的规则是有来有往,双向对等、有序有位。对方行礼,必须还礼。无论地位多高,辈分多长,都要还礼,否则就是失礼和无礼。应答、点头、躬身,都是还礼。给天地祖先先师行礼,天地祖先先师不还礼。因为他们一直在对我们"施礼",我们只是在还礼、报答。礼仪动作根据礼仪的两个基本价值规则和礼义而生而定。以上只是基本规范。礼仪动作可以有变化。各地文化、风俗、习惯不同,礼仪动作也有差异。有基本定式,又有不同,才能区别,才能适宜。日本、韩国及其他儒教文化影响的国家和地区,保留有儒教文化传统,都是儒教文化的支脉。按自己的传统行礼,这样就有别有位了,适宜了。中国大陆地区,礼仪被君权弄到极端,如今业已中断,要回到周礼的本原,结合西方文化的成果,制定礼仪,接通古今中外。各地实行起来还可以有差别。新礼继承古礼,礼仪动作拉开人的距离,使互敬。同时发展变化,顺应人心,拉近人的距离,增加"执手"礼,使互爱。

小 结

　　中国古代的"礼"和"仪",实际是两个不同的概念。"礼"是制度、规则,是一种社会意识观念;"仪"是"礼"的具体表现形式,它是依据"礼"的规定和内容,形成的一套系统而完整的程序。礼仪所涉及的范围十分广泛,几乎渗透于古代社会的各个方面。中国具有五千年文明史,素有"礼仪之邦"之称,中国人也以其彬彬有礼的风貌而著称于世。礼仪文明内容十分丰富,作为中国传统文化的一个重要组成部分,对中国社会历史发展起到了广泛深远的影响。在中国古代,礼仪是为了适应当时社会需要,从宗族制度、贵贱等级关系中衍生出来的,因而也带有产生它的那个时代的特点及局限性。

　　本章简单介绍了中国古代的政治礼仪和生活礼仪,以期让我们了解中国传统的礼仪规范。时至今日,尽管现代的礼仪与古代的礼仪已有很大差别,但了解传统的古代礼仪,仍具有深远的时代意义。我们必须舍弃礼仪规范中消极落后的因素,着重选取道德上仍具有积极教育意义的传统礼仪,这必将有助于提升自身素养,协调、和谐人际关系,塑造文明的社会风气。

思考链接:
1. 谈谈你所了解的古今礼仪的异同。
2. 谈谈你所常见的生活礼仪。

第三章　内涵深邃的古代称谓

【情境导入】
　　据说李白周岁时,抓了一本诗经,他父亲很高兴,认为儿子长大后可能成为有名的诗人,就想为李白取一个好名字,以免后人笑自己没有学问。由于他对儿子起名非常慎重,越慎重就越想不出来,直到儿子七岁,还没想好合适的名字。那年春天,李白的父亲对妻儿说,我想写一首春日绝句,只写两句,你母子一人给添一句。一句是"春风送暖百花开",一句是"迎春绽金它先来"。母亲想了好一阵子,说"火烧杏林红下落"。李白等母亲说罢,不假思索地向院中盛开的李树一指,脱口说道"李花怒放一树白"。父亲听了,拍手叫好,果然儿子有诗才。越念心里越喜欢,念着念着,忽然想到,这句诗的开头一字不正是自家的姓吗?这最后一个"白"字用得真好,正说出一树李花圣洁如雪。于是,他就给儿子起名叫"李白"。

第一节　姓与氏、名与字

一、姓与氏

(一) 古代的"姓"

　　姓的产生可以追溯到母系氏族社会,当时社会,人们只知道其母而不知道其父,每个以母系血缘为纽带的氏族都必须有一个有别于其他氏族的称呼和标志,这就是姓的原始用途。姓与祖先的图腾崇拜有一定关系,在原始蒙昧时代,各部落、氏族都有各自的图腾崇拜物,比如说麦穗、熊、蛇等都曾经是我们祖先的图腾,这种图腾崇拜物成了本部落的标志。后来便成了这个部落全体成员的代号,即"姓"。由于古代氏族部落的数量毕竟是有限的、可数的,所以,纯正的远古时代留下来的姓是极少的。

　　许慎《说文解字·女部》中:"姓,人所生也。古之神圣,母感天而生子,故称天子。从女从生,生亦声。"班固《白虎通德论》中:"姓者,生也,人禀天气所以生者也。"《左传·隐公八年》中:"天子建德,因生以赐姓。"这都说出了"姓"的本义是"生"。因此人们普遍认为,姓最初是代表有共同血缘、血统、血族关系的种族称号,简称族号。作为族号,它不是个别人或个别家庭的,而是整个氏族部落的称号。据文献记载,我们的祖先最初使用姓的目的是为了"别婚姻"、"明世系"、"别种族"。姓反映着母系的血缘关系,也保留着母系氏族的痕迹,在母系氏族姓是以母系血缘为中心,所以远古的姓多以"女"为偏旁,如姬、姜、姞姓等。在远古时期漫长的繁衍进程中逐渐发现,同一血统的婚姻不利于后代的繁殖,因此,同姓不婚在古代称为一条社会法则,当时男子娶妻必先知其姓。

(二)古代的"氏"

如果姓是族号,氏则是姓的分支。随着人口的繁衍,原有的部落又分出若干新的部落,这些部落为了互相区别以表示自己的特异性,就为自己的子部落单独起一个本部落共用的代号,这便是"氏",当然也有的小部落没这样做,而仍然沿用老部落的姓的。有的部落一边沿用旧姓,一边有自己的"氏"。这些小部落后来又分出更多的小部落,它们又为自己确定氏,这样氏便越来越多,甚至于远远超过原来姓的规模。

《通鉴·外纪》记载:"姓者统其祖考之所自出,氏者别其子孙之所自分。"就很能说明二者的关系。氏的作用是代表家族、分辨贵贱。随着时间的推移,在父系氏族社会,氏带上了这个时代的烙印。"姓"是不变的,"氏"是可变的。顾炎武曾说:"氏一传而可变,姓千万年而不变。"秦汉之前,姓和氏在不同场合使用,哪些人有姓,哪些人用氏有严格规定,汉代以后,姓氏不加区分,姓氏合一,统称为姓。

(三)姓与氏的来源与变化

1. 姓与氏的来源

中国的姓氏名称比较复杂,其来源不一。其来源大致有几种情况:

以动植物为姓。有些动植物可能是祖先崇拜的图腾,如龙、熊、马、牛、羊等动物和杨、柳、松、梅等植物,逐渐演变成姓氏。

以封国封地名称为姓。夏、商、周三代都实行封国封地制度,这些封国名称便成为其国子孙后代的氏。

以官职为姓。如古代的姓:司徒、司马、司空、上官、尉、帅等。

以职业或技艺为姓,以祖先的爵位、谥号、字与名等为姓。如姚(虞舜生姚墟)、东方(伏羲住处)、西门、东门(鲁庄公子遂后代封住地)、东郭、南、百里、欧阳(越王勾践,被封在乌程欧阳亭)、陶、巫、卜、医等。

以居地为姓或者少数民族音译为姓。

2. 姓与氏的变化

古代姓氏制度有别于今天的地方就是改姓,当今改姓属于极个别现象,并不常见,在古代改姓较多见,常见的有以下几种情况:

帝王赐姓。帝王赐姓分为两种情况,其一是对有功之臣赐姓,如西汉年间,刘邦因娄敬曾建议定都关中有功,于是赐刘姓如刘邦赐项伯姓刘;李煜赐奚廷圭(墨务官)姓李。其二是对于受罚者赐改恶姓,即贬姓。如南朝刘诞谋反,皇帝下令改其家族之姓为"留"。

避讳改姓。如秦汉时期籍姓之人,因避讳西楚霸王项籍的名讳而改姓席。

避祸改姓。如司马迁被辱下狱后,同族之人不得不改姓避祸,有的改"司"为"同",有的改"马"为"冯";如伍子胥在吴被杀后,子孙逃到齐国,改姓王孙;陈厉公子陈完,在陈内乱后逃到齐国做了大夫,改姓田。

少数民族改用汉姓。清代满人后来多数改为汉姓,如爱新觉罗氏多改为姓金,瓜尔佳氏多改姓关;如北魏孝文帝规定鲜卑族人改用汉姓如陆、穆、贺、于等,皇族带头,由原来的姓拓跋改为姓元。

二、名与字

（一）古代的名

名，是每个人的代号。人名，是人类社会最普遍的语言现象，是人们利用语言符号区别他人的特定标志。老子云："无名天地之始，有名万物之母。"人类之初，过着蒙昧的群体生活，也无所谓名。随着人类的知识萌动，互相之间交往渐密，以形体和声音已经不能够达到区别的效果，需要有一个符号区别于别人时，名字开始产生。上古人在白天时通过形体和声音就可以互相区别，但到了晚上就看不清楚，这个时候就需要说出一个区别于别人的符号。姓氏是公共的，而名是个人的。名产生于氏族社会时期，人名出现的过程也是人类自我意识觉醒的过程，这个过程包括人类一种主观意识的需要，但同时社会发展已为自我名的产生提供了客观基础。《说文解字》："名，自命也，从口夕，夕者冥也，冥不相见，故以口自名。"意为，黄昏后，天暗黑不能相认识，各以代号称。这便是名的由来。人们发现使用"名"的便利后，便逐渐通行起来，使得人皆有名，并对命"名"讲究起来。实际上，名的出现是私有制经济出现后的必然产物。古时天下为公，一个部落一个名号，黄帝、炎帝、共工、蚩尤都是部落名。

历朝历代的命名习惯，反映了一定时期内的社会意识形态。由于人们所属的民族、社会、历史、宗教信仰、道德传统及文化修养的不同，其命名习惯也很不相同。古人对人的命名非常重视，因为"名者，序长幼，辨贵贱，别嫌疑，礼之大者也"。据《周礼》"婚生三月而加名"，婴儿出生三个月后由父亲取名。在夏商时代人们崇拜太阳神，后来出土的殷商卜辞中有早迎日出晚送日入的礼拜仪式，因此常常按照生辰干支取名如商之武丁、祖甲，这类人名学界把它称为"日名"。当时的习惯，崇尚以天干为名。也往往以其生日干支来命名，主要以天干命名，甲、乙、丙、丁、戊、己、庚、辛、壬、癸（十个天干）。如太乙、成汤（天乙）、太丁、盘庚、帝辛（纣）、外丙、仲壬、太甲……武丁（盘庚曾孙）。这种命名方式不仅限于夏商的王室及直系亲属，臣民命名也用干支，故用天干命名要比地支多。两周时代申繻提出"五则""六避"。五则：有信，有义，有象，有假，有类。六避：不以国，不以官，不以山川，不以隐疾，不以畜牲，不以器币。有信，"以名生为信"，即以婴儿出生时的生理特征来命名，晋文公的儿子晋成公出生时，屁股上有一块黑斑，因此取名"黑臀"。有义，"以德命为义"，即以婴儿相貌所表现的特别征兆来命名。周文王之字取名"发"，据说是当时文王见其儿子出生时，一派非凡之相，认定其长大后会发兵诛暴，故取名曰"发"。果然日后姬发发兵灭商纣。有象，"以类命为象"，即以婴儿的相貌特点来命名。例如，孔子出生时头顶中间低四周略高，相貌与众不同，于是他的父母给他取名为"丘"。有假，"取于物为假"，即以婴儿出生时发生的事情来命名。孔子的儿子出生时，有人送大鲤鱼表示祝贺，于是孔子借这件事给儿子取名"鲤"，字"伯鱼"。有类，"取于父为类"，类，物类也，事物类同之处，即根据婴儿出生时与父亲相类似的方面来命名。鲁桓公姬允得子，正好与自己生日相同，于是给儿子取名为"同"。姬同就是后来的鲁庄公。周代取名的这五条基本规则，一直到汉代还采用。秦汉以后,随着封建专制的加强,在命名方面除了对"五则"、"六避"同样讲究外,还对一些寓含王霸意义的字眼如龙、天、君、王、帝、上、圣、皇等字禁止使用。有些朝代不禁。秦代,用梦中所看见的事物来取名成了一种普遍现象,在古代,梦往往被理解为一种神灵的启示。郑文公的妾梦见兰花不久生下一子,郑文公依据梦象给公子取名为"兰"。秦代的人们重视占卜,"占"就是观察,"卜"就是灼烧龟壳,根据灼烧后出现的形状来测吉凶祸福,后来人们用占卜为孩子取名。屈原之名就是占卜所得。魏晋以后,一代代的学风、思潮单从命名方面即能看出一些。如魏晋南北朝人自命清高,玄学盛行,起名讲究高雅。如盛行以"之"命名,如书法家王羲之,画家顾恺之,将军刘牢之,科学家祖冲之,史学家裴松之,文学家颜延之、杨衔之等。南北朝是个佛教盛行的时代,佛教对当时人们的意识产生很大作用,因此这一时期的人名也受佛教影响,取佛僧名成了时髦。一时间,僧佑、僧护、僧智、梵童、摩诃之名比比皆是。唐宋时,僧道红极一时,以金、木、水、火、土五行命名成了时尚。如朱熹(火),父名松(木),儿名(土),孙名钜、钩、鉴、铎(金),曾孙名渊、泠、潜、济、浚、澄(水),刚好是五行一个循环。唐人追求雅,以文、德、儒、元、雅、士等字命名很流行。另外,汉人取名崇尚英武,雄浑劲健,像胜、武、勇、超、猛、固、彪、举等很常用;见贤思齐、追慕圣人,如张禹、张汤、赵汤、周昌、王昌、张尧、黄舜等就体现这一特色;求长生长寿,如万年、延寿、寿王、千秋、去病等名常见。

古代的女子有姓无名,在家只有小名、乳名,对外则称某某氏。但也有例外,例如,馆陶公主刘嫖、陈皇后陈阿娇、缇萦、李清照等在当时拥有地位、权力和名誉的上流社会的女子才能拥有自己的名字,才有可能使她们的名字传于后世。

(二)古代的"字"

"名字"在现代是一个词,在古代名是名,字是字。在中国古代人名符号极其复杂。首先在人的不同年龄阶段各有不同的人名符号,一般是幼年有名,长年有字,死后有谥号。《礼记·曲礼》上说:"男子二十冠而字","女子十五笄而字"。按周朝礼制,男子到20岁时结发加冠,才能取"字";女子到15岁时结发加笄方能取"字",所以"字"是男女成年后加取的名。用"字"表示成人受到的尊重。一般人尤其是同辈和属下只许称尊长的字而不能直呼其名。

古人命字方法的主要依据有以下几种:

1. 同义反复

如屈原名平,字原,广平为原。孔子学生宰予,字子我,季路字子由,颜回字子渊,诸葛亮字孔明,陶渊明字元亮、周瑜字公瑾,诸葛瑾字子瑜,文天祥字景瑞,都属此类。

2. 反义相对

晋大夫赵衰(减少意)字子馀(增多)。曾点(小黑也)字子晳,色白也。唐王绩字无功,朱熹(火亮)字元晦,元赵孟頫(俯)字子昂,晏殊字同叔。

3. 连义推想

赵云字子龙(云从龙);晁补之,字无咎;苏轼,字子瞻;岳飞,字鹏举。

从以上三类可以看出,字与名有着密切的关系,字往往是名的补充或解释,这叫"名字相应",互为表里,故字又称作"表字"。这三种是主要的,另外还有以干支五行命字,以排行命字，或者字行加排行，字后加父(甫)的情况一般也归入字的范围；还有古语或古人名活用，如顾祖禹字景范，表示其景仰史学家范祖禹；也有原名变化的情况，如谢安字安石，杜牧字牧之等；有的古人字与名是相同的，如魏兰根字兰根，李君灿字君灿等。命字方面与命名同样，有着时代气息，一个总的趋向是美词化和尊老化，在尊老化方面更加显著。唐宋以后，由于理学加强，一些繁文缛节越来越多，读书人之间在称呼上也大做文章，称字，是为了表尊敬，但时间长了之后，渐感称字还不够恭敬，于是又有了比字更表恭敬的号。

第二节　谥号、别号与代称

一、谥号

谥号，古代帝王、诸侯、卿大夫、大臣等人死后，朝廷根据他们生前的事迹行为和品德评定一个称号以褒善贬恶，这个称号就叫作"谥"或"谥号"。谥号是用一些固定的字来表达的，这些字具有特定的含义，用以表示对死者的贬斥哀怜和褒扬。谥号是古代帝王、诸侯、大臣等人死后的一种特殊名号，是封建礼制的重要组成部分。谥号产生的原因大致有三：一是为了避讳；二是为了区别尊卑，建立等级制度；三是为了惩恶劝善，维护封建礼教。谥号用字分美、恶、平三类，一般根据死者的是非功过来确定，是对死者的盖棺论定。如汉文帝，"文"表示"经天纬地"，这是褒扬。皇帝的谥号，一般由礼官议上；臣下的谥号，则由朝廷赐予。

所谓美谥，就是褒扬死者功德的谥号，这类谥号在所有谥号中占绝大多数。根据唐代张守节在《史记正义》中所附的《谥法解》的记载，文、武、庄、成、穆、元、宣、桓、襄、忠、明等字皆为美谥。所谓恶谥，就是贬斥死者劣迹恶行的谥号。根据唐代张守节在《史记正义》中所附的《谥法解》的记载，灵、厉、炀、丑、幽、炀、缪等字皆为恶谥。历史上最早被谥以恶谥的是周厉王，根据《国语》等书的记载，周厉王是一个贪婪暴虐的君主，他垄断山林川泽的收益，禁止平民采樵渔猎，从而引起了国人的强烈不满。按照谥法，"杀戮无辜曰厉"，一个"厉"字，正是对他一生行事的准确概括。历史上第二个被谥以恶谥的著名人物，是周厉王的孙子周幽王。周幽王即位以后，沉湎酒色，不理国事，千金买笑，"烽火戏诸侯"，最终导致西周灭亡，自己也被犬戎所杀。按照谥法，"动静乱常曰幽"，他死后被谥为"幽"。所谓平谥，既非表彰，也非贬斥，只是客观地叙述境遇，或对其不幸遭遇表示同情、怜悯。根据唐代张守节在《史记正义》中所附的《谥法解》的记载，殇、悼、哀、愍(闵)、怀等字皆为平谥。东汉刘隆在位一年，寿2岁而崩，按照谥法，"短折不成曰殇"，谥为"殇帝"。

谥号作为我国封建礼文化的重要组成部分，源于周，废于秦，复行于汉以后的各个朝代，辛亥革命爆发后，伴随着封建等级制的废除，也随之退出历史舞台。

二、别号

别号也叫别称、别字、号,是指名字以外另起的称号。旧时士大夫常在名字以外别取名字,故称别号。别号大多为自取,以自称为常,与名一般无意义上的联系,多半是骚人墨客用来寄情托兴的。也有他取的,给别人起号或称人家的别号则是表示敬重之意。通常一人只有一个别号,也有一些人有两个或三个,甚至还有多达十几个别号的。从字面上看,别号又分两类,一类是三个字或以上的别号,如:李涉,号清溪子;姜夔,号白石道人。另一类为两个字的别号,如:胡铨,号澹庵;马致远,号东篱。两个字的别号和字在应用上没有什么大的区别,甚至不大称字,而以称别号为常,如郑板桥便是这种称法。四个字的别号有时也可以压缩为两个字使用,如苏轼,号东坡居士,人称苏东坡。

古人以什么为别号可以说是兴之所至,随心所欲而为之,但也有一定的习惯,大致有以下两种主要形式,一是以地名为别号,包括祖籍地、出生地、为官地、曾居曾游地等。如:宋濂,祖籍浙江金华的潜溪,因以为号;范成大,晚年退居故乡石湖,故号石湖居士;二是以自己的室、斋等名为号,如:李清照,号易安居士,易安是她的居室名;而袁枚则以他的别墅随园为号。

此外,有些人的别号还有一些特别的寓意。有以自嘲自况自娱的,如欧阳修降职滁州时,滁州地僻事简,而他为政以宽,又值年岁丰稔,因此放情山水之间,自号醉翁,他在《赠沈遵》诗中说:"我时四十犹强力,自号醉翁聊戏客。"别号起源很早,但直至六朝时期还不流行,葛洪、陶潜有别号,当时多数人没有。到唐宋间才特别盛行起来,原因有二:其一,伦理道德加强;其二,文学发达,文人讲究文雅。至明清,由于文人范围扩大,加上帝王提倡,更加盛行起来。纵观古人命号特点,我们也可以概括为几条。

1. 或以居住地环境自号:如陶潜,自号五柳先生。李白自幼生活在四川青莲乡,故自号青莲居士。苏轼,自号东坡居士。陆游,号龟堂。辛弃疾号称稼轩居士。明武宗朱厚照自号锦堂老人,明世宗朱厚熜自号天池钓叟,明神宗朱翊自号禹斋。乾隆晚年自号十全老人、古稀天子。咸丰自号且乐道人。

2. 或以旨趣抱负自号:杜甫,自号少陵野老;"一万卷书,一千卷古金石文,一张琴,一局棋,一壶酒,一老翁"——"六一居士"是欧阳修晚年的自号;贺知章,自号四明狂客;金心农自号出家庵粥饭僧,都体现了个人的旨趣。

3. 有些人还以生辰年龄、文学意境、形貌特征,甚至惊人之语自号。辛弃疾自号六十一上人;赵孟頫甲寅年生,自号甲寅人;元郑元右,自号尚左生;明代祝允明自号祝枝指生,后在民间演变成祝枝山;朱彝尊,自号夕阳芳草村落;唐寅,自号江南第一风流才子,普救寺婚姻案主者。徐树丕,自号活埋庵道人。

别人赠号主要有以下几种情况:以其轶事特征为号,如李白,人称谪仙人。宋代贺铸因写了"一川烟柳,梅子黄时雨"的好词句,人称贺梅子。张先因写了"云破月来花弄影"、"浮萍断处见山影"、"隔墙送过秋千影"三句带"影"字的好诗,人称"张三影"。张孤雁,张炎《解连环·孤雁》。红杏尚书宋祁,工部尚书。由于号可自取和赠送,因此具有自由性和可变性。以至许多文人,有很多别号,多的可达几十个,上百个,"别号太多,反成搅乱"(郑板桥集题画。靳秋四索画),所以近代以后,尤其新中国成立以来,文人用号之风大减,不少人发表作品不用笔名,就用真名。少数文人存有别号,多为 20 世纪三四十年代前就出名的文人。如鲁迅曾自号书斋,绿林书室,且介亭;王力自号龙虫并雕斋;姚雪垠,无止境斋;叶圣陶,未厌居;俞平伯古槐书屋,此可谓遗风。诨号与别号大体可以视为同一类型。

诨名、绰号:按照人的容貌、性格特点所取的别名叫诨名,又称绰号。如《水浒传》中,吴用绰号为"智多星",宋江绰号为"及时雨",史进绰号为"九纹龙",明末名妓李香君美而娇小,被号为"香扇坠"等。

三、代称

代称是一个人的名、字、号之外由他人所拟的一种习惯性的称呼,用来代替其人的本来姓名,多含尊重、褒赞之意。代称主要有以下几种来源:

(一) 以官职或爵位为代称

以官职为代称的,如王维曾任尚书右丞,人称王右丞;王羲之曾任右军将军,人称王右军;杜甫曾任左拾遗、检校工部员外郎,世称杜拾遗、杜工部;柳永曾任屯田员外郎,世称柳屯田;苏轼曾任端明殿翰林学士,世称苏学士等。以爵位代称的,如诸葛亮曾被封爵武乡侯,故而人称诸葛武侯;王安石曾被封荆国公,故人称王荆公;司马光曾被封温国公,故人称司马温公。

(二) 以地名为代称

以地名为代称可以分为以下三种情况:

第一种情况以出生地为代称。如柳宗元被称为柳河东,王安石被称为王临川,康有为被称为康南海等。第二种情况以郡望为代称。郡望是指某一地区最有名望的豪门望族,以郡望相称,也就是以古人的郡望所在地的地名相称。如杜甫出生在河南巩县,却被称为杜陵或者杜陵老;韩愈本生于河阳,但有"韩昌黎"之称,这是因为昌黎是韩姓的郡望。第三种情况以官职之地为代称。如孔融曾任北海相,故称孔北海;刘长卿曾任随州刺史,故称刘随州等。

(三) 以排行为代称

以排行为代称的情况盛行于唐代。如李白称李十二、杜甫称杜二、韩愈称韩十八、柳宗元称柳八、元稹称元九、白居易称白二十二等。宋代苏轼称苏二、秦观称秦七、黄庭坚称黄九等。后世沿袭者比较少见。

另外还有几个人合用的特称。同姓并称,如三苏指苏洵、苏轼和苏辙,大小杜指杜甫和杜牧,大小阮之阮籍和阮咸;异姓并称,如孔孟之孔丘和孟轲,李杜指李白和杜甫,韩柳指韩愈和柳宗元,元白指元稹和白居易等。

代称除了以上介绍的几种外,还有很多代称人与物的。如桃李,代称培养的后辈或所教的学生,桃李满天下,比喻所栽培的后辈或所教的学生极多,各地都有。唐朝宰相狄仁杰向武则天推荐了姚崇等数十个人,后来他们都成了当时的名臣,有人赞扬狄仁杰:"天下桃李都出在您的门下了。"因此后人就用"桃李"代称学生或所荐人才。高足,代称优秀学生。古代评论马以高足、中足和低足来判断优劣,高足之马为最好,后来人们以物代人用"高足"代称优秀学生。汗青,代称书册和史册。古代在竹简上书写,书写前将青竹在火上烤去掉水分,干后的青竹容易书写而且不易生虫,后来人们用书写材料代称书写结果,就用"汗青"代称书册和史册。民族英雄文天祥就有"留取丹心照汗青"的诗句。纨绔,用细绢制成的裤,是有钱人穿的衣服。世人遂称富贵者为"纨绔",称其子弟为"纨绔子弟",再后来则又被用来指富贵人家而不务正业者。

第三节 称呼习惯

一、敬称他人

古代称呼他人时多使用敬称。主要有两个方面:一是使用尊称,如称君王为大王、主上、圣上、陛下等;称呼上级官长为大人、老爷、君侯、明公、麾下等;称呼贵族或者官宦子弟为公子、少爷等;称呼长辈为父、父老、老丈等;称呼有德行的人为君子、长者等;称呼平辈或者一般人为子、公、君、卿、先生、足下、阁下、官人等;称呼别人的亲属也使用尊称,如令尊、令堂、令弟、令妹、令郎、令爱等。二是尊称别人的字,古人尊者对卑者称名,同辈份间或者对尊长称字。如《论语》中,孔子对弟子都称呼其名,但其他人对孔子弟子都称其字。

二、谦称自己

古代称呼自己都很谦虚,一方面体现对对方的尊敬,另一方面体现出个人的修养。主要表现在两个方面:一是使用谦称,如君王自称孤、寡人等;官吏自称臣、卑职、下官、奴婢等;老人自称老夫、老身、老朽等;读书人自称学生、弟子、小生、晚生、门生等;女子自称妾、贱妾、奴等;一般人自称鄙人、小可、小子、不才、在下、区区等;对别人称呼自己家人也用谦称,如家父、家兄、家母、舍弟、舍妹、贱内、犬子、小女等。二是自称称名,如《论语》中记载,孔子弟子冉有自称为求,子路自称为由等,都是他们自己的名。

三、交友称谓

布衣之交:普通老百姓相交的朋友。
刎颈之交:哪怕砍头也不变心的朋友,又称为"生死之交"。
莫逆之交:意谓彼此心志相通,情投意合。
杵臼之交:指交友不嫌贫贱,亦称为"杵臼交"。
车笠之交:不以贵贱而异,友谊深厚。

忘年之交:年岁差别大,行辈不同而交情深厚的朋友。
总角之交:幼年就相认的朋友。
竹马之交:形容小儿时天真无邪,亲昵嬉戏之状。

四、年龄称谓

1. 古代年龄称谓

不满周岁:襁褓;2~3岁:孩提;女孩7岁:髫年;男孩8岁:龆年;幼年泛称:总角;10岁以下:黄口;13~15岁:舞勺之年;15~20岁:舞象之年;12岁(女):金钗之年;13岁(女):豆蔻年华;15岁(女):及笄之年;16岁(女):破瓜年华、碧玉年华;20岁(女):桃李年华;24岁(女):花信年华;至出嫁:梅之年;至30岁(女):半老徐娘;20岁(男):弱冠;30岁(男):而立之年;40岁(男):不惑之年、强壮之年;50岁:年逾半百、知非之年、知命之年、艾服之年、大衍之年;60岁:花甲、平头甲子、耳顺之年、杖乡之年;70岁:古稀、杖国之年、致事之年、致政之年;80岁:杖朝之年;80~90岁:耄耋之年;90岁:鲐背之年;100岁:期颐。

2. 古代对特定年龄的称谓

婴儿:初生儿;悼、龆龀:七岁;总甬、垂髫:童年;幼学:十岁;束发:青少年;童子:十五岁;及笄:女子十五岁;破瓜:女子十六岁;待年待字:女子待嫁的年龄;弱冠之年:男子二十岁;而立之年:壮三十岁;不惑之年:强四十岁;知命之年:艾五十岁;花甲之年:耆六十岁;古稀之年:七十岁;耄:八十岁;鲐背:九十岁;期颐之年:百岁老人;皓首:老年;黄发:长寿老人。

五、古代的博士、硕士、学士之称

当今,博士、硕士和学士是指学位的级别,而在古代并非如此。

博士,在我国古代是个官名,最早出现在战国时代。秦始皇时,博士只作政府顾问。汉代以后,博士开始在学官,担任教学工作,博士除授予学官,还授予一些有专门技艺、专门学问的职官。如魏晋以后的太医博士、天文博士、历学博士、卜博士等。唐宋以后,社会上对从事某种职业的人也俗称博士,如"茶博士"、"酒博士"等。现在,博士是对攻读博士学位的研究生的称呼,同样也可用来称呼已获得博士学位的人员。在国外特指获得过博士学位的人,中国则把博士生也称为某某博士。学士学位、硕士学位和博士学位三级学位中,博士学位是最高的一级。

硕士,我国古代通常指那些德高望重、博学多识之人,但在古代史籍中不多见,大概不是正式的官名或职称。古代常用与硕士含义相似的"硕老"、"硕儒"称呼那些博学之士。现在,硕士是一个介于学士及博士之间的研究生学位,拥有硕士学位者通常象征具有对其专注、所研究领域的基础的独立的思考能力。硕士课程通常安排在学士之后,一般而言全职的硕士课程需要二年的时间,但根据国家及科系不同,有的硕士只要一年就能取得,有的则需要三至四年。

学士:学士一称最早出现在《周礼·春官》的记载,最早是指在学校读书的人。魏晋以后,学士是指以文字技艺供奉朝廷的官吏。民间习惯上称有文采的人为"学士",最著名的是苏东坡"苏学士"。另外,学士和大学士差距很大,学士大多是舞文弄墨的小官,可大学士的地位就非同一般。唐、宋时,"学士"前加"大"的都是宰辅重臣。唐代学士的地位有了很大的提高,甚至可以参与朝政。其中的翰林学士为众学士之首,是皇帝亲信的顾问和秘书官,因而常被称作"内相"。到了宋朝,一经授翰林学士,即有当宰相之望。清代,大学士成为文臣的最高职位,官至正一品,为文职官吏之首。现在,学士是高等教育本科阶段授予的学位名称,大体可依学科类别分为理学学士、工学学士、文学学士、社会科学学士和工商管理学士或称商学士。

小　　结

中国号称文明古国,世人誉之为礼仪之邦、君子之国,即使是在唇枪舌剑的论战中,我们的先人也同样讲究语言美。《礼记·仪礼》道:"言语之美,穆穆皇皇。"穆穆者,敬之和;皇皇者,正而美。就是说,对人说话要尊敬和气,谈吐文雅。

称谓是一种文化现象,从一个时代的称谓中,我们可以窥见一个时代的风貌。称谓也是一面镜子,称谓的变化是文化的变化,同时也被视为历史文化的折射。中国人的称谓,实质上就是一部中国文化的发展史,其中蕴含着中华民族悠久的文化历史的积淀与变迁。例如,现在我们称呼对方的代词只有"你"和"您",古代却有"汝,尔、若、而、乃"好几个称法,但是他们无论对长辈还是平辈说话时,从来不用这些词,认为如此称呼不礼貌,他们有多种多样表示尊敬的方法,需要我们在学习中慢慢体会。

中国人的称谓是宗法、习俗、等级、地位、声望等的反映,尊长、后辈、上级、下属各有各的一套称谓,谁也不能逾越。从称谓中我们可以看到国人对宗法礼制、尊卑长幼等礼法习俗的重视,以及对官职、科举的表示方式等。古往今来,中国人的称谓变化透射着一种谦恭精神。本章主要介绍了古代的姓与氏、名与字;古代的谥号、别号与代称;一些称呼惯用语,如对友人的称呼,对他人的敬称,对自己的谦称以及一些年龄的特定称谓等。

思考链接:
1. 古今的名字有哪些相同和不同之处?
2. 谈谈你所知道的年龄称谓。

第四章　多姿多彩的节日民俗

【情境导入】

> 爆竹声中一岁除，
> 春风送暖入屠苏。
> 千门万户曈曈日，
> 总把新桃换旧符。
>
> ——王安石

第一节　主要节日由来及习俗

一、春节

中国农历初一为春节，是中国人民最隆重的传统节日。传统春节也称新年、大年、新岁、岁首、三元，但口头上又称度岁、庆新岁、过年等。古时春节曾专指节气中的立春，也被视为是一年的开始，传统意义上的春节是指从腊月初八的腊祭或腊月二十三的祭灶，一直到正月十五。同时也是象征团结、兴旺，对未来寄托新的希望的佳节。自汉武帝太初元年（104 年）始，以农历正月初一为年，年节的日期由此固定下来，延续至今。正月初一又称"元旦"、"新正"、"新岁"、"元日"、"元朔"、"新年"等，它是一年的开始，万物生长的初期，生命孕育的原点，人们赋予了它神圣的意义。而聪明睿智的中国人为了在岁末年初交替的时间里，表达自我的情感，利用天地人和的和谐理念，发展了与之相适应的民俗活动。这种民俗活动被称为年庆、过年、过春节。1911 年辛亥革命以后，开始采用公历计年，遂称公历 1 月 1 日为"元旦"，称农历正月初一为"春节"。在春节期间，我国的汉族和很多少数民族都要举行各种活动来表示庆祝。这些活动均以祭祀神佛、祭奠祖先、除旧布新、祈求丰年为主要内容。活动丰富多彩，带有浓郁的民族特色。国家非常重视非物质文化遗产的保护，2006 年 5 月 20 日，"春节"民俗经国务院批准列入第一批国家级非物质文化遗产的名录，古代的春节为立春之节，春节在古代为"三元之日"，"元"即"始"之意，所谓三元，即岁之元、月之元、日之始，春节是一年之始、一月之始、一日之始，因此春节在人们的生活中具有非常特殊的意义。春节对人们来说是生命和生活的一个新的开始，以年为单位，循环往复，增强了人生的节奏感，年终年初的庆祝活动不仅使人们在劳顿一年后得以放松，也使人们站在一个新的起点上，开始新的生活。

据记载，中国人民过春节已有 4000 多年的历史。关于春节的起源有很多说法。春节来源之一，相传在远古时期，黄帝曾跟蚩尤大战，黄帝最终在农历正月初一战胜了蚩尤，人们就把这一天定为节日,以纪念黄帝的战绩。来源之二是猛兽传说,那么"年"究竟是怎样来的呢?民间主要有两种说法:一种说的是,古时候,有一种叫作"年"的凶猛怪兽,每到腊月三十,便窜村挨户,觅食人肉,残害生灵。有一个腊月三十晚上,"年"到了一个村庄,适逢两个牧童在比赛牛鞭子,"年"忽闻半空中响起了啪啪的鞭声,吓得望风而逃。它窜到另一个村庄,又迎头望到了一家门口晒着件大红衣裳,它不知其为何物,吓得赶紧掉头逃跑。后来它又来到了一个村庄,朝一户人家门里一瞧,只见里面灯火辉煌,刺得它头晕眼花,只好又夹着尾巴溜了。人们由此知道"年"怕响、怕红、怕光的弱点,便想到许多抵御它的方法,如放鞭炮,于是逐渐演化成今天过年的风俗。另一种说法是,我国古代的字书把"年"字放禾部,以示风调雨顺,五谷丰登。由于谷禾一般都是一年一熟。所以"年"便被引申为岁名了。古时人们把谷的生长周期称为"年",《说文·禾部》:年,"谷熟也"。

春节期间有以下习俗:

(一)贴春联

春联俗称"门对"、"春帖"、"对联"、"对子"、"楹联"。喜庆的大红春联贴门上是对联的一种,因在春节时张贴,故名春联的一个源头是桃符。最初人们以桃木刻人形挂在门旁以避邪,后来画门神像于桃木上,再简化为在桃木板上题写门神名字。春联的另一来源是春帖。古人在立春日多贴"宜春"二字,后渐发展为春联。

贴春联

(二) 贴窗花和倒贴福字

在民间人们还喜欢在窗户上贴上各种剪纸——窗花。窗花不仅烘托了喜庆的节日气氛，也集装饰性、欣赏性和实用性于一体。剪纸在我国是一种很普遍的民间艺术，千百年来深受人们的喜爱，因它大多是贴在窗户上的，所以也被称其为"窗花"。窗花以其特有的概括和夸张手法将吉事祥物、美好愿望表现得淋漓尽致，将节日装点得红火富丽。在贴春联的同时，一些人家要在屋门上、墙壁上、门楣上贴上大大小小的"福"字。春节贴"福"字，是我国民间由来已久的风俗。"福"字指福气、福运，寄托了人们对幸福生活的向往，对美好未来的祝愿。为了更充分地体现这种向往和祝愿，有的人干脆将"福"字倒过来贴，表示"幸福已到"、"福气已到"。民间还有将"福"字精描细做成各种图案的，图案有寿星、寿桃、鲤鱼跳龙门、五谷丰登、龙凤呈祥等。

贴窗花

(三) 贴门神和年画

古书里记载，传说很久以前，有名叫神荼、郁垒的两个兄弟，专门监督百鬼，发现有害的鬼就捆绑起来去喂老虎。于是黄帝就在门户上画神荼、郁垒的像用以防鬼。这个神话就是后来"门神"画产生的缘由。据说唐代皇帝曾命吴道子画钟馗像，并摹刻出来分赏给大臣贴挂以避鬼。我国年画起源于雕版印刷之前，早在先秦两汉就有"土偶桃梗相遇语……刻削子以为人"的记载。到了唐代，由于唐太宗李世民因噩梦致病，每逢深夜就听见鬼叫，吓得不能入眠。有位大臣进言：不如派武将夜守宫门，必能驱逐魔鬼。太宗听后，乃令大将秦叔宝和尉迟敬德全副披挂，彻夜守护，太宗的病果然痊愈了。太宗大喜，但想将军守门不是长久之策，遂命画工为两位将军画像，然后贴在门上，称之为"门神"。后来逐渐成为今天民间的"门神"。

年画门神

根据传统年俗,中国人在中国农历的腊月二十五这一天要在窗上和墙上张贴各式年画,以表达内心对即将到来的新的一年的企盼之情。中国传统年画多以反映当地人民的生活和风俗习惯为主要内容,鲜艳浓烈、节日气氛浓郁,画面情趣盎然,例如,胖娃、五谷丰登、年年有余等,数百年来几乎覆盖了从南方到北方所有的中国家庭。

年画福寿

二、元宵节

农历正月十五,是中国的传统节日元宵节也称灯节或者上元节。元宵节作为中国的传统节日,元宵之夜,人们张灯结彩,举行观灯盛会,猜灯谜,吃元宵等。元宵节源于西汉,赏灯习俗始于东汉明帝时期,明帝提倡佛教,听说佛教有正月十五日僧人观佛舍利,点灯敬佛的做法,就命令这天夜晚在皇宫和寺庙里点灯敬佛,命令士族和庶民都挂灯。以后这种佛教礼仪节日逐渐形成民间盛大的节日。该节经历了由宫廷到民间、由中原到全国的发展过程。在汉文帝时,已下令将正月十五定为元宵节。另有一说是元宵燃灯的习俗起源于道教的"三元说";正月十五日为上元节,七月十五日为中元节,十月十五日为下元节。主管上、中、下三元的分别为天、地、人三官,天官喜乐,故上元节要点灯。

关于元宵节的来历,民间还有几种有趣的传说:

传说一:传说在很久前,凶禽猛兽很多,四处伤害人与牲畜,人们就组织起来去打它们,有一只神鸟因为迷路而降落人间,却被不知情的猎人给意外射死了。天帝知道后十分震怒,下令天兵于正月十五日到人间放火,把人间的人畜通通烧死。天帝的女儿心地善良,不忍心看百姓无辜受难,就冒着生命的危险,偷偷驾着祥云来到人间,把这个消息告诉了人们。众人听说了这个消息,吓得不知如何是好,后来有个老人想出个办法:在正月十四、十五、十六日这三天,每户人家都在家里张灯结彩、点响爆竹、燃放烟火。人们照做,如此,天帝就会以为人们受到惩罚,从而人们保住了自己的生命及财产。

传说二:元宵节是汉文帝时为纪念"平吕"而设。汉高祖刘邦死后,吕后之子刘盈登基为汉惠帝。惠帝生性懦弱,优柔寡断,大权渐渐落在吕后手中。汉惠帝病死后吕后独揽朝政,把刘氏天下变成了吕氏天下,朝中老臣和刘氏宗室深感愤慨,但都惧怕吕后残暴而敢怒不敢言。吕后病死后,诸吕惶惶不安害怕遭到伤害和排挤。于是,在上将军吕禄家中秘密集合,共谋作乱之事,以便彻底夺取刘氏江山。此事传至刘氏宗室齐王刘襄耳中,刘襄为保刘氏江山,决定起兵讨伐诸吕,随后与开国老臣周勃、陈平取得联系,设计解除了吕禄,"诸吕之乱"终于被彻底平定。平乱之后,众臣拥立刘邦的第二个儿子刘恒登基,称汉文帝。文帝深感太平盛世来之不易,便把平息"诸吕之乱"的正月十五,定为与民同乐日,京城里家家张灯结彩,以示庆祝。从此,正月十五便成了一个普天同庆的民间节日。

传说三:相传汉武帝有个宠臣名叫东方朔,他善良又风趣,有一年冬天,一连下了几天大雪,东方朔就到御花园去给武帝折梅花。刚进园门,就发现有个宫女泪流满面准备投井。东方朔慌忙上前搭救,并问明她要自杀的原因。原来,这个宫女名叫元宵,家里还有双亲及一个妹妹。自从她进宫以后,就再也无缘和家人见面。每年到了冬去春来的时节,就更加思念家人,觉得不能在双亲跟前尽孝,不如一死了之。东方朔听了她的遭遇,深感同情,就向她保证,一定设法让她和家人团聚。一天,东方朔出宫在长安街上摆了一个占卜摊,不少人都争着向他占卜求卦。不料,每个人所占所求,都是"正月十六火焚身"的签语,一时之间,长安城里起了很大恐慌。人们纷纷求问解灾的办法。东方朔就说:"正月十三日傍晚,火神君会派一位赤衣神女下凡查访,她就是奉旨烧长安的使者,我把抄录的偈语给你们,可让当今天子想想办法。"说完,便扔下一张红帖,扬长而去。老百姓拿起红帖,赶紧送到皇宫去禀报皇上。汉武帝接过来一看,只见上面写着"长安在劫,火焚帝阙,十五天火,焰红宵夜",他心中大惊,连忙请来了足智多谋的东方朔。东方朔想了一想,就说:"听说火神君最爱吃汤圆,宫中的元宵不是经常给你做汤圆吗?十五晚上可让元宵做好汤圆。万岁焚香上供,传令京都家家都做汤圆,一齐敬奉火神君。再传谕臣民一起在十五晚上挂灯,满城点鞭炮、放烟火,好像满城大火,这样就可以瞒过玉帝了。此外,通知城外百姓,十五晚上进城观灯,以消灾解难。"武帝听后,十分高兴,就传旨照东方朔的办法去做。到了正月十五日长安城里张灯结彩,游人熙来攘往,热闹非常。宫女元宵的父母也带着妹妹进城观灯。当他们看到写有"元宵"字样的大宫灯时,惊喜地高喊:"元宵!元宵!",元宵听到喊声,终于和家里的亲人团聚了。如此热闹了一夜,长安城果然平安无事。汉武帝大喜,便下令以后每到正月十五都做汤圆供火神君,正月十五照样全城挂灯放烟火。因为元宵做的汤圆最好,人们就把汤圆叫元宵,这天叫作元宵节。

闹元宵图

三、中秋节

中秋节,是我国重要的传统节日之一,为每年农历八月十五。"中秋"一词,最早见于《周礼》。根据我国古代历法,一年有四季,每季三个月,分别被称为孟月、仲月、季月三部分,因此秋季的第二月叫仲秋,又因农历八月十五日,在八月中旬,故称"中秋"。到唐朝初年,中秋节才成为固定的节日。中秋节一般有吃月饼以及赏月的习俗。据史料记载,古代帝王祭月的节期为农历八月十五,时日恰逢三秋之半,故名"中秋节";又因为这个节日在秋季八月，故又称"秋节"、"八月节"、"八月会"、"中秋节"；又有祈求团圆的信仰和相关习俗活动，故亦称"团圆节"、"女儿节"。因中秋节的主要活动都是围绕"月"进行的，所以又俗称"月节"、"月夕"、"追月节"、"玩月节"、"拜月节"；在唐朝，中秋节还被称为"端正月"。中秋节的盛行始于宋朝，至明清时，已与元旦齐名，成为我国的主要节日之一。八月十五的月亮比其他几个月的满月更圆、更明亮，所以又叫作"月夕"、"八月节"。此夜，人们仰望天空如玉如盘的朗朗明月，自然会期盼家人团聚。远在他乡的游子，也借此寄托自己对故乡和亲人的思念之情。所以，中秋又称"团圆节"。中秋晚上，我国大部分地区还有烙"团圆"的习俗，即烙一种象征团圆、类似月饼的小饼子，饼内包糖、芝麻、桂花和蔬菜等，外面有月亮、桂树、兔子等图案。祭月后，家中长者按人数分切成块，每人一块，如有人不在家就为其留一块，表示合家团圆。品尝月饼、赏月拜月是民间过中秋节的主要习俗。

  赏月的风俗来源于祭月，严肃的祭祀变成了轻松的欢娱。民间中秋赏月活动约始魏晋时期，但没有成为习俗。到了唐代，中秋赏月、玩月颇为盛行，许多诗人的名篇中都有咏月的诗句。待到宋时，形成了以赏月活动为中心的中秋民俗节日，正式定为中秋节。与唐人不同，宋人赏月更多的是感物伤怀，常以阴晴圆缺，喻人情事态，即使中秋之夜，明月的清光也掩饰不住宋人的伤感。但对宋人来说，中秋还有另外一种形态，即中秋是世俗欢愉的节日。人们选择一年中的"中秋"前后赏月有其历史原因，早期月亮祭祀选择在秋季进行，那时人们的注意力都集中到月亮上。而当时上层人士对月亮的认识开始趋于理性，不再是单纯的崇拜，就渐渐把圆月当成了一种美丽的自然景象进行欣赏。所谓的"良辰美景"心态，便是如此。从历代赏月诗歌中我们可以清晰地看到古代神话的痕迹，桂树、白兔、嫦娥是常见的意象，也证明了古代月亮神话对赏月风尚的浓厚影响。

  与中秋节相关的两则神话故事：

【吴刚伐桂】

  吴刚砍桂的神话据说是在唐代演绎而成，在民间流传中也有不同版本。传说吴刚是天庭中的一位天将，被嫦娥的美丽深深吸引，他不顾对方的拒绝，一次又一次地跑到月宫纠缠。嫦娥不堪其扰，于是指向月中桂树说，它枝条太长了，今夜你若能将它砍断，便答应你的追求。吴刚心花怒放，心想这算什么难题，抡起斧头就砍。可每次拔出斧头，桂树的树身便恢复如初。也有传说中吴刚是位凡人：一位西河人姓吴名刚，本为樵夫，后成仙。因吴刚常常打破天规，天帝震怒，把他居留在月宫，令他在月宫伐株五百丈的桂树，并说："如果你砍倒桂树，就可获仙术。"但吴刚每砍一斧，斧起而树创伤就马上愈合，日复一日，吴刚伐桂的愿望仍未达成，因此吴刚在月宫常年伐桂，始终砍不倒这棵树，而他也不断地砍下去。

【嫦娥奔月】

  传说中秋节是为了纪念嫦娥。嫦娥，中国上古时期汉族神话中的人物，上古时期三皇五帝之一帝喾的女儿，后羿的妻子。此女本称姮娥，非常美貌，因西汉时为避汉文帝刘恒的忌讳而改称嫦娥，又作常娥。又有称其姓纯狐，名嫄娥。神话中因偷食后羿自西王母处所求得的不死药而奔月成仙，居住在月宫之中。东汉之前，无任何资料显示嫦娥与羿是夫妻关系，直到高诱注解《淮南子》才指出嫦娥是后羿之妻。据说嫦娥与后羿开创了一夫一妻制的先河，后人为了纪念他们，演绎出了嫦娥飞天的故事，汉族民间多有其传说以及诗词歌赋流传。

嫦娥奔月图

四、端午节

  端午节又称为端阳节,为每年的农历五月初五,"端"字有"初始"的意思,因此"端五"就是"初五"。而按照历法,五月正是"午"月因此"端五"也就渐渐变成了"端午"。在湖北、湖南、贵州、四川一带,端午节又分为大端午与小端午。小端午为每年农历五月初五,大端午为每年农历五月十五日。汉代人认为五月五日为恶月、恶日且有"不举五月子"之俗,即五月五日所生的婴儿无论是男或是女都不能抚养成人。一旦抚养则男害父、女害母。甚至出现了"五月到官至免不迁"、"五月盖屋令人头秃"等说法。这一习俗至迟从战国开始流行迄至汉代盛行不衰。此俗在汉人王充的《论衡》、应劭《风俗通》以及《后汉书》中多有记载。《史记·孟尝君列传》载历史上有名的孟尝君在五月五日出生。其父要其母不要生下他,认为"五月子者长于户齐将不利其父母"。

  关于端午节的来历归纳起来,大致有以下诸说:

【端午节传说一】

  纪念屈原说,是流传最广的一个传说。据《史记·屈原贾生列传》记载,屈原,是春秋时期楚怀王的大臣。他倡导举贤授能,富国强兵,力主联齐抗秦,遭到贵族子兰等人的强烈反对,屈原遭谗去职,被赶出都城,流放到沅、湘流域。他在流放中,写下了忧国忧民的《离骚》、《天问》、《九歌》等不朽诗篇,独具风貌,影响深远(因而,端午节也称诗人节)。公元前278年,秦军攻破楚国京都。屈原眼看自己的祖国被侵略,心如刀割,但是始终不忍舍弃自己的祖国,于五月五日,在写下了绝笔作《怀沙》之后,抱石投汨罗江身死,以自己的生命谱写了一曲壮丽的爱国主义乐章。传说屈原死后,楚国百姓哀痛异常,纷纷涌到汨罗江边去凭吊屈原。渔夫们划起船只,在江上来回打捞他的真身。有位渔夫拿出为屈原准备的饭团、鸡蛋等食物,"扑通、扑通"地丢进江里,说是让鱼龙虾蟹吃饱了,就不会去咬屈大夫的身体了。人们见后纷纷仿效。一位老医师则拿来一坛雄黄酒倒进江里,说是要药晕蛟龙水兽,以免伤害屈大夫。后来为怕饭团被蛟龙所食,人们想出用楝树叶包饭,外缠彩丝,发展成粽子。以后,在每年的五月初五,就有了龙舟竞渡、吃粽子、喝雄黄酒的风俗;以此来纪念爱国诗人屈原。

【端午节传说二】

在江浙一带流传很广,是纪念春秋时期的伍子胥。伍子胥名员,楚国人,父兄均为楚王所杀,后来子胥弃暗投明,奔向吴国,助吴伐楚,五战而入楚都郢城。当时楚平王已死,子胥掘墓鞭尸三百,以报杀父兄之仇。吴王阖庐死后,其子夫差继位,吴军士气高昂,百战百胜,越国大败,越王勾践请和,夫差许之。子胥建议,应彻底消灭越国,夫差不听,吴国大宰,受越国贿赂,谗言陷害子胥,夫差信之,赐子胥宝剑,子胥以此死。子胥本为忠良,视死如归,在死前对邻舍人说,"我死后,将我眼睛挖出悬挂在吴京之东门上,以看越国军队入城灭吴",便自刎而死,夫差闻言大怒,令取子胥之尸体装在皮革里于五月五日投入大江,因此相传端午节亦为纪念伍子胥之日。

端午节吃粽子、赛龙舟、喝雄黄酒已成为国人普遍之行为。

(一)赛龙舟

赛龙舟,是端午节的主要习俗。相传起源于古时楚国人因舍不得贤臣屈原投江死去,许多人划船追赶拯救。他们争先恐后,追至洞庭湖时不见踪迹。之后每年五月五日划龙舟以纪念之。借划龙舟驱散江中之鱼,以免鱼吃掉屈原的身体。竞渡之习,盛行于吴、越、楚。

(二)端午食粽

端午节吃粽子,这是中国人民的又一传统习俗。粽子,又叫作"角黍"、"筒粽"。其由来已久,花样繁多。端午节的早晨家家吃粽子纪念屈原,一般是前一天把粽子包好,在夜间煮熟,早晨食用。包粽子主要是用河塘边盛产的嫩芦苇叶,某些地区也有用竹叶的,统称粽叶。粽子的传统形式为三角形,一般根据内瓤命名,包糯米的叫米粽,米中掺小豆的叫小豆粽,掺红枣的叫枣粽,统称糯米粽。枣粽谐音为"早中",所以吃枣粽的最多,意在读书的孩子吃了可以早中状元。过去读书人参加科举考试的当天,早晨都要吃枣粽,至今中学、大学入学考试日的早晨,家长亦要做枣粽给考生吃。

(三)雄黄酒

雄黄也是一种药材,据说能杀百毒。所以在端午节时,陕西人会将雄黄泡在酒中,在小孩的耳朵、鼻子、脑门、手腕、脚腕等处抹上雄黄酒,据说这种做法可以使蚊虫、蛇、蝎、蜈蚣、壁虎、蜘蛛等不上身。

(四)挂荷包和拴五彩线

应劭《风俗通》记载:"五月五日,以五彩丝系臂,名长命缕,一名续命缕,一命辟兵缯,一名五色缕,一名朱索,辟兵及鬼,命人不病瘟。"中国古代崇敬五色,以五色为吉祥色。因而,节日清晨,各家大人起床后第一件大事便是在孩子手腕、脚腕、脖子上拴五色线。系线时,禁忌儿童开口说话。五色线不可任意折断或丢弃,只能在夏季第一场大雨或第一次洗澡时,抛到河里。据说,戴五色线的儿童可以避开蛇蝎类毒虫的伤害;扔到河里,意味着让河水将瘟疫、疾病冲走,儿童由此可保安康。

(五) 悬艾

民谚说:"清明插柳,端午插艾。"在端午节,人们把插艾和菖蒲作为重要内容之一。家家户户都要洒扫庭院,以菖蒲、艾条插于门楣,悬于堂中。并用菖蒲、艾叶、榴花、蒜头、龙船花,制成人形或虎形,称为艾人、艾虎;制成花环、佩饰,美丽芬芳,妇人争相佩戴,用以驱瘴。端午节也是自古相传的"卫生节",人们在这一天洒扫庭院,挂艾枝,悬菖蒲,洒雄黄水,饮雄黄酒,激浊除腐,杀菌防病。这些活动也反映了中华民族的优良传统。端午节上山采药,则是我国各个民族共同的习俗。

五、寒食节

寒食节是每年四月四日,清明节的前一天。寒食节亦称禁烟节、冷节、百五节,在夏历冬至后一百零五日,清明节前一二日。是日初为节时,禁烟火,只吃冷食。并在后世的发展中逐渐增加了祭扫、踏青、秋千、蹴鞠、牵勾、斗鸡等风俗。寒食节,前后绵延两千余年,曾被称为民间第一大祭日。寒食节是汉族传统节日中唯一以饮食习俗来命名的节日。清初汤若望历法改革以前,清明节定在寒食节两日之后;汤氏改革后,寒食节定在清明节之前一日。现代 24 节气的定法沿袭汤氏,因此寒食节就在清明节前一日。新中国成立后,很多地区把寒食节与清明节等同了起来,在同一天过。

传说这个节日是纪念春秋时期的介子推的。相传春秋战国时代,晋献公的妃子骊姬为了让自己的儿子奚齐继位,就设毒计谋害太子申生,申生被逼自杀。申生的弟弟重耳,为了躲避祸害,流亡出走。在流亡期间,重耳受尽了屈辱。原来跟着他一道出奔的臣子,大多陆陆续续地各奔出路去了。只剩下少数几个忠心耿耿的人,一直追随着他。其中一人叫介子推,有一次,重耳饿晕了过去。介子推为了救重耳,从自己腿上割下了一块肉,用火烤熟了就送给重耳吃。十九年后,重耳回国做了君主,就是历史上著名的春秋五霸之一晋文公。晋文公执政后,对那些和他同甘共苦的臣子大加封赏,唯独忘了介子推。有人在晋文公面前为介子推叫屈。晋文公猛然忆起旧事,心中有愧,马上差人去请介子推上朝受赏封官。可是,差人去了几趟,介子推不来,晋文公只好亲自去请,可是,当晋文公来到介子推家时,只见大门紧闭,介子推不愿见他,已经背着老母躲进了绵山,晋文公便让他的御林军上绵山搜索,没有找到。于是,有人出了个主意说,不如放火烧山,三面点火,留下一方,大火起时介子推会自己走出来的。晋文公乃下令举火烧山,孰料大火烧了三天三夜,大火熄灭后,终究不见介子推出来。上山一看,介子推母子俩抱着一棵烧焦的大柳树已经死了。晋文公望着介子推的尸体哭拜一阵,然后安葬遗体,发现介子推脊梁堵着个柳树树洞,洞里好像有什么东西。掏出一看,原来是片衣襟,上面题了一首血诗:

割肉奉君尽丹心,但愿主公常清明。
柳下作鬼终不见,强似伴君作谏臣。
倘若主公心有我,忆我之时常自省。
臣在九泉心无愧,勤政清明复清明。

晋文公将血书藏入袖中。然后把介子推和他的母亲分别安葬在那棵烧焦的大柳树下。为了纪念介子推,晋文公下令把绵山改为"介山",在山上建立祠堂,并把放火烧山的这一天定为寒食节,晓谕全国,每年这天禁忌烟火,只吃寒食。

六、清明节

清明节又叫踏青节,在仲春与暮春之交,也就是冬至后的第 108 天,是中国传统节日之一,也是最重要的祭祀节日之一,是祭祖和扫墓的日子。中国汉族传统的清明节大约始于周代,受汉族文化的影响,中国的很多少数民族,也都有过清明节的习俗。虽然各地习俗不尽相同,但扫墓祭祖、踏青郊游是基本主题。清明节的名称与此时天气物候的特点有关。西汉时期的《淮南子·天文训》中说:"春分后十五日,斗指乙,则清明风至。""清明风"即清爽明净之风。《岁时百问》则说:"万物生长此时,皆清洁而明净,故谓之清明。"虽然作为节日的清明在唐朝才形成,但作为时序标志的清明节气早已被古人所认识,汉代已有了明确的记载。

相传这是因为清明节要寒食禁火,为了防止寒食冷餐伤身,所以大家来参加一些体育活动,以锻炼身体。因此,这个节日中既有祭扫新坟生别死离的悲酸泪,又有踏青游玩的欢笑声,是一个富有特色的节日。清明节的习俗是丰富有趣的,除了讲究禁火、扫墓,还有踏青、荡秋千、蹴鞠、打马球、插柳等一系列风俗体育活动。

(一)荡秋千

这是我国古代清明节习俗。秋千,它的历史很古老,最早叫千秋,后为了避忌讳,改为秋千。古时的秋千多用树丫枝为架,再栓上彩带做成。后来逐步发展为用两根绳索加上踏板的秋千。荡秋千不仅可以增进健康,而且可以培养勇敢精神,至今为人们特别是儿童所喜爱。

(二)蹴鞠

鞠是一种皮球,球皮用皮革做成,球内用毛塞紧。蹴鞠,就是用足去踢球。这是古代清明节时人们喜爱的一种游戏。相传是黄帝发明的,最初目的是用来训练武士的。

(三)踏青

又叫春游。古时叫探春、寻春等。三月清明,春回大地,自然界呈现出一派生机勃勃的景象,正是郊游的大好时光。我国民间长期保持着清明踏青的习惯。

(四)放风筝

也是清明时节人们所喜爱的活动。每逢清明时节,人们不仅白天放,夜间也放。夜里在风筝下或风筝拉线上挂上一串串彩色的小灯笼,像闪烁的明星,被称为"神灯"。过去,有的人把风筝放上蓝天后,便剪断牵线,任凭清风把它们送往天涯海角,据说这样能除病消灾,给自己带来好运。

(五)清明扫墓

谓之对祖先的"思时之敬",其习俗由来已久。其实扫墓在秦以前就有了,但不一定是在清明之际,清明扫墓则是秦以后的事。到唐朝才开始盛行并相传至今。清明祭扫仪式本应亲自到茔地去举行,但由于每家经济条件和其他条件不一样所以祭扫的方式也就有所区别。"烧包袱"是祭奠祖先的主要形式。所谓"包袱"亦作"包裹"是指孝属从阳世寄往"阴间"的邮包。每到清明节的时候,大家都会在小店里采购一些"纸钱"、"金元宝"等,在祖先的坟前用火烧,认为可以送到阴间,并且希望祖先能在阴曹地府不缺钱和吃、用的东西。

七、重阳节

农历九月九日,为传统的重阳节。因为古老的《易经》中把"六"定为阴数,把"九"定为阳数,九月九日,日月并阳,两九相重,故而叫重阳,也叫重九,古人认为是个值得庆贺的吉利日子,并且从很早就开始过此节日。庆祝重阳节的活动多彩浪漫,一般包括出游赏景、登高远眺、观赏菊花、遍插茱萸、吃重阳糕、饮菊花酒等活动。九九重阳,早在春秋战国时的《楚辞》已提到,屈原的《远游》里写道:"集重阳入帝宫兮,造旬始而观清都。"这里的"重阳"是指天,还不是指节日。三国时魏文帝曹丕《九日与钟繇书》中,则已明确写出重阳的饮宴了:"岁往月来,忽复九月九日。九为阳数,而日月并应,俗嘉其名,以为宜于长久,故以享宴高会。"晋代文人陶渊明在《九日闲居》诗序文中说:"余闲居,爱重九之名。秋菊盈园,而持醪靡由,空服九华,寄怀于言。"这里同时提到菊花和酒。大概在魏晋时期,重阳日已有了饮酒、赏菊的做法。到了唐代,重阳被正式定为民间的节日。到明代,九月重阳,皇宫上下要一起吃花糕以庆贺,皇帝要亲自到万岁山登高,以畅秋志,此风俗一直流传到清代。重阳节的传说和大多数传统节日一样。

重阳节也有古老的传说。相传在东汉时期,汝河有个瘟魔,只要它一出现,家家就有人病倒,天天有人丧命,这一带的百姓受尽了瘟魔的蹂躏。一场瘟疫夺走了青年恒景的父母,他自己也因病差点儿丧了命。病愈之后,他辞别了心爱的妻子和父老乡亲,决心出去访仙学艺,为民除掉瘟魔。恒景四处访师寻道,访遍各地的名山高士,终于打听到在东方有一座最古老的山,山上有一个法力无边的仙长,恒景不畏艰险和路途的遥远,在仙鹤指引下,终于找到了那座高山,找到了那个有着神奇法力的仙长,仙长为他的精神所感动,终于收留了恒景,并且教给他降妖剑术,还赠他一把降妖宝剑。恒景废寝忘食苦练,终于练出了一身非凡的武艺。这一天仙长把恒景叫到跟前说:"明天是九月初九,瘟魔又要出来作恶,你本领已经学成,应该回去为民除害了。"仙长送给恒景一包茱萸叶,一盅菊花酒,并且密授避邪用法,让恒景骑着仙鹤赶回家去。恒景回到家乡,在九月初九的早晨,按仙长的叮嘱把乡亲们领到附近的一座山上,发给每人一片茱萸叶,一盅菊花酒,做好了降魔的准备。中午时分,随着几声怪叫,瘟魔冲出汝河,但是瘟魔刚扑到山下,突然闻到阵阵茱萸奇香和菊花酒气,便戛然止步,脸色突变,这时恒景手持降妖宝剑追下山来,几个回合就把瘟魔刺死剑下,从此九月初九登高避疫的风俗年复一年地流传下来。梁人吴均在他的《续齐谐记》一书里曾有此记载。后来人们就把重阳节登高的风俗看作是免灾避祸的活动。另外,在中原人的传统观念中,双九还是生命长久、健康长寿的意思,所以后来重阳节被立为老人节。

八、腊八节

腊月最重大的节日,是十二月初八,古代称为"腊日",俗称"腊八节"。从先秦起,腊八节为祭祀祖先和神灵,祈求丰收和吉祥。腊八节除祭祖敬神的活动外,人们还要逐疫。这项活动来源于古代的傩(古代驱鬼避疫的仪式)。据说,佛教创始人释迦牟尼的成道之日也在十二月初八,因此腊八也是佛教徒的节日,又称"佛成道节"。

腊八这一天有吃腊八粥的习俗,腊八粥也叫"七宝五味粥"。据说腊八粥传自印度。佛教的创始者释迦牟尼本是古印度北部迦毗罗卫国(今尼泊尔境内)净饭王的儿子,他见众生受生老病死等痛苦折磨,又不满当时婆罗门的神权统治,舍弃王位,出家修道。初无收获,后经六年苦行,于腊月八日,在菩提树下悟道成佛。在这六年苦行中,每日仅食一麻一米。后人不忘他所受的苦难,于每年腊月初八吃粥以做纪念。

九、冬至

冬至,农历十一月,又称"冬节"、"贺冬",与夏至相对。在古代是很隆重的节日。在二十四节气中,这一天一年中夜最长。比较常见的是,在中国北方有冬至吃饺子的风俗。俗话说:"冬至到,吃水饺。"而南方则是吃汤圆。

第二节 主要民俗由来及寓意

一、鞭打春牛

鞭打春牛的习俗源于中国先秦时的历史传说,相传古代东夷族首领少暤氏率民迁居黄河下游,要大家从游牧改学耕作,并派他的儿子句芒管理这项事业。句芒在寒冬即将逝去前,采河边葭草烧成灰烬,放在竹管内,然后守候在竹管旁,到了冬尽春来的那一瞬间,阳气上升,竹节内的草灰便浮扬起来,标志着春天降临了。于是句芒下令大家一起翻土犁田，准备播种。世人都能听从句芒的号令，可是一向帮人犁田的老牛却仍沉浸在"冬眠"的甜睡中，懒得爬起来干活。有人建议用鞭子抽打它们，句芒不同意，说牛是我们的帮手，不许虐待，吓唬吓唬就行了。他让大家用泥土捏制成牛的形状，然后挥舞鞭子对之抽打、鞭响声惊醒了老牛，一看伏在地上睡觉的同类正在挨抽，吓得都站起身来，乖乖地听人指挥，下地干活去了。由于按时耕作，当年获得了好收成，原先以畜牧为生的人们都乐于从事农业了。此后，看灰立春、鞭挞土牛逐渐积淀成了人们判断时令、及时耕作的定规，句芒则被尊为专行督作农耕的神祇。

到了周代，随着农业经济的普遍开展，迎春鞭牛活动正式列为国家典礼。每逢立春前三日，天子开始吃素沐浴，到了立春那天，天子亲率公卿百官去东郊迎春，判断立春节气来到的方式，基本沿袭句芒的办法。此外，又预先塑制好和真牛一般大小的土牛送到东郊，确认已迎来春天后，便用鞭子抽打土牛，表示督它春耕。到了唐宋时代，这套礼仪更演成全国上下同时进行的活动，每年夏季，即由中央历法部门测定来年立春的准确时间，并根据年月干支，决定取哪一方向的水土做成一条土牛和一尊句芒神的造型。此后，各级地方政府都据此规定和样式，也照样塑制好一套。到了立春那天，皇帝率领百官在京都先农坛前迎春鞭牛，各级地方长官和随员带领百姓在城郊迎春拜牛。如果立春在农历腊月十五之前，句芒就站在土牛的前面，表示农事早，如果立春正值岁末年初之际，就让句芒和土牛并列，表示农事平；如果立春在正月十五以后，句芒就被安放在土牛身后，表示农事晚。鞭牛是一种极热闹的场面，照例是首席长官用装饰华丽的"春鞭"先抽第一鞭，然后接排位大小，依次鞭打。最终将一头土牛打得稀巴烂后，围观者一拥而上，争抢碎土，据说扔进自己田里，就是丰收吉兆。此外，亦有纸扎春牛的，并预先在"牛肚子"里装满五谷，待"牛"被鞭打破后，五谷流出，亦是丰收的象征。清朝后期，封建政府已不再把农事放在重要位次，迎春鞭牛的仪式归于废弛，农民们便自发组织这些活动，更加热闹，增添了抬着句芒神和春牛游行、唱迎春歌等许多内容。这种风俗，直流传到民国时期。

二、扫尘除垢

扫尘是腊月年节将近时，打扫室内外尘埃的习俗。亦称"除尘"、"除残"、"掸尘"、"打埃尘"等。扫尘民谚说："腊月二十四，掸尘扫房子。"北方叫扫房，南方叫掸尘。室内屋外，房间屋后，彻底进行打扫，衣被用具、洗涮一新，干干净净地迎新春。大家小户准备过年。

在祀灶前后至除夕,照例有一次卫生大扫除,墙角床下及屋柱屋梁等处一年的积尘,均需于此日以扫帚清除干净;箱柜上的金属把手等,也应擦拭一新。

古时有关扫尘的由来,有一个颇为诡异的故事。传说古人认为人的身上都附有一个三尸神,他像影子一样,跟随着人的行踪,形影不离。三尸神是个喜欢阿谀奉承、爱搬弄是非的家伙,他经常在玉帝面前造谣生事,把人间描述得丑陋不堪。久而久之,在玉皇大帝的印象中,人间简直是个充满罪恶的肮脏世界。一次,三尸神密报,人间在诅咒天帝,想谋反天庭。玉皇大帝大怒,降旨迅速查明人间犯乱之事,凡怨忿诸神、亵渎神灵的人家,将其罪行书于屋檐下。再让蜘蛛张网遮掩以作记号。玉皇大帝又命王灵官于除夕之夜下界,凡遇作有记号的人家,满门斩杀,一个不留。三尸神见此计即将得逞,乘隙飞下凡界,不管青红皂白,恶狠狠地在每户人家的屋檐墙角做上记号,好让王灵官来个斩尽杀绝。正当三尸神在作恶时,灶君发觉了他的行踪,大惊失色,急忙找来各家灶王爷商量对策。于是,想出了一个好办法,于腊月二十三日送灶之日起,到除夕接灶前,每户人家必须把房屋打扫得干干净净,哪户不清洁,灶王爷就拒不进宅。大家遵照灶王爷升天前的嘱咐,清扫尘土,掸去蛛网,擦净门窗,把自家的宅院打扫得焕然一新。等到王灵官除夕奉旨下界查看时,发现家家户户窗明几净,灯火辉煌,人们团聚欢乐,人间美好无比。王灵官找不到表明劣迹的记号,心中十分奇怪,便赶回天上,将人间祥和安乐、祈求新年如意的情况禀告玉皇大帝。玉皇大帝听后大为震动,降旨拘押三尸神,下令掌嘴三百,永拘天牢。这次人间劫难多亏灶神搭救,才得幸免。为了感激灶王爷为人们除难消灾、赐福张祥,所以民间扫尘总在送灶后开始,直忙到大年夜。

除旧布新图

三、小年祭灶

"二十三,糖瓜粘,灶君老爷要上天。"农历腊月二十三,民间俗称"小年"。小年祭灶是旧时民间习俗。祭灶也叫"送灶神",相传灶王爷每年这天要上天向玉皇大帝禀报一家善恶,到除夕夜返回,奉旨赏善惩恶,或赐福或降灾。所以家家要打扫得干干净净,供上灶糖,让灶王爷多说些好话。腊月二十三日的祭灶与过年有着密切的关系。因为,在一周后的大年三十晚上,灶王爷便带着一家人应该得到的吉凶祸福,与其他诸神一同来到人间。灶王爷被认为是为天上诸神引路的。其他诸神在过完年后再度升天,只有灶王爷会长久地留在人家的厨房内。迎接诸神的仪式称为"接神",对灶王爷来说叫作"接灶"。接灶一般在除夕,仪式要简单得多,到时只要换上新灶灯,在灶龛前燃香就算完事了。俗语有"男不拜月,女不祭灶"的说法。有的地方,女人是不祭灶的,据说,灶王爷长相英俊,怕女的祭灶,有"男女之嫌"。

接灶神

小　　结

中国传统节日与我们民族源远流长的悠久历史一脉相承,是一份宝贵的精神文化遗产,形式多样,内容丰富。传统节日的形成过程,是一个民族或国家的历史文化长期积淀凝聚的过程,从这些流传至今的节日风俗里,还可以清晰地看到古代人民社会生活的精彩画面。中国传统节日也是人们社会生活的重要组成部分,有凝聚亲情、加强人们之间的联系、协调人际关系等广泛的社会功效。

本章介绍了中国主要传统节日和民俗的由来及习俗,有助于我们了解中国的传统文化,促进其精神内涵在人们心中的积淀。上下五千年的历史已将节日汇成了五彩斑斓、内涵丰富的长河大流,在这条河流里我们追溯历史,深深感受中国传统文化的魅力与瑰奇。

思考链接:

1. 谈谈你所喜欢的节日。
2. 谈谈你的家乡有哪些风俗。

第三篇 魅力艺术

第一章 丰富多彩的传统绘画艺术

【情境导入】

落墨为蝇

曹不兴善画,权使画屏风,误落笔点素,因就以作蝇。既进御,权以为生蝇,举手弹之。

——裴松之《三国志·吴录》

中国的绘画艺术源远流长,从早期的岩画开始,到后来的彩陶画及帛画,我国的传统绘画开始从稚嫩渐趋成熟,并沿着人物画、山水画及花鸟画的方向逐渐精微细腻,而人物画是中国绘画史上最早形成的画科,后来的山水画和花鸟画都是在内容丰富的人物画基础上,逐渐发展并成熟的,了解传统的绘画艺术对于了解中国的文化内涵具有深远的意义。

第一节 惟妙惟肖的人物画

人物画是以人物为绘画的主体对象,通过对人物服饰、动作、神态等要素的描绘,表现人物的心理、情感等,大体可分为道释画、仕女画、肖像画、风俗画、历史故事画等。人物画是中国绘画史上最早形成的画科,在周代就出现了以劝善戒恶为主题的历史人物壁画。至战国秦汉时期,以历史现实或神话中人物故事和人物活动为题材的作品大量涌现。战国楚墓出土的《龙凤人物图》与《人物御龙图》帛画,是已知最早的独幅人物画作品。到了汉代,人物画创作发展已经基本成熟。在人物画的创作上,不仅有造型标准的画像,还有以形传神和夸张、变形的作品,许多画像,都具有鲜明的写意性。

到魏晋时期人物画由略而精,宗教画尤为兴盛,出现了以顾恺之为代表的第一批人物画大师,也出现了以《魏晋胜流画赞》、《论画》为代表的第一批人物画论,奠立了中国人物画的重要传统。东晋书画大家顾恺之提出了著名的"传神"主张:"四体妍蚩,本无关妙处,传神写照,正在阿堵之中。"描绘人物,注重"神"的刻画,力求人物个性刻画得逼真传神,气韵生动、形神兼备。其中迁想妙得、以形写神等论点,对中国画的发展有很大影响。以歌颂古代女子贤淑修德、含蓄内敛、安于己任为题材的《女史箴图》,以恋爱失意等文学内容入画的《洛神赋》,诠释了他的"点睛传神"的形神关系。魏晋南北朝时期人物画获得了最大的发展空间和进程。这一时期由于思想的解放、佛教的传入、玄学的风行,人们的社会心理和自我意识得到空前发展,人物画不仅在风格样式上发展到成熟稳定的阶段,审美标准也在这一时期得以确立,并成为基本范式和楷模,规定和影响了以后人物画甚至整个中国绘画的绵长脉络。

顾恺之

吴道子《送子天王图》局部

隋唐五代时期的人物画继承魏晋南北朝人物的"传神"标准,题材内容更为丰富,出现描述和记录历史事件的史实性绘画,人物画更成熟、更生活化、分科也更细。多人物、大场面的构图可以看出这一时期人物画驾驭能力的提高。表现宫女题材的仕女画也出现了富有特色的固定模式。被誉为"画圣"的盛唐大画家吴道子,把宗教人物画推进到更富于表现力、更生动感人的新境地。他善用遒劲奔放、变化丰富的线条勾勒人物,笔势圆转,同时在焦墨中略施微染,取得天衣飞扬,满壁风动的效果,后人称这种风格为"吴带当风"。传世的宋人摹本《送子天王图》为纸本手卷,纵35.5厘米、横338.1厘米。图又名《释迦降生图》,乃吴道子根据佛典《瑞应本起经》所绘画。图分两段,前段描绘天王送子的情节,后段描绘释迦牟尼降生后,其父净饭王和摩耶夫人抱着他去向诸神礼拜的故事。图中绘人物、鬼神、瑞兽二十多个,人物则天王威严,大臣端庄,夫人慈祥,侍女卑恭;鬼神则张牙舞爪;瑞兽则灵活飞动,极富想象力,画得极富神韵。独特的"吴家样"线描,粗细顿挫,随心流转,无论是表现人物的衣纹、鬼神的狰狞,还是描绘闪烁的火光,都表现得生动贴切,游刃有余。画中的人物已经本土化,不再是眼眶深凹、脸色黝黑,如达摩样,而完全是汉人模样,作为一幅佛诞名画,从中可以看到佛教自印度传入中国后,经汉末而至盛唐,渐渐与中国文化的融合。它作为一幅中国画,又昭示着线描的一个新时代的开始,即由"铁线"衍生出"兰叶线",从此中国画的线描技法大备,苏东坡曾有"画至吴道子,古今之变,天下之能事毕矣"的称赏之语。唐代另一位画家阎立本是专门表现宫廷题材的人物画家,在艺术上继承南北朝的优秀传统，并认真研究加以吸收和发展。从据说是他的作品可以看出，其显示的刚劲的铁线描，较之前朝具有丰富的表现力，古雅的设色沉着而又变化，人物的精神状态有着细致的刻画，都超过了南北朝和隋的水平，因而被誉为"丹青神化"而为"天下取则"，在绘画史上具有重要地位。传为他绘的《步辇图》取材于贞观八年（634年）吐蕃首领松赞干布与文成公主联姻的事件，描绘了唐太宗李世民接见吐蕃使臣禄东赞的情景。唐太宗端坐在由六名宫女抬着的步辇上，另有数名宫女或掌华盖，或持扇。禄东赞身着吐蕃民族流行的联珠纹袍，拱手向唐太宗致敬，生动地刻画出藏族使臣的身份和恭敬、机敏的性格特征。画家笔下的唐太宗，通过他那舒朗的眉宇、睿智的目光和飘动的胡须，表现了这位具有远见卓识的封建帝王的自信与威严。线条劲细流畅，色彩浓丽。隋唐五代的人物画无论是内容还是形式，都全面走向成熟。

唐·阎立本　　　　　　《步辇图》局部　　　　　　《步辇图》局部

两宋是中国人物画深入发展的时期。北宋在五代南唐、西蜀建立画院的基础上，设立"翰林图画院"随着宫廷画院的兴办，工笔着色人物画更趋精美，又随着文人画的兴起，人物画创作获得了空前的成就。张择端的杰作《清明上河图》便产生于这一时期，画家兼取了界画工整准确和写意画活泼淋漓的长处。《清明上河图》本是进献给宋徽宗的贡品，流传至今已有800多年的历史。其主题主要是描写北宋都城东京市民的生活状况和汴河上店铺林立、市民熙来攘往的热闹场面，描绘了运载东南粮米财货的漕船通过汴河桥涵紧张繁忙的景象。作品气势恢弘，长528.7厘米、宽24.8厘米，画有587个不同身份的人物，个个形神兼备，并画有13种动物、9种植物，其态无不惟妙惟肖，各种牲畜共56匹，不同车轿二十余辆，大小船只二十余艘，这件现实主义的杰作，是研究北宋东京城市经济及社会生活的宝贵历史资料。《金明池争标图》描绘的是皇帝带领近臣到金明池观水战、赛龙舟的热闹场面，图长28.6厘米、宽28.5厘米，略呈正方形。小小的画面，把周围9里多的池面及池岸边的景物悉数摹画下来。着重描写池中的大龙舟及周围的小船，用动静结合的手法，概括地绘出了金明池的全部景色和皇帝观看争标的场面，画面紧凑，结构严谨，主题突出。自南宋受禅宗思想影响，梁楷的泼墨、简笔写意人物画，标志着写意人物画肇兴，中国人物画开始朝另一方向发展。仕女画、高士画大量出现。之后，明末的陈洪绶、清末的任颐都创作了不少人物画的优秀作品。

第二节 意境幽远的山水画

　　山水画简称"山水",以山川自然景观为主要描写对象,在艺术表现上注重构图和意境的表达。传统上按画法风格分为青绿山水、金碧山水、水墨山水、浅绛山水、小青绿山水、没骨山水等。中国山水画的发展,先在魏晋南北朝时期有了山水画创作的理论铺垫,出现了宗炳的《画山水序》、王微的《叙画》等相对成熟的山水画理论著作。宗炳《画山水序》是中国绘画史上最早的一篇山水画论,他针对山水中形与神的关系,提出"澄怀味道"的观点,既画家应该澄清杂念,以虚静恬淡的心态去体味山水之"道",而"道"就是通过山水的"形"来感受山水的"神";南朝宋王微在《叙画》中说:"目之所极,故所见不周。于是乎以一管之笔,拟太虚之体。"概括了此后中国山水画存在的意义。尽管山水画理论初见端倪,呈现出逐渐独立分科的趋势,但山水画本身还是作为人物画的背景出现,远不如人物画那样独立成科,地位稳定,可以说这一时期的山水画尚未从人物画中完全分离。山水作为审美对象,使注重自身修为的魏晋人士,找到了放逐自我的绝佳天地。而后在隋唐时期,山水画的发展才进入实质阶段,达到了山水画的勃兴,涌现出专门从事山水画创作的大家,山水画终于作为独立画科登上绘画史的舞台。隋代展子虔是这一时期的代表人物,他的《游春图》现藏北京故宫博物院,是迄今发现的年代最早、保存非常完整的一幅山水画,是中国山水画中独具风格的画体,也是现存最早的卷轴画。该画于尺幅之内描绘了壮丽的山川和流连其中、乐而忘返的游客,展现了水天相接的广阔空间。青山叠翠,湖水融融,士人或策马山径或驻足湖边,仕女泛舟水上,熏风和煦,微波粼粼,桃杏绽开,绿草如茵,美不胜收。画家用青绿着色法画贵族春游的情景,用笔细劲有力,设色浓丽鲜明。图中的山水"空勾无皴",但远山上以花青作苔点,已开点苔的先声。人马体小若豆,但刻画一丝不苟。此画已脱离了山水为人物画背景的地位,独立成幅,反映了早期独立山水画的面貌。

展子虔《游春图》

　　山水画发展到唐代,其着眼点已经从再现山水的形貌,发展到着意于山水自然之美的表现,李思训的《江帆楼阁图》绢本,纵101.9厘米,横54.7厘米,青绿设色。图的上方是浩渺的江水,近处满勾细密的鱼鳞纹,渐远渐渺茫。近岸有一叶渔舟,天边则有二片风帆远去。下方是江边坡岸,山峰耸立,长松秀岭,密树掩映,山径层叠,有碧殿朱廊曲折其间。

画7人,1人于廊内,2人于坡岸赏景,另4人则沿山径而来。主人骑马,3仆或挑担、或提物,簇拥前后。人物描绘工致,形神兼备,延续唐代绘画的辉煌。而用色上也沿用人物画优秀的重彩法,在石面及松叶上着浓厚的石绿色,在廊檐及木柱上着明艳的朱砂色,将隋以来的金碧山水演绎成一种以青绿为主的青绿山水。然而树木山石的刻画则比以前细密、老成。山石有勾而无皴,杂树或枯枝、或有叶,枝叶都用双勾线描,而松树则更具特色,此前的展子虔画松不画松针,只用绿色点染,画法古朴,而此图则先用石绿点染,而后又用石青加上两笔交叉的线,以示松针。这种表达方式,如今的人们也许会觉得稀奇,但却正是一种"古怪"。这与北宋李成开创的描绘松针的"攒针"法相比较,自然会显得比较古拙,但也正因为这一点,让后来的学者确认这幅未署名款的古画为处于承上启下时期的李思训所作。

唐·李思训　　　　　　　　　　《江帆楼阁图》

唐代中期还出现了偏于写意的水墨山水画,这种不求随类赋彩,而以水、墨及纸张绢素构成的黑白灰世界,来表达画家对客观世界认识的主观能动性、追求画面的观念意义与哲学特征的绘画,肇始于王维,使得中国画迈上新台阶,成为后来文人画的潜流。王维"外师造化,中得心源"的名言,对后世的绘画理论有很大的影响,他的《辋川图》是画家晚年隐居辋川时所作。画面群山环抱,树林掩映,亭台楼榭,古朴端庄。别墅外,云水流肆,偶有舟楫过往,呈现出悠然超尘绝俗的意境。在王维的山水画中,尤其这幅《辋川图》所创造的淡泊超尘的意境,给人以精神上的陶冶和身心上的审美愉悦,旷古驰誉。元代在其所著《画鉴》中说:"其画《辋川图》,世之最著也。"此卷为唐人摹本,构图着色尚存唐人气息。

王维　　　　　　　　《辋川图》

五代的山水画出现了南北两派,南派山水画草木葱绿、烟水迷蒙、山峦起伏、江河萦回,以董源、巨然为代表。董源的代表作《潇湘图》和《夏景山口待渡图》是点子皴的登峰造极之作;而《龙宿郊民图》则突出了大披麻皴,前者姿体天真,后者骨体温润,一为无限江天,一为凹凸达势。而点线面的皴法依景致运,互为托表,是一种灵性生文的禅悟之道,其所立法度已成为江南山水的一种精神。有自抒之见的巨然,师从董源而又现天真,其《秋山问道图》为董氏革命后的又一小变。巨然善用长短披麻皴,山顶多矾头,水边多风吹蒲草,近树多曲、远树皆直,淡皴浓苔、破笔焦墨,尤其是中点苔法更是独见创意。后人说他在意境上发扬了"不装巧取、皆得天真"的董氏之风,但于藏笔于肉的董氏笔墨不同,巨公笔墨于肉透骨,志趣各有不同。北派山水画峰岩苍翠、苍茫壮阔、磅礴浑厚,以荆浩、关仝为代表。荆浩的山水画以画面宏伟而著称,开创了北方山水画派大山大水的特点,宋元人称他的画为"全景山水"。著名山水画《匡庐图》,从画面上看是"鸟瞰式"的全景构图,他从不同的视点去观察山峰、村屋、路径和飞流的瀑布,并把它们巧妙地融合在一起,使整个画面的空间层层推进,将最高的主峰置于群峰的簇拥之中,更显得气象万千、气势磅礴,表现出了一种"天地山水之无限,宇宙造化之壮观"的局面,从而体现出了北方山水的壮观和美丽。

　　北宋时期,山水画在五代绘画的基础上,笔墨技巧不断丰富,空间造型的处理趋于多样,山水画趋于成熟,被誉为"中国山水画黄金时代"的起点,成为中国画的重要画科。一幅横绝古今的绘制是张择端的《清明上河图》。这幅画作在历史上的贡献早已远远超出艺术,从社会、经济、文化的综合角度来构设艺术主题,至今尚无出其右者。在伟大的写实精神中,中国山水画的构成美已经突出于笔墨美,在巨制横绝的画作中立见经典。闲情逸致之笔与概史括今之笔显然是各具文章的,而史诗性的叙述风格,若没有把握宏大的构成能力,光靠一己之笔、一角之视是很难胜任的。这说明真正的艺术并不排斥叙述性,二度变法的中国画是多面、多向、多义的取信,它应从多角度体现着文明的丰富与深刻。被一些

北宋·张择端

《清明上河图》局部

人称之为"古今第一"的宋初画家李成,他的《寒林骑驴图》气象萧疏、烟云清旷、毫锋颖脱、墨法精微,其独擅的平远风格,朝野珍视,遗憾的是至今未见真迹。相传的《读碑窠时图》可能为摹本,但这种一变荆、关壮润为清润的文韵风格,对后世的影响极其深远。他的卷云皴和平远烟云不仅陶醉了许道宁、郭熙、王洗,对以枯木竹石为立意的文墨山水亦为法

师。北宋画家范宽的《溪山行旅图》，得山之骨法，被徐悲鸿评为"中国所有之宝者吾最倾倒者"，其峰峦浑厚、势壮雄强、落笔老硬、与山传神的风范，把北宗的壮美之境推于极致，可见范宽的代表性；《雪景寒林图》则被称为天上神品。

南宋的李唐，将北宋纪念碑式的山水转化成一种简约的程式，他与刘松年、马远、夏圭并称"南宋四大家"。李唐《万壑松风图》，在大壑之中，巨石盘空，峰峦峭拔，叠泉喷涌，松涛阵阵，山岳间似乎能听得见疾风的呼啸。

元代的山水画把诗书画紧密地结合在一起，成为中国绘画的独特传统。赵孟頫提出了"以书入画"的理论，创作了大量的山水画精品，他的《鹊华秋色图》，描绘了济南郊外鹊山与华不注山一带的秋日平原景色，构图采用平远法，并将诗书画紧密结合在一起。整幅作品笔法潇洒、设色明丽，山石、坡岸等用披麻皴或者荷叶皴，木、屋等则描画精细，处处透露着似古实新、似拙实秀的抒情特质。"元季四大家"的黄公望、吴镇、倪瓒和王蒙，在艺术思想上普遍接受赵孟頫的影响，注重山水的文学性和笔墨的重要性，强调以书入画，将文人世界独有的超脱世网、闲适宁静的主观心绪注入笔情墨韵。黄公望在他的画论佳作《写山水诀》中体现的情怀主要是四点：为游戏、为意趣、为韵度、为理脉。士夫气则是戏、趣、韵、理的集中体现，即"画一窠一石、当逸墨撇脱，有士人家风"。78岁的他历时三年完成的巨作《富春山居图》，偏重于笔墨情趣而有意减弱景物的真实情状，出笔便见野逸不平之气，带有明显的笔墨与现实的抗争倾向。在《富春山居图》中，我们不仅看到了水墨、浅绛的不同格致，还看到了于戏趣之中的一种理性抗争：对自由境界的追求（自由情怀的形性）。吴镇的《渔父图》借助于中国传统山水绘画所善于抒情言志的固有特性，超逸放达的世界观完美地体现在一山一水的虚实变幻之间，画作将传统的近、中、远三段式布局在此几乎简化为两段，强化了画面的纵深感，整个画面弥漫着浓浓的江南野趣。倪瓒善以禅、道之理入画，提出了对后世影响极其深远的"逸笔草草，不求形似"及"聊写胸中逸气"的美学观，以简为宗，与士"繁"形成鲜明对照。其《渔庄秋霁图》的净心之境、三段式构图、折带皴的笔法，正是这一美学观照的最高体现，是逸品之典范，若说山水之境，可称古今难出其右者。中国山水画自唐而元，历经三度变法，时经800余年，形成了以禅、道为立境，以诗义为喻示，以三远为空间，以皴擦为笔墨，以自然为观照，以心源为师法的一个完整的表述系统。

元代·赵孟頫

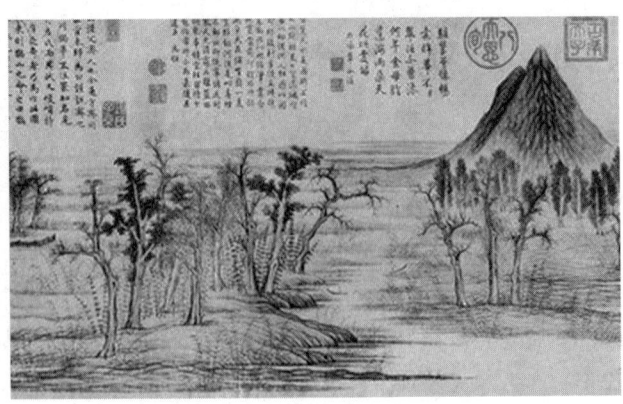

鹊华秋色图

元代·倪瓒　　　渔庄秋霁图

山水画发展到明中叶,已较为开放,画派纷争是主要特色。这是一种有生命活力的表现。在四起的画派中,主要可分为以戴进为首的"浙派"和以明四家(沈周、文征明、唐寅、仇英)为代表的"吴门派"以及张宏为代表的吴派后期。约自万历至崇祯年间(1573～1644年)绘画领域出现了新的转机,以张宏为代表的苏州画家重视写生,师自然造化,笔力峭拔、墨色湿润、层峦叠嶂、秋壑深邃、有元人古意,他画石面连皴带染为其特色,是明末吴门画坛的中坚人物,吴门学者尊崇之。"吴门派"后期在文人山水画方面另辟蹊径,创作出了富有生活气息的绘画作品,他们在继承吴门画派风格和特色的基础上,加以创新,回归自然,到大山里去写生,师自然造化,悟出了绘画的真谛,在画中体现出超凡脱俗的精神境界,使山水画活了起来。

清代的"四王",即王时敏、王鉴、王原祁、王翚影响于董氏画理,呈明时院体的临摹之风,把对传统士者笔墨的理解达于致极,迎合了清廷政治文化追求,左右了后世百年格局。而清代画风的革命领袖是石涛,这位前明遗逸托寄空门,以愤世刺时的精神突破窠臼,以自由、个性为艺术的标的,他藉"搜尽奇峰打草稿"的实践,向四王院体发起了挑战。石涛的意义在于他的生命运动观、整体气势观、节奏韵律观、重心比衬观和笔墨张力观,加之三教一理的高深学养,可谓见石涛文士情怀的又一高峰。正由于石涛用极富抗争的生命之笔,开拓了自写性灵、姿态新奇的颇具视觉刺激和意境感召的大写意形式法则,他的影响自清初而入今,是几代人的楷模。

第三节　栩栩如生的花鸟画

花鸟画是以动植物为主要描绘对象的中国画传统画科。在中国绘画中,花鸟画是一个宽泛的概念,凡以花卉、花鸟、鱼虫草木和地上、空中、水中的动物等为描绘对象的画,还包括以畜兽、虫鱼等动物,以及树木、蔬果等植物为描绘对象的画,都称之为花鸟画。中国花鸟画集中体现了中国人与作为审美客体的自然生物的审美关系,具有较强的抒情性。它往往通过抒写作者的思想感情来体现时代精神,间接反映社会生活,在世界各民族同类题材的绘画中表现出十分鲜明的特点。其技法多样,曾以描写手法的精工或奔放,分为工笔花鸟画和写意花鸟画（又可分为大写意花鸟画和小写意花鸟画）；又以使用水墨色彩上的差异，分为水墨花鸟画、泼墨花鸟画、设色花鸟画、白描花鸟画与没骨花鸟画。工笔花鸟画即用浓、淡墨勾勒对象，再深浅分层次着色；写意花鸟画即用简练概括的手法绘写对象；介于工笔和写意之间的就称为兼工带写，形态逼真。最早的"花鸟"或许与早期人类的生殖崇拜有一定关系。在原始彩陶和商用青铜器上，"花鸟"充满神秘色彩，遗留着图腾的气息。

六朝·韩幹《牧马图》

据史书记载，到六朝时期，已出现不少独立形态的花鸟绘画作品，如顾恺之的《凫雀图》、史道硕的《鹅图》、顾景秀的《蜂雀图》、萧绎的《鹿图》等，虽然现在已看不到这些原作，但著录资料已表明当时花鸟画已具有相当高的水平了。到了隋唐时期，花鸟画已独立成科，如薛稷画鹤，曹霸和韩幹师徒画马，韦偃画牛，李泓画虎，卢弁画猫，张旻画鸡，齐旻画犬，李逖画昆虫，张立画竹，等等，已能注意到动物的体态结构，形式技法上也比较完善。杜甫曾赞誉曹霸的马"一洗凡马万古空"，并在诗歌中多次提到他画的马生机勃勃，超凡脱俗。曹霸的弟子韩幹，所绘的《牧马图》，现藏台北故宫博物院，线条和设色更为细腻，特别是进出黑马渲染精细，马尾鬃毛丝丝可见，远处白马上端坐一人牧马，三角形构图和近处厚重的用色，使整个画面安静平稳。

五代是中国花鸟画发展史上的重要时期，以南唐的徐熙、西蜀的黄筌为代表的两大流派，确立了花鸟画发展史上的两种不同风格类型，"黄筌富贵，徐熙野逸"，黄筌的富贵不仅表现对象的珍奇，在画法上工细，设色浓丽，显出富贵之气；徐熙则开创"没骨"画法，落墨为格，杂彩敷之，略施丹粉而神气迥出。他们截然不同的风格标志着花鸟画的觉醒和成熟。《写生珍禽图》是黄筌的代表作，该画尺寸不大，原本为其子黄居寀摹习之用，所以物象摆放均匀，不拘构图章法。但画中各类禽鸟、龟鳖和昆虫结构准确，形态生动，充分体现了"黄体花鸟"工笔重彩画法的特色。徐熙独创"落墨"法，以"落墨为格，杂彩赋之，迹与色不相隐映"为主旨，传达出清新的"野逸"之趣，被画史称为"徐体"。

五代·黄筌　　　　　　　　　　　写生珍禽图

北宋的花鸟主要还是承接五代的传统，早期以黄筌之风格为主导，基本上用的是"勾勒填彩"法，旨趣浓艳，墨线不显。宋徽宗赵佶对院体花鸟画的发展，作出了很大的贡献。他把自己所绘的动植物作品收集成册，命名为《宣和睿览册》，以15幅为一册，多达千册。现存上海博物馆的《柳鸦芦雁图》，以墨色勾染为主，用笔醇厚劲健，黑白对比分明，疏密穿插有致，融入了徐熙、崔白的画风，别有一番单纯的野趣。南宋的院体花鸟画虽然在规模上和繁荣程度上逊色于北宋，他们的画法沿袭北宋精勾细描、注重写实的院体传统，作风隽丽秀美，工整别致，画院一半以上的画家画花鸟，这一时期的花鸟画是中国花鸟画发展史上一个高峰。孝宗淳熙年间（1174～1189年）林春的《果熟来禽图》是南宋院体花鸟画的佳作，描绘了一枝累累硕果的林檎果，树梢上栖息着一只小鸟，翘尾挺胸，跃跃欲飞，形态可爱。小鸟的羽毛、树叶的正反向背、虫蛀的瘢痕等，都被描绘得生动活现。与院体花鸟画相异其趣的是院外的水墨花卉，宋代出现了水墨梅、竹、松、兰，淡墨挥扫，整整斜斜，

 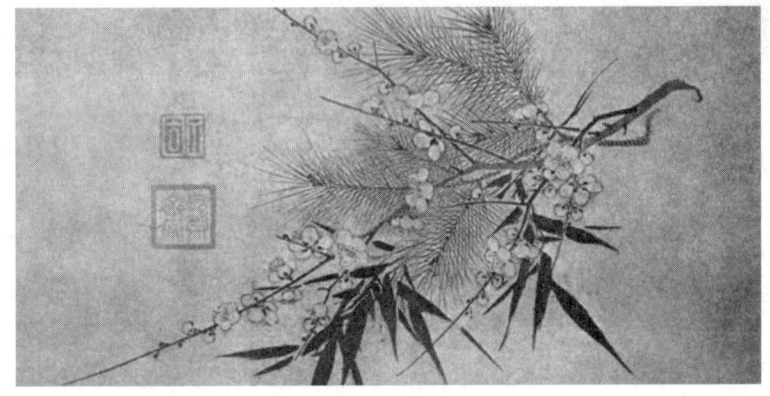

北宋·赵孟坚　　　　　　　　　　《岁寒三友图》

不专以形似，独得于象外。以拟人化的手法将崇高、贞洁、虚心、向上、坚强寄于"四君子"上，这种文人画思想的加入，为花鸟画注入新的内容，集水墨花竹江西画派创始人和贵族、

文人、士大夫三重身份的赵孟坚是这一艺术的代表。如他的《岁寒三友图》《水仙图》等，笔锋劲挺，如锥划沙，花瓣茎叶先用白描勾出，再以淡墨微染叶面，分出向背起伏。其布局疏密相间，繁简得体，将水仙冰清玉洁的高贵仪态，栩栩如生地还原于纸上。

　　元代花鸟画受宋代文同、苏轼的影响，出现了一批专门画水墨梅竹的画家，他们以柯九思、仇瓒、吴镇、王冕为代表，表现了文人的"士气"。元代的花鸟画注重观者的文化心理体验，出现了完全以墨代色的工笔花鸟画。以"梅兰竹菊"为题材的"四君子"画，继续南宋以来的蓬勃势头，愈发兴旺，将君子画的"传神"和"写真"推向又一个高潮。陈琳的《溪凫图》绘制于赵孟頫的松雪斋，并得到赵的亲笔润色。此画以水墨设色描绘了一只临水而立、体硕羽丰的野鸭，鸭的背部羽毛和脚掌都用笔工整精细，但又有水墨上的变化，从中我们可以领略到元代花鸟画从传统的院体画的工细艳丽向文人画以水墨为主的表现手法的过渡。元代花鸟画温柔而宁静的书卷气息，对明清花鸟画的发展影响深远。

元代·陈琳《溪凫图》

　　写意花鸟画在明代取得了重要的成就，它的兴起，形成了文人画艺术语言的新格局。明代的花鸟画基本沿两路画风发展，一路是自林良、沈周到陈淳，并影响清初的恽格等，呈现的是温和闲雅的写意花鸟画风格，另一路是由徐渭为代表的狂烈激昂的写意花鸟画风，影响清初的八大山人和石涛，清中期的扬州画派郑板桥、李蝉和李方膺，乃至晚清的赵之谦、吴昌硕等。而徐渭的淋漓畅快、陈淳的隽雅洒脱，代表了文人画的两种风格，进一步完善了花鸟画的大写意画法。以徐渭为代表的气势豪迈的大写意文人花鸟画，完整地出现在画坛。如他的《墨花》九段卷，随意点染，以水墨写意表现四季花开，每段画旁都题有诗句，诗、书、画的结合，增强了作品的思想性和艺术性；陈淳的《洛阳春色图》《松菊图》等，运用草书"飞白"的笔势、水晕墨章的华彩，表现花卉纷披复杂、疏斜零落的韵致，达到了湿墨淡彩和浓淡相宜的效果，风格豪放而不失法度。

明代·陈淳《洛阳春色图》

清中期以后,花鸟画渐成文人画的传统主流样式。清代石涛、恽格、朱耷(八大山人)和扬州八怪等都在花鸟画发展史上占有重要地位,形成了由王时敏、王鉴、王翚、王原祁组成的"四王",及加上吴历、恽格的"清初六大家",恽格代表小写意花鸟画风,他的没骨花卉,在黄徐二体中得以综合与发展,为花鸟画新辟蹊径,无论主观意识还是客观努力都达到了"逸格"的很高层次。由弘仁、髡残、石涛和朱耷(八大山人)组成的"清初四僧"中,八大山人是唯一以花鸟画成就突出的大家,他以其独特的绘画语言,表现内心的忧伤与家国之痛,其笔墨与造型均独树一帜,而从徐渭沿袭的大写意花鸟画风,至八大山人渐成清代花鸟画的主流,此后,"四任"尤其是任颐,又加以弘扬发展,使得花鸟画在清末出现了一次小的高潮。

在现代画坛,花鸟画整体上已不太引人注目,但吴昌硕、齐白石等大师的出现,亦独成高峰。吴昌硕以金石入画,创造了前无古人的风格类型,齐白石则画了许多前人从未画过的题材,如虾、老鼠、蚊子、苍蝇等等,其造诣令后人却步。而徐悲鸿的马、潘天寿的雁荡山花、李苦禅的鹰、李可染的牛、陈之佛的工笔重彩花卉,均以造型与笔墨的独特占据了各自应有的地位。

小　　结

早在我们的先民还没有创造语言文字之初,就开始通过勾勒简单的图形来表达思想、传递信息。中国绘画起源的具体时间、地点,我们已经不能给出精确的答案,但学者就现有资料普遍把岩画作为早期原始绘画的雏形。所谓的岩画,就是凿刻或绘制在山崖岩壁上的图画,它是我国最早的绘画雏形,数量巨大,分布广泛。由于自然地理环境和生产生活方式的不同,具有一定的南北地域差异性,北方的岩画多以动物为主要描摹对象,采用刻凿的方法,例如,内蒙古的阴山岩画《五虎图》;南方的岩画多以人物为主要描摹对象,采用涂绘的方法,例如,云南的沧源岩画。但是原始岩画的主要目的不是满足人们的艺术审美,原始先民还没有把艺术作为生活的有机组成部分和进行有意识的创作。他们创造的岩画还只是记录生活和巫术崇拜的手段,尽管在这些岩画中,已经进行着点、线、面、色、形所构筑美感的最初尝试,但它们还不能称为现代意义上的"艺术"。

阴山岩画《五虎图》　　　　　　　沧源岩画

　　随着社会的不断发展,原始先民们在运用线条来建构自己认为美的形象的同时,中国古人的绘画能力和审美追求,开始在这种实践中渐趋成型,当实用的装饰和审美的绘画界限含糊不清的时候,作为原始绘画的一个内容,承载着巫术等那个时期的时代精神和文化内涵的彩陶画应时而生。彩陶画就是描绘在彩陶上带有写实倾向的人物、动物图像的图绘,属于陶器装饰的一种类型。通过毛笔一类的绘画工具蘸取颜色,在半干的陶坯或是施过一层陶衣的陶坯上施绘色彩,以其写实性的描绘,体现出一定的构思、想象甚至是某种主题,其数量丰富、技术精湛、画面精美,如距今约5000年前的仰韶文化的《人面鱼纹图》。与岩画单纯的巫术作用不同,彩陶艺术已经进入了审美领域,特别是那些几何形式的纹样,表明新石器时代人们的抽象和概括能力已经达到了很高的水平,在创造彩陶画的过程中,人们通过对绘画工具和颜料的使用等

人面鱼纹图

最初经验的积累,为后来在先秦、秦汉时期出现的帛画和壁画奠定了初步的基础。

　　先秦时期,青铜和铁器的发明和使用,使社会生产力得到了极大的提高,也渐趋使得贵族的生活越来越安乐舒适,他们开始留恋人世的生活。这种思想从以升仙为主题的绘画艺术中可见一斑,帛画和埋葬于地下的墓室壁画大行其道。帛画,顾名思义,因画在帛上而得名,兴起于战国中期,成长于战国晚期,鼎盛于西汉初期,扩展于汉武帝时期,而衰亡于西汉末至东汉时期。所谓的帛,就是一种质地为白色的丝织品,在它上面用笔墨和色彩描绘人物、走兽、飞鸟及神灵、异兽等形象,进行绘画创作。就当今考古发现来看,至今所发现的全部帛画都是楚汉墓中随葬的丝织品绘画,可以推断帛画的源头是楚文化,帛画是楚国招魂习俗的产物,它的诞生与楚文化息息相关。我国目前发现的最早的帛画为战国中期的《楚帛书图像》《龙凤人物图》《人物御龙图》等。

 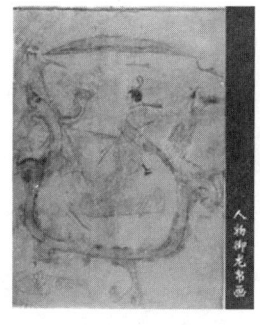 

人物龙凤帛画　　　　　　　　人物御龙图　　　　龙凤人物图

先秦、秦汉时期的厅堂、墓室壁画同样取得了引人入胜、令人叹服的成就。壁画最早起源于中国旧石器时代的岩画，以宫殿壁画、寺观壁画和墓室壁画为主，最早见于先秦，兴于秦，盛于汉。汉代豪强地主经济的发展和察举孝廉制度的实行，使东汉时形成了"事死如事生"的普遍习俗，厚葬孝亲之风大肆盛行，使得用来修饰墓室的壁画得以盛行。这些厅堂墓室壁画，以平面化和略带夸张的变形、以线写形等中国特点，完整地再现当时社会生活的方方面面。自此后中古绘画从内容到形式都得到了长足发展，绘画的分类和题材越来越细腻，就绘画题材来看，开始朝着人物画、山水画和花鸟画三大方向向前发展。

思考与链接：

1. 你了解的中国书画大家及代表作品，属于哪一类中国绘画题材？
2. 你如何欣赏中国的传统绘画？

第二章　灵动活现的传统书法艺术

【情境导入】

动符轨则

祝先生（祝枝山）天资卓越，临池之工，指与心应，腕与笔应，故其学罔不逼真，即草书数行，亦必动符轨则。

明·钱允治《少室先生稿》

书法又叫书道，是中国传统文化的组成部分。所谓的中国书法就是以汉字为审美对象的书写艺术，大体包括就书写对象而言的字体和就书写风格而言的书体。汉字作为审美对象被加以艺术化的书写，早在三千五百年前的夏商时代就已经开始了。

书体指书写的艺术风格，能够得到社会的承认和接受，被当作法书临摹学习的就叫书体。例如，颜（真卿）体、欧（阳询）体等等。中国书法艺术的历史就是字体和书体不断发展、成熟、蜕变的过程。

第一节　象形浓重的汉字

一、甲骨文

中国的文字萌芽较早，在新石器时代仰韶文化的陶器上，就发现了各种刻划符号，这被认为是中国文字的最早雏形，此后经过两三千年的孕育发展，到了商代，我国的文字达到基本成熟阶段，出现了甲骨文。甲骨文流行于商朝的盘庚至帝辛时代。1937年甲骨文研究大家郭沫若先生在他的《殷契粹编》的序言中曾说："其契之精而字之美，每令吾辈数千载后人神往……足知现存契文，实一代法书。"充分肯定了甲骨文的绚丽多姿。甲骨文因为是殷商时期的契刻文字又被称为"契文"、"殷墟文字"或者"殷契"；因为是殷商人的占卜遗物，又被称为"甲骨卜辞"或"贞卜文字"；因为是刻在龟甲（乌龟的背甲或腹甲）或者兽骨上（包括牛、猪、鹿、人等的骨头），又被称为"甲骨文"或"龟甲兽骨文"，这也是它最通行的名字。由于受特定的书契工具和审美观念的限制，甲骨文表现出许多普遍的特征：笔画上大多平直利索，不激不厉，极其朴实纯正；结体上以方折为主，反映了原始艺术那种质朴率直的普遍特性；章法上强调对称，就一个字的形体而言，虽然增减移位，变化多端，但都是以对称的方法构成的。例如，刻在龟背甲上的字，均刻在龟甲的左右边缘上，两边皆从外向里刻。华东师范大学历史系教授、博士生导师沃兴华在其《中国书法篆刻简史》中对甲骨文给予了很高的赞赏,他说甲骨文"犹如万紫千红的鲜花,装点着中国书法的第一个春天"。

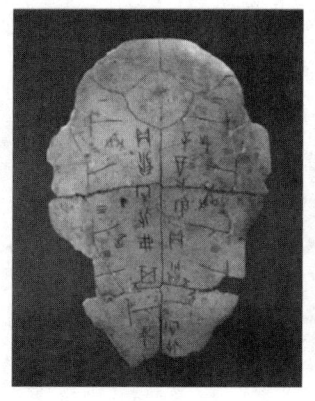 

甲骨文1　　　　　甲骨文2

二、金文

青铜器时代一般指夏、商、周三代,青铜器是用铜锡合金铸成的器物,外壁一般都有纹饰和图案,大约从商代中期开始,其内壁上出现铭文,因为周以前把铜也叫金,所以铜器上的铭文就叫作"金文"或"吉金文字",金文就是指铸刻在殷周青铜器上的铭文。青铜器的礼器以鼎为代表,乐器以钟为代表,"钟鼎"是青铜器的代名词,又因为这类铜器以钟鼎上的字数最多,所以过去又叫作"钟鼎文",也叫"钟鼎铭文"。金文应用的年代,上自商代早期,下至秦灭六国,约1200多年。据容庚先生《金文编》记载,金文的字数共计3722个,其中可以识别的有2420个。金文与甲骨文相比,有许多不同之处:第一,从字体的进化程度看,甲骨文象形味重,字形繁复,金文作了微具框廓的省略,比较简单;第二,从笔画的增减看,甲骨文笔画随意增减,异体字多,金文笔画比较一致,异体字少;第三,从使用工具上看,甲骨文用刀契刻在龟甲或动物的骨头上,笔画很细,不可能出现墨团类的肥笔,换向也很难圆转自如,一般都只好重新起笔,写成方折的形体;金文是用范模浇铸的,即使笔画写得很细,浇铸出来也会成倍变粗,并且能出现像涨墨一样的肥笔,换向处也过渡圆浑,不带棱角。金文书法前后历时近一千年,商朝中后期,甲骨文随着殷商的消亡而渐渐消失,金文起而代之,刻铸铭文的风气也开始盛行。但一个器物上铸刻的字数很少,只有一二个字,大多刻在器物的内壁或底部等隐蔽处。西周时金文明显增多,一篇金文的字数增长,内容多用来颂扬祖德,表功纪烈,甚至还镌刻上国家的重要文书和条约,例如,最长的《毛公鼎》有497个字。东周时期,记事铭文字数越来越少,篇幅越来越短,大多是"某某择其吉金,自作某器,永保用之"之类的。但是由于东周王朝自身权势衰微,各国分而治之,不同的地理环境、民俗风情所造成的特殊文化因素逐渐明朗,它们不断改变西周的文化传统,在大趋势一致的情况下,各诸侯国的书风又呈现出种种地域特色。如以婉转流美、劲挺遒丽取胜的东方六国;以宽博开张、浑厚苍雄取胜的西方秦国。

虢季子白盘铭　　　　　　　　　临摹虢季子白盘铭

三、篆书

篆书是甲骨文、大篆、小篆的统称。秦统一以前的篆书又叫大篆，或叫籀书。大篆指金文、籀文、六国文字，它们保存着古代象形文字的明显特点。秦始皇大一统后，统称为"小篆"，也称"秦篆"，所谓篆书，其实就是掾书、官书的意思，是一种规范化的官方文书通用字体。卫恒在《四体书势》中说："昔周宣王时史籀始著大篆十五篇，或与古同，或与古异，世谓之籀书也。"秦庄公时，以《史籀篇》作为"史官教学童书"，接受周文化的浸润，所以秦国书法实际上是继承籀书的金文传承史，比如春秋时期秦国的代表作品《石鼓文》的字，在书法风格上，与周宣王时代的金文《虢季子白盘》、《史颂壶》等一脉相承，大致介于周金文与秦小篆之间。篆书仍然出现在我们今天的许多场合中，尤其是艺术设计和书画作品中。

石鼓文　　　　　　石鼓文拓本　　　　　临石鼓文

秦始皇统一全国后，"丞相李斯乃奏同一，罢其不与秦文合者"，在秦国大篆的基础上进行改革，书法风格以大篆为主，吸收六国书风综合而成小篆。许慎在《说文解字·序》中说"（李）斯作《仓颉篇》，中车府令赵高作《爰历篇》，太史令胡毋敬作《博学篇》，皆取史籀大篆，或颇省改，所谓小篆者也"，足见大篆与小篆的沿袭变革关系。他们模仿《史籀篇》的体例，重新编定新的学童识字读物，促进了小篆字体的普及。小篆只适合于隆重的场合。如记功刻石、兵虎符之类的。与甲骨文、金文相比,小篆具有字形修长、极端工整匀称等一些基本特征。唐代张怀瓘在其《书断》中形容小篆为"画如铁石,字若飞动","铁为肢体,虬作骖騑"。以铁形容稳定,以虬形容动势,揭示了小篆的艺术特征。小篆的笔画只用严格的等粗线,取消了金文的肥笔,也没有甲骨文两头细、中间粗的现象,直可重绳,曲能合规,纯净而又流畅。结体上象形味儿逐渐削弱,一律改为长方形,横画水平,竖画垂直,分间布白,左右对称。汉魏之际是秦篆的强弩之末。除用于碑铭篆额和器物款识之外,难得有独立的篆书。汉朝由于不兴立碑,所以留下的篆书石刻很少,《祀三公山碑》是汉篆的代表作品。

 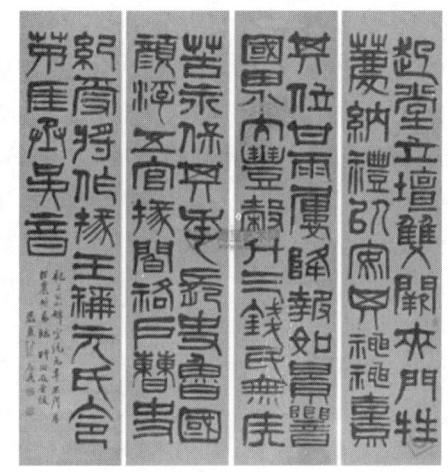

《祀三公山碑集联》　　　　　临摹《祀三公山碑》

至东汉桓帝以后,分书成熟,流行天下,篆书失去了常用正体字的功能,魏晋南北朝时期,楷书萌芽,篆书又吸收楷书的特点。唐代,小篆因李阳冰出而复苏,但秦篆的浑厚宏伟之气已荡然无存。宋元明清,篆书更加凋敝,清朝碑学兴起,主要以石刻文字作为主要的借鉴对象,致使篆书百花斗艳,进入了推唐超秦的大繁荣阶段。清代书法家热衷于篆书,涌现出一大批书如孙星衍等的书法大家,沿着秦篆的路子进一步发展,使小篆结体匀称规整,清朗端庄,线条粗细一致,圆润劲挺,犹如"玉箸";而另一类代表人物如邓石如、吴昌硕、齐白石等反其道而行之,强调线条的书写意味,他们不拘泥于秦篆的法则,别出己意,为传统篆书开辟出一个崭新的天地。

第二节　渐分经纬的汉字

一、分书

分书即隶书,也叫"隶字"、"古书"。"隶人"不是因犯,而指"胥吏",即掌管文书的小官吏,所以在古代,隶书被叫作"佐书",是在篆书的基础上,为适应书写便捷的需要而产生的字体,在东汉桓帝时发展成熟并流行天下,成为占统治地位的书体。它就小篆加以简化,又把小篆匀圆的线条变成平直方正的笔画，便于书写。分书有"秦隶"（也叫"古隶"）和"汉隶"（也叫"今隶"），它的出现，是古代文字与书法的一大变革，派生出草书、楷书、行书各书体，为书法艺术奠定了基础。

分书的产生要追溯到我们的先民对原始汉字的美饰上，最初的汉字是独体的象形字，被叫作文。甲骨文里的文字如经纬交错的织纹，新石器时代，人们将织纹拍印在陶器表面作为美饰，文字产生后，用它来代之所有的汉字，表达了人们对汉字的美饰愿望。甲骨文时代，人们在凹线内涂上朱砂或者墨，在青铜器的铭文凹线内以金错嵌，但只是丰富了它的色彩和质感，均未改变线条的形式。到东周以后，开始采用图案化的鸟虫书，即一方面使线条如虫一样回环盘曲，婀娜多姿；另一方面在线条两端勾勒出鸟兽图案，有的甚至描绘出完整的凤鸟形状，如"越王勾践剑"等，但均局限于等粗线条。秦汉时期，因为毛笔形制的改变，美饰线条的方法也发生了根本的改变，开始强调粗细方圆的不同造型。汉代后期，由于统治者的爱好，鸟虫书比较流行，巧饰鸟虫书的书法家很多，巧饰的方法是发挥毛笔的特性，夸张提按顿挫，用一波三折和蚕头雁尾的一笔书写，取代附加的鸟虫图案，这种巧饰，使线条在粗细变化的基础上，孳生出横竖撇捺等各种笔画，篆书也由此而演变为分书。实际上，字体从篆书发展到分书，经过了两个阶段，第一个阶段是结体上变圆转为方折，笔画上将一根回环缭绕的线条切割成一段一段的或横或竖的短线，而这一过程在西汉方广无波势的汉篆中完成。第二个阶段是在短线的基础上加以粗细变化和波磔（zhé）挑法的美饰，产生各种不同形状的笔画。这一过程自东汉以后，经过艰难漫长的发展过程，渐趋成熟。汉字发展到分书，象形的味道慢慢减少，结构日趋简化，人们更加注重自由多样的线条变化和组合关系来表现字体结构，从而告别"书画同源"的历史时代，升华到高度抽象的线的艺术境界，这标志着中国书法作为独立的艺术形式的成熟。东汉后期，分书出现空前绝后的繁荣局面，康有为在《广艺舟双楫》中谓"各出一奇，莫有同者"。魏晋以后，分书开始衰退，体态点画上趋于千篇一律。隋唐时期，分书的正体地位被楷书取代，分书的程式化在开元年间非常严重。五代和宋元的分书结体和点画缺少变化，刻板呆滞。直到清代，分书在强调个性的时代背景下开始复兴，在不断地矫枉纠偏和向前发展的过程中，取得了辉煌的成绩。

越王勾践剑

宋代书法家·程邈　　　　程邈的隶书

二、楷书

楷书也叫正楷、真书、正书。由隶书逐渐演变而来，由于分书的笔势不能连贯而影响书写时的流畅性和便捷性，不能兼顾艺术和实用两个方面，于是在汉代千姿百态的隶书园地中，就直接孕育出了结构更趋简化、笔画横平竖直的楷书。

楷书始于魏晋南北朝时期，至今约有一千五百年的历史，大致经历了四个发展阶段：

第一阶段为两汉的萌芽期，这一时期的楷书，仍残留极少的隶笔，结体略宽，横画长而直画短，诚如翁方纲所说："变隶书之波画，加以点啄挑，仍存古隶之横直。"这一时期的代表作如王羲之的《乐毅论》《黄庭经》等。

第二个阶段为魏晋南北朝的发展期，字体介于分书和楷书之间，点画已经有了勾挑和倾斜变化，结体已经左紧右松、上紧下松，楷法明显，但仍有分书的波磔。这一时期留存的作品主要是碑版，分摩崖、碑碣、造像和墓志四类。摩崖作品"就地以刻石纪事，省伐山采石之辛劳"，是书刻在山崖石壁上的作品，它能使书刻内容"托以高山，永留不绝"，魏晋南北朝时摩崖作品很多，如刻于泰山斗母宫东北经石峪的《泰山金刚经》，是现存摩崖石刻中规模空前的巨制。碑碣是刻在竖石上的作品，汉以后主要是墓碑。传世的南北朝楷书碑碣有二十多种，因当时的字体正处在分书向楷书过渡的阶段，没有一定的规范，书写自由，所以风格怪奇，变化不定，不可端倪。南齐以后，字体发展走出茫然，越来越强调书写的连续性，规范也因此逐渐形成，如《张猛龙碑》，无论是点画结构还是章法，都已经是相当成熟的楷体。造像是南北朝佛教盛行，建佛龛、凿佛像的统称，在龛像的周边刻上建造的时间、原因及造像者的文字，叫造像记。造像大小不等，造像记可简可繁，它们的书刻风格面貌多样，多以奇异恣肆为主。如河南洛阳龙门石窟的《龙门二十品》是造像的代表作品。墓志，指放在墓里的刻有死者生平事迹的石刻。墓志分上下两层，上层称为"盖"，下层称为"底"，底部刻有墓志铭，盖上刻有标题，南北朝是墓志的鼎盛时期。总而言之，碑碣多变，摩崖大气，造像记奇肆，墓志灵秀，但它们都处在分书向楷书的过渡阶段，共同的特征是旧体未离、新意迭出、兼具分楷之意。

第三个阶段是隋、唐、五代的繁荣期。东晋以后，南北分裂，书法亦分为南北两派。北派书体，带着汉隶的遗型，笔法古拙劲正，而风格质朴方严，长于榜书，这就是所说的魏碑。

南派书法,多疏放妍妙,长于尺牍。南北朝因为地域差别,个人习性、书风迥然不同。北书刚强,南书蕴藉,各臻其妙,无分上下。南北朝末期,南方文化向北朝渗透,北朝盛行的豪劲爽辣慢慢向南方的洗练遒丽靠拢,劲悍的笔法加上了被雕琢的圆润。隋朝统一后,南北书风合流,作品"洗六朝之余习,开欧褚之先声",起到了承前启后的历史作用。唐代的楷书,亦如唐代国势的兴盛局面,空前繁荣。唐初的虞世南、欧阳询、褚遂良、李北海,中唐的颜真卿,晚唐的柳公权,其楷书作品均为后世所重,奉为习字的模范,被称为唐代"六大家"。例如,被称为楷书四大家之一的欧阳询,生于南朝陈武帝永定元年(557年),卒于唐太宗贞观十五年(641年),字信本,潭州临湘人(今湖南),以楷书和行书著称,为书法史上第一大楷书家,其字体被后世称谓"欧体"。柳公权生于唐代宗大历十三年(778年),卒于懿宗咸通六年(865年),字诚悬,京兆华原(今陕西耀县)人,唐代著名楷书家。其字体被后世称谓"柳体"。

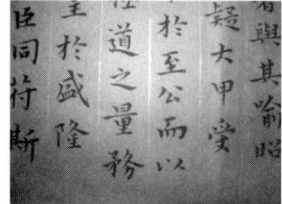
王羲之的小楷《乐毅论》

泰山经石峪《金刚经》

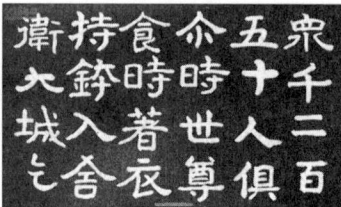
选临泰山经摩崖刻石大字

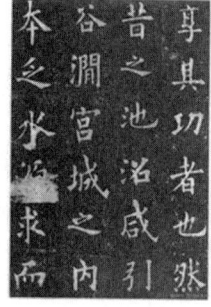

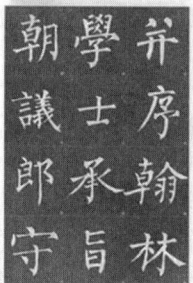

欧阳询《九成宫醴泉铭》　　　　　　柳公权《神策军碑》

颜真卿(709~785年),字清臣,京兆万年(今陕西西安)人,祖籍琅琊临沂(今山东临沂),书史亦称颜鲁公,为人刚直不阿,唐代书法革新家,为盛唐书法树立一面旗帜。颜真卿自幼学书,又得到张旭亲授,并师法蔡邕、王羲之、王献之、褚遂良等人,融会贯通,加以发展,形成独特风格。其楷书结体方正茂密,笔画横轻竖重,笔力雄强圆厚,气势庄严雄浑,人称"颜体"。其行草书纵横跌宕中具凝练浑厚之势。

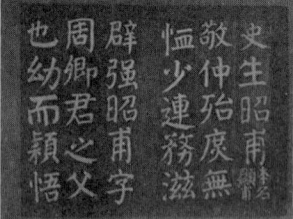

颜真卿《颜氏家庙碑》

临摹赵孟頫《胆巴碑》

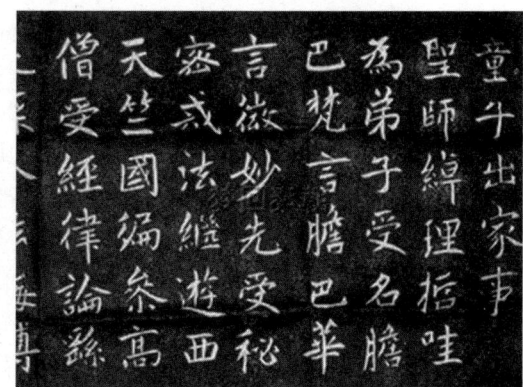
《胆巴碑》拓本

赵孟頫(1254～1322年)字子昂,号雪松道人,又号水晶宫道人,湖州(浙江吴兴)人。官至翰林学士承旨,荣禄大夫,封魏国公,谥文敏。著有《松雪斋集》。赵孟頫是元代初期很有影响的书法家。《元史》本传讲,"孟頫篆籀分隶真行草无不冠绝古今,遂以书名天下",赞誉很高。据明人宋濂讲,赵氏书法早岁学"妙悟八法,留神古雅"的思陵(即宋高宗赵构)书,中年学"钟繇及羲献诸家",晚年师法李北海。此外,他还临抚过元魏的定鼎碑及唐虞世南、褚遂良等人,集前代诸家之大成。诚如文嘉所说:"魏公于古人书法之佳者,无不仿学。"所以赵氏能在书法上获得如此成就,是和他善于吸取别人的长处分不开的,后世称其字体为"赵体"。

第四阶段为宋、元、明、清的变化期。如果说汉魏是楷书的初始阶段,唐代是楷书的成熟阶段,那么宋元明清就是楷书的变化延伸阶段。唐代楷书法度森严、结构严谨,宋元开始,书法家们开始在观念上强调"我书意造本无法"的自由理念,摆脱唐代束缚,变唐人的重法为尚意,用笔灵动便捷,追求作品的美感,有的清秀俊朗,有的雍容典雅,带有明显的行书意味儿。清中期后,唐楷复苏,但在笔画和结体上都有新变。楷书在整个演变过程中,规范和法度逐渐减弱,表现形式和方法日趋丰富,楷书作为一种艺术的审美对象,获得了更加自由的发展空间。

第三节 龙飞凤舞的汉字

一、行书

隶书是篆书的快写字,即篆书的草体,秦始皇时期,经过程邈整理,草体第一次有了自己的名字——隶书。行书是在隶书的基础上发展起来的,介于楷书、草书之间的一种字体,是为了弥补楷书的书写速度太慢和草书的难于辨认而产生的。隶书向行书的发展,经过了缓慢的过程,早在西汉宣帝时,秦代篆书的字形更加简略,结体变长为扁,已经属于隶书的特征;东汉后期,隶书在结体和点画都已经带出楷书的特点;到魏晋时代,隶书的特征完全被楷书取代,这种带有楷书意味的隶书,后人称为行书。"行"是"行走"的意思,因此它不像草书那样潦草,也不像楷书那样端正。实质上它是楷书的草化或草书的楷化。楷法多于草法的叫"行楷",草法多于楷法的叫"行草"。行书开始阶段的代表书法家为东汉桓帝和灵帝时代的刘德升,刘德升没有作品传世,其学生钟繇的作品为行书的开山之作,如《荐季直表》。行书的成熟阶段代表书法家是东晋的王羲之和王献之父子,如王羲之的《兰亭序》、王献之的《鸭头丸帖》,尽去隶书特色,而为成熟的行书。王羲之将行书的实用性和艺术性最完美地结合起来。从而创立了光照千古的南派行书艺术,成为书法史上影响最大的一宗。王羲之是书法史上最具影响力的东晋书法家,被后世誉为"书圣"。王羲之,字逸少,琅琊临沂人,后移居会稽山阴(今浙江绍兴)。其虽亦长于诗文,但文才多为书法之名所掩,不为世人所重。曾任右将军、会稽内史等职,世称王右军。王羲之的传世墨迹行书《兰亭序》被誉为"天下第一行书",是行书代表作中的稀有杰作,前人以"龙跳天门,虎卧凤阙"形容其字雄强俊秀。《兰亭序》充分诠释了"精彩绝伦"四个字的深刻内涵,论者称其笔势以为飘若浮云,矫若惊龙,他的作品美妙绝伦,无雷同乏味之嫌。

 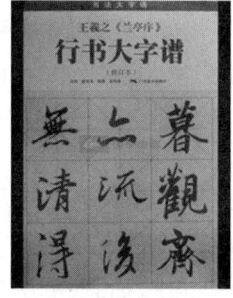

王羲之　　　　　　　　行草《兰亭序》

 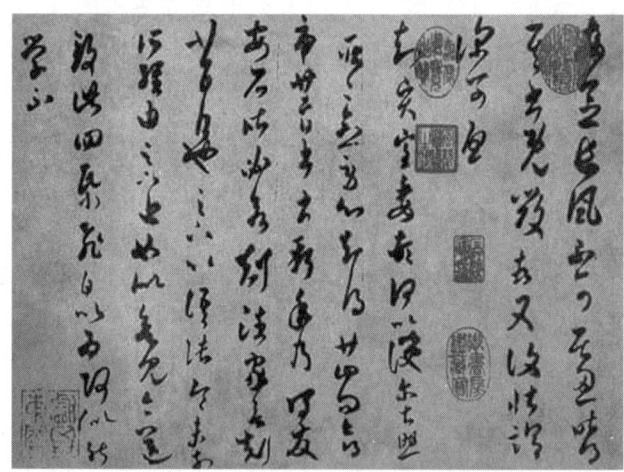

王献之的《鸭头丸帖》

中国书法在王羲之笔下成就了其个人艺术的最高顶峰,其后各代大家只是在某些方面进行了不同程度的发展和完善,或意或法,或韵或势,局部过之者不乏其人,整体而论,无出其右。唐代颜真卿所书的《祭侄稿》,写得劲挺奔放,古人评之为"天下第二行书";而宋代苏轼的《黄州寒食帖》则被称为"天下第三行书"。

唐·颜真卿

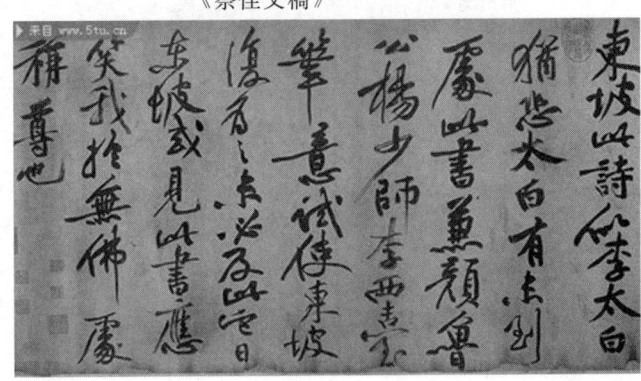
《祭侄文稿》

宋·苏轼

《寒食帖》

行楷中著名的代表作品是唐代李邕的《麓山寺碑》，畅达而腴润。此外如宋代苏轼、黄庭坚、米芾、蔡襄，元代的赵孟頫、鲜于枢、康里巙，明代的祝允明、文征明、董其昌、王铎，清代的刘墉、何绍基，现代的钟致帅等，都擅长行书或行草，有不少作品传世。

二、草书

草书产生于汉元帝时代，许慎的《说文解字》成书于和帝永元十二年（100年），其在《叙》里说"汉兴有草书"，把草书作为一种书体之始。东汉末期，张芝及稍晚的钟繇等名家辈出，各成流派。当时赵壹有《非草书》之文，蔡邕有类似之议，以维护正体字的地位，这反映出草书已经盛极一时。汉末直到唐代，草书从带有隶书笔意的章草发展成韵秀宛转的今草，至后来奔放不羁、气势万千的狂草。草书是在隶书规矩上的奔逸急就，与隶书的区别在于潦草的程度不同，但本质上隶书和草书都属于篆书的草体，都是正体字的快写，是为了提高书写效率，而"存字之梗概，损隶之规矩，纵任奔逸，赴速急就"的潦草字体。书于公元前43年的《元帝永光元年简》是最早的草书作品，东汉和帝永元七年（95年）的《广地南部兵物薄》是简牍草书的代表作。汉末魏晋，草书的发展致力于减低甚至取消提笔和按笔的垂直运动，出现了牵丝，笔势和笔画合二为一，书写速度大大提高，字与字之间也不再分别独立。到晋代，木简和残纸作品中的草书连贯性更强。后人为加以区别，把具有分书特征的草书称为章草，具有楷书特征的草书称为今草。汉末魏晋是章草向今草的过渡时期，开始阶段的代表人物是东汉桓帝和灵帝时期的张芝，草书成熟时期的代表人物是东晋的王羲之，如他的《丧乱帖》、《十七帖》，虽然字字独立，但笔势上下连绵，已经是成熟的今草。秦汉魏晋时代,草体的发展完成了从隶书到行书,从章草到今草的过渡。从张芝和钟繇到王氏父子,代表了行书和草书从起步到成熟的两个起讫标志。

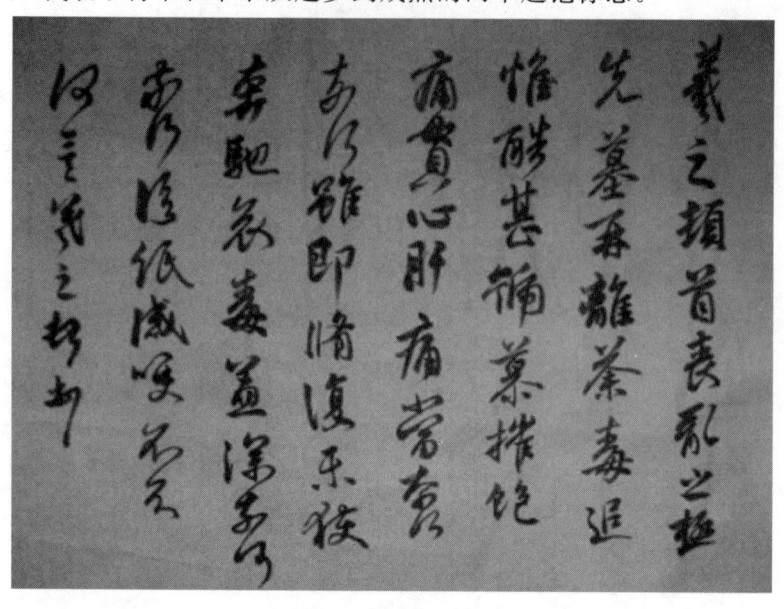

王羲之《丧乱帖》

晋代以后,中国书法的字体演变基本结束,甲骨文、金文、篆书、分书、楷书及其相应的各种草体都已经产生,自此后汉字主要在书体和风格面貌上推陈出新。而书体创新主要表现在草体方面。晋代以后的草体空前发展,根据潦草程度的不同分为行书和草书两大类,而介于行书和楷书之间的叫行楷,介于行书和草书之间的叫行草,草书之上又有奔放的狂草。行书、行楷和行草统称为行草,草书和狂草统称为草书,并在后来沿着不同的方向各自发展。

从草书的发展历程来看,大体上可分为早期草书、章草和今草三大阶段。早期草书是跟隶书平行的书体,一般称为隶草,实际上夹杂了一些篆草的形体。初期的草书,打破隶书的方整规矩,结体严谨,而演变为一种草率的写法,称为"章草"。章草是由隶书速写而成,故源出于隶。传说为西汉元帝时黄门令史游所创。章草起于西汉,盛于东汉,字体具隶书形式,字字区别,不相纠连。历代对章草名称的由来有不同的说解,有根据汉末以来《急就章》中的草书写本而说章草因《急就章》的章字得名的,实在不足为信;有以章帝爱好草书或曾经命令用草书作奏章,而认为草书由章帝创造的,亦不足为信;有以章法之章与章程书、章楷的章同义,符合早期草书略存八分笔意,字与字不相牵连,笔画省变,有章法可循的事实,近人多信此说。宋赵彦《卫云漫钞》说:"宣和,陕古人发地得木简,字皆章草,乃永初二,发夫讨叛羌檄。米元章帖言:章草乃章奏之草。今考之既用于檄,则理容施于章奏。盖小学家流,自古以降,日趋于简便故大篆变小篆,小篆变隶;比其久也,复以隶为繁。则章奏文,悉以章草从事,亦自然之势;故虽曰草,而隶笔仍在,良繇去隶未远也。"这种说法认为章草是因为通于章奏而得以流行,是比较可信的。"章草"字体,虽已"隶书"简约,但仍略带波磔,若从汉初木简书迹中,可见初期的"章草",实际上就是应急的粗率"隶书"变体。故其笔法与结体,无一定规范可循,一直到了东汉的张芝,章草字体才臻于成熟，至魏晋而登峰造极。其中著名的书法家，如魏时的韦诞、吴时的皇象、晋时的索靖，都称为一代章草的宗匠。章草是早期草书和汉隶相融的一种雅化了的草体，波挑鲜明，笔画勾连呈"波"形，字字独立，字形扁方，笔带横势。章草在汉魏之际最为盛行，后至元朝又开始复兴，在明朝又一次蜕变。

汉末，章草进一步"草化"，脱去隶书笔画行迹，上下字之间笔势牵连相通，偏旁部首也做了简化和互借，称为"今草"。今草即现今所通行的草书，通称为草书，传说为后汉张芝（伯英）所创始。今草起于何时，又有汉末张芝和东晋王羲之、王洽两种说法。从传世的表、帖和出土的汉简、汉砖看，在汉末以八分书为正体字的同时，已经出现近似真书的写法。草书也会随之变异。略晚于张芝的草书家崔瑗作《草书势》，对草书有"状似连珠，绝而不离"、"绝笔收势，余綖纠结"、"头没尾垂"、"机微要妙，临时从宜"的描述，可见汉末的草书笔势流畅，已不拘于章法。书体演变本来没有截然的划分。说今草起于张芝是从新体的萌芽看；说今草起于二王，是着眼于典型的形成。唐代以来草书沿袭至今。韦诞说："芝学杜度，转精其功，可谓草圣，超前绝后，独步无双。"张怀瑾在《书断》中说："自杜度妙于章草，崔瑗、崔实，父子继能。伯英得崔杜之法，故知新，因而变之，以成今草。字之体势，一笔而成，偶有不连，而血脉不断；及其连者，笔脉通其隔行。唯王子敬深明其旨，故行首之字，往往继前行之末，世称一笔书起自张伯英，即此也。"又说："章草之书，字字别。张芝变为今草，上下牵连，或上字之末，而为下字之上。呼史游草为章草，因伯英草而谓今草也。"从中可以得知，"今草"与"章草"不同之处，即章草字字独之，系速写隶书而成，而"今草"则省去"章草"的波磔，上下牵连，是速写"章草"而成的。于右任先生标准草书自序说："其为法：重形联，去波磔，符号之用加，使转之运益；大令所谓穷伪略之理，极草之致者，最为得之。"隶书笔法中带草笔飘逸之体，谓隶草，有些像章草，这与平时善写隶书精熟有关，故书隶草能独树风格，也是书写表演的一种手法。今草，是章草去尽波挑而演变成的，今草书体自魏晋后盛行不衰，到了唐代，今草写得更加放纵，笔势连绵环绕，字形奇变百出，称为"狂草"，也称为大草。到了今天，草书的审美价值远远超越了它的实用价值。

狂草创始于唐朝，唐人张旭是狂草的开山祖，故有"草圣"之称。后来的和尚怀素亦是狂草大家。狂草比今草更加简便快速，且笔势更加连绵回绕，活泼飞舞，奔腾放纵，大有驰骋不羁，一泻千里之势。古人谓其形体"或敛束而相抱，或婆娑而四垂，或攒翥而整齐，或上下而参差，或阴岭而高举，或落择而自披。真是众巧而百态，无尽不奇"。书写者可以借其或抒发奔放激越之情，或寄托驰骋纵横之志，或寄托消散郁结之怀。但由于其省笔太多，形体与楷、行二体相差太大，故较难辨认。草书在唐代出现了以张旭、怀素为代表的狂草，成为完全脱离实用的艺术创作，如唐朝张旭《千文断碑》、《古诗四道》，怀素和尚的《自叙帖》，等等。又如孙过庭的《书谱》字字区别，不相连接，而笔意活泼、秀媚。

"大草"是相对于"小草"而言的，大草纯用草法，难以辨认，张旭、怀素即善于此，其字一笔而成，偶有不连，而血脉不断。清朝冯班在《钝吟书要》中谈到学习草书的方法时说："小草学献之、大草学羲之，狂草学张旭不如学怀素。"怀素的草字容易辨认，字迹清瘦见形，字字相连处亦落笔清晰易临；张旭字形变化繁多，常一笔数字，隔行之间气势不断，不易辨认，形成一种独特的风格。韩愈《送高闲上人序》中提到张旭草书时，称其"喜怒窘穷，忧悲愉佚，怨恨、思慕、酣醉、无聊、不平，有动于心，必于草书挥毫发之"。

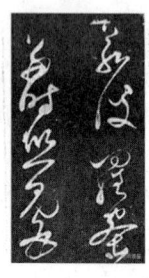  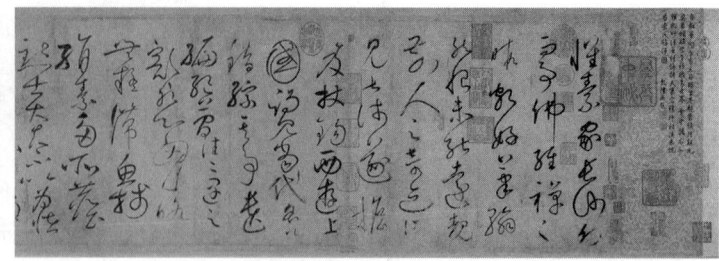

千文断碑　　　　　　　　　　怀素草书《自叙帖》

行草有"草行"之说,书体中带有许多楷法,即近于草书的行书。笔法比较流动,清朝刘熙载在《书概》中云:"行书有'真行'、有'草行'。'真行'近似真书而纵于真,'草行'近于草书而敛于草。"唐朝张怀瓘《书议》云:兼真者谓之"真行",带草者谓之"行草"。故有此别论。

总之,草书的书写并非我们日常所误以为随心所欲的"乱写",草书是按一定规律将字的点画连字,结构简省,偏旁假借。草书符号的主要特征之一是笔画带勾连,包括上下勾连和左右勾连。隶化笔法的横势倾向,为左右钩连的草化提供了依据。章草笔法用"一"形,今草笔法用"s"形。这是两者的根本区别。运笔放纵、点画狼藉的又称大草或狂草。章草笔画简约,有萦带连接,与今草相似。但其结体平正,用笔劲涩,笔画中有波磔,特别是捺画的起笔与捺的末笔,明显地保留了隶书的笔意,且字字独立,不相连绵,排列整齐,与今草、狂草有明显的区别。今草即一般所说的草书,它是脱去了章草中保留的隶书形迹,并在章草和楷书的基础上加快行笔,增加圆环勾连而成。张怀瓘《书断》中说:"章草之书,字字区别,张芝变为今草,加其流速,拔茅连茹,上下牵连,或借上字之终而为下字之始,奇形离合,数意兼包。"这正是章草与今草不同体势和运笔的概括。

小　　结

字体是指汉字的笔画和结构在不同发展时期所表现出来的不同形态。作为语言的记录符号,它的笔画和笔画的形态,呈现出截然相反的发展方向,汉字的笔画为了使用方便,逐渐减少,结构也不断地由复杂向简单演变;而作为艺术的欣赏对象,为了增加汉字线条的表现力,其笔画的形态则不断地由简单向复杂演变,由原来粗细大致相等的线条发展出横、竖、撇、捺、点等各种不同形状的笔画。在这个演变的过程中,中国的汉字就出现了甲骨文、金文、篆书、分书(隶书)和楷书五种笔画和结体有明显差异的字体,这五种字体在不同的时期被称为正体,就是标准体的意思,作为官方的书写文字广为使用。由于正体字多用于庄严重要的场合,比如国家档案、官方文书、宫殿匾额或者墓碑等等,要求书写时一丝不苟,这样既费时耗神,也不利于日常使用,为了追求书写的速度和效率,人们渐渐地开始潦草快写,或省略笔画,简化字形;或连绵不断,牵丝萦带,于是出现了后来的草书。草书是正体字的快写形态,上述各体字形均有自己的草体。楷书是我国封建社会中最为流行的一种字体。在楷书产生之前,我国的书法已产生了大篆、小篆和分书(隶书)三种字体。大篆是相对小篆而言的,现在一般把小篆以前所有的古文字统称为大篆,包括甲骨文、金文和战国时期除秦国之外的六国文字。小篆是秦统一中国之后通行的文字,它是以秦国的文字为基础,参照其他诸侯国文字,为便于书写而删繁就简、规范统一的,这是中国书法史上最初的规范化字体。隶书是继小篆之后出现的又一代表性字体,它是在小篆的基础上产生的。隶书的产生是汉字的一次重大革命,其意义不仅在于使汉字从此走向了符号化,更重要的是它改变了汉字的书写方式和审美趋向,从而为楷书书法艺术的产生奠定了基础,并进而为中国书法艺术的发展和繁荣开辟了广阔的新天地。

思考链接:

1. 古今书法一脉相承,从甲骨文到今天的楷书,你更喜欢哪一种字体?

2. 楷书大家林立,唐·欧阳询(欧体)、唐·颜真卿(颜体)、唐·柳公权(柳体)、元·赵孟頫(赵体)被誉为楷体四大家,你最喜欢哪一家,谈谈你的感想。

第三章　炫彩纷呈的传统戏曲艺术

【情境导入】

下里巴人和阳春白雪

客有歌于郢中者,其始曰"下里巴人",国中属而和者数千人;其为"阳阿薤露",国中属而和者数百人;其为"阳春白雪",国中属而和者不过数十人;引商刻羽,杂以流徵,国中属而和者,不过数人而已;是其曲弥高,其和弥寡。

——宋玉《对楚王问》

第一节　从稚嫩到成熟的戏曲蝶变

一、从祭祀到百戏

戏剧起源于模仿,在原始人类还不能够创造文字、音乐和诗歌的时候,他们已经开始创作建立在模仿基础上的原始哑剧和仪式舞蹈了。人类文明的初级阶段,出于对宗教信仰的目的,在各种崇拜如自然崇拜、祖先崇拜和英雄崇拜等基础上建立起来的祭祀仪式和歌舞表演,已经初步具备了一定的以服务宗教为目的的戏剧特征,尽管这些特征十分模糊、原始和薄弱。带有宗教图腾色彩的原始祭祀乐舞启迪了人们的戏剧观念。如原始的巫仪模仿,即模仿狩猎与战争的行为;图腾拟态,即模拟鸟兽形态;驱傩仿生,即以神驱鬼或者以恶逐恶的拟兽扮饰。驱傩仿生已经具有固定的装扮形象,一定的程式化拟态动作,以及与人们的想象相结合的戏剧情境和最终结局,具备了初步的戏剧框架。当原始的拟兽表演发展到傩祭仪式,最初级的原始戏剧就已经产生了,它成为后来巫觋拟神扮饰和再后来优人表演的先声。

随着原始图腾观念的退化和人为神明意识的抬头,以模仿为手段的原始的戏剧形态逐渐发展为鬼神祭祀、人神交接活动中的拟神扮饰。人们开始按照自己的形貌塑造神明,将神灵人格化,从而产生了专门从事巫术祭祀的专职组织者和执行者——巫,人化的拟神戏剧因素就从巫的模态仪式中产生了。

秦汉以前,出现了倡优与优戏。当人类进入奴隶社会后,逐渐形成了歌舞奴隶和优戏奴隶,也就是女乐和优人,女乐是女巫歌舞演化而来,优人则专供人调笑戏弄的身体发育不全者——侏儒转变而来。二者结合为一类表演性人物,即倡优,从事百戏演出,逐渐产生初级的戏剧形态。其表演内容以歌舞和戏弄调笑为主,过程中加以乐器伴奏。倡优出现的具体年代已不可考,但春秋战国时期倡优已经成为各国国君的普遍爱好。秦代以前的优戏表演,主要是通过便捷戏谑的语言运用诙谐、夸张、归谬等手段处理谈论素材,使之产生诙谐滑稽的效果,逗人发笑。如记载在汉代司马迁《史记·滑稽列传》中的春秋时楚优梦扮演已故丞相孙叔敖,达到了以假乱真的程度。优戏从汉代后,经魏晋六朝直到隋朝,一直处于缓慢的发展状态,直到唐代以后,才重新获得巨大的发展。百戏是伴随着秦汉崭新的封建经济和文化高涨而兴起的新兴表演艺术,它是汉代表演艺术的主体部分。百戏不是一种成形、规范、完整的艺术形式,而是混合了体育竞技、杂技魔术、杂耍游戏、歌舞装扮诸种表演于一炉的大杂烩,一种"俳优歌舞杂烩"。其内容极其丰富,由各个相对独立的表演组成一个松散的表演联盟,每个百戏表演的场景中都包含有优戏和歌舞戏的演出,生动体现了汉代气势雄浑、兼收并蓄、包罗万象的时代精神,成为中国表演史上的一代创举,其余波直接影响六朝文化,并进而对中国后世表演艺术的各个分支影响深远。

二、从百戏到参军

秦汉大一统的建立,奠定了物质和精神大一统的汉民族文化,中华文明从此进入一个新的历史时期,中国戏剧也从与宗教仪式混杂的原始阶段跨入了体现艺术价值和显示娱乐功能的初级阶段,中国戏剧形态以角抵戏、歌舞戏和参军戏为标志,活跃在宫廷和民间的演出活动中。

角抵戏由格斗竞技发展而来,是汉代百戏中最具有戏剧性的表演成分,最初是表演黄帝和蚩尤战争的模拟表演,后来被用作战争时期的武备训练,到了秦代,被纳入优俳表演之中,成为一个和平娱乐中的表演项目,得到正式命名。此时的角抵戏已经不再被形式所局限,演出动机纯粹为了观众的审美娱乐,演出情节具备一定的对立双方的矛盾冲突,发展脉络呈现出一定的节奏性。汉代角抵百戏中有一类歌舞小戏,也展现了类似的戏剧情节,成为唐代歌舞小戏的滥觞,是宋以后成熟戏曲歌舞和滑稽念白表演综合运用的祖先。

唐代社会逐渐安定繁荣起来,优戏的发展达到了一个新的水平,并逐渐演变为参军戏,与在魏晋南北朝时期成形的歌舞小戏一起蔚然成风。参军戏继承了优戏的讽谏传统和滑稽风格,起初是一种宫廷优戏,后来进入达官贵人的家庭,并渐渐流入民间。但它已经不是即兴演出,而有了既定的演出套路,甚至增进了一定的歌词。参军戏以说白和科泛为主要的演出形式,并配以音乐歌舞。唐代的歌舞小戏极其兴盛,《踏摇娘》是唐代歌舞戏的突出代表,表现了一个醉鬼殴打妻子的故事,主角踏摇娘由男人扮演,为正剧角色,程序是先由"她"入场表演一段歌舞,边歌边舞,并由众人在曲尾进行人生帮和,然后与之相对的角色——丈夫入场,为丑角,二人开始争执殴斗。前半部分女主角的歌舞充满悲剧情调,后半部分两人的殴斗具有喜剧效果。《踏摇娘》的表演保留了角抵戏的痕迹,将女乐歌舞和优人戏弄结合在一起、词曲演唱与世俗表演结合在一起,奠定了后世戏曲悲喜统一或者悲喜转化的主调,其主角歌唱、旁人帮和、男扮女装、旦丑相对的表演形式,开了宋代南戏的先河。陆参军是唐代优戏和歌舞戏的结合,中唐以后参军戏的表演出现了与歌舞戏结合的趋势。

中华戏曲经历了原始戏剧和初级戏剧阶段,走过漫长的发展道路后,终于在两宋时期,迎来了它的飞跃期。宋代的勾栏瓦舍把诸多表演艺术熔于一炉,改变了宋代以前,优戏和歌舞戏分离的局面,使优戏和歌舞戏同台演出,并吸收说唱艺术的营养成分,终于熔铸出了新的戏剧样式——戏曲。北宋的杂剧和各类歌舞说唱表演艺术,为成熟戏曲的代表——南戏,奠定了基础。

三、从参军到杂剧

宋杂剧的名称最早出现于晚唐文献中,它的源头是唐代的优戏和歌舞戏,五代时颇具雏形,在北宋完备,在南宋和金得到发展,元以后,逐渐被南戏和元杂剧所取代。北宋杂剧兴起在其都城汴京(即开封),至仁宗朝,开始进入勾栏瓦舍表演,勾栏杂剧在仁宗末年兴起,并迅速发展,至徽宗时期达到了大盛。随着宋朝的南迁、北宋杂剧也南移至杭州,流寓临安的各类民间艺人就又仿照汴京之制,创立勾栏瓦舍进行演出。而在宋朝南迁,金朝定都燕京后,北方的杂剧艺人进一步发展宋杂剧,创造了"金院本",也是宋杂剧到元杂剧的最后一个过渡形态。

就在宋金杂剧向元杂剧渐渐转型的时候,一种成熟的戏曲形式——南戏破土而出,与当地民间歌舞小戏结合,形成真正意义上的"以歌舞演故事"的成熟戏曲形式。南戏在中国戏剧史上第一次将歌唱、念白、科泛、舞蹈等原本各自独立的伎艺综合起来,用以表演一个完整的故事,成为中国戏曲史上第一个较为成熟的戏曲样式,它是一个戏曲文学黄金时代即将到来的前奏。

北杂剧在金院本的母体中孕育成熟,在元朝定都后,化而为蝶,在元朝统一中国后,书写了中国戏曲史上第一个繁盛的黄金时代。涌现了一大批卓越的戏曲家,戏曲史家把北杂剧的作者分为三个时期,第一期活跃在金末至元成宗元贞(1295～1296年)、大德(1297～1307年)前后,大都活动在元大都一带,也是北杂剧发展的鼎盛时期,如关汉卿、王实甫、马致远、郑光祖、白朴、纪君祥等。第二时期活跃在元贞(1295～1296年)、大德(1297～1307年)以后到元亡前后,创作成就远逊第一期,如郑光祖、乔吉、杨梓等,第三期活动在元末明初,成为北杂剧制作的余绪。如罗贯中、贾仲明、朱权、朱有燉等。

北杂剧塑造了五种主要的形象群体:一是前期刻画的贪官墨吏、权豪势要、流氓恶棍等人物。如《窦娥冤》、《救风尘》等等,对"势要、泼皮、官吏"这一形象系统的批判和揭露,成为杂剧作者直面现实、勇于战斗的无畏姿态的标志;二是塑造了一批刚正不阿、铁面无私、充满智慧的清官形象,这一形象系统集中体现了杂剧作者心中难圆又急切希望圆成的法制之梦;三是借助历史亡灵的形象,演绎出艺术性的新场面,表达了作者心底里涌动着的对英雄主义、复仇之志等的一种殷殷召唤和深切缅怀,如《单刀会》、《赵氏孤儿》;四是"神仙道化"和"隐居乐隐"戏,一方面体现了作者的消极精神状态,另一方面这些人物象征的超凡脱尘、飘然淡泊,表现了作者对元代黑暗现实的一种抵抗和拒斥,如《岳阳楼》、《任风子》等;五是体现对理想和自由的美好追求的女性形象的塑造,她们对爱情自由的呼唤是对封建伦理秩序的突破,标志着元杂剧作者所达到的精神高度,如《望江亭》中的谭记儿、《救风尘》的赵盼儿等。

北杂剧的剧本体制:大多是"四折一楔子"的结构,四折即是四个剧情段落,与故事的

"起、转、承、合"紧密相关。楔子就是衔接各折戏之间的过场戏,或者是在戏剧开始时引出全局的开场戏。北杂剧的剧本体制,是根据剧本内在的情节和情感的变化设计的,具有写意化的审美风貌。杂剧已经是第一人称的代言体,但仍然是"一人主唱"的演唱形式。这种单一的演唱形式,使得正旦或者正末的歌唱艺术得到充分锻炼,取得了较高的艺术成就,对后世戏剧有着深远的意义。北杂剧的主要角色是正末、外末、冲末、正旦、外旦、贴旦,反面男角有净,女角有搽旦,还有孤(官员)、孛老(老翁)、卜儿(老妇)、俫儿(儿童)等。北杂剧在剧本体制、音乐结构、表演形式和角色行当方面都具有了有机整体性和比较严谨的格局,是一种高级的戏剧性形态。

14世纪初,北杂剧创作渐渐衰落,但其在文学及表演方面取得的宝贵经验和历史成绩,作为一笔不可估量的艺术遗产,被同时期的南戏艺术及后世的戏曲艺术所继承。南戏吸收和借鉴了北杂剧的戏剧题材、音乐结构等宝贵财富,在北杂剧渐趋衰落的时候,悄然成长。同时南戏自身的独唱、对唱、合唱等演唱形式,使得各种角色都可以演唱,每个人物都有自己的空间,显示了巨大的优势。南戏在篇幅上也比杂剧长许多,给故事情节婉转铺陈留下了余地。文人的介入,也使得艺术品格得到了提升,元末明初,南戏终于成熟,并开始了自己的绚丽之旅。南戏在体制上采取分出的形式,就是以人物上下场作为界线,把剧本分成若干段落,每个段落即是一出。南戏在表演手段上综合程度高,角色行当体制日趋规范,形成了"生、旦、净、丑、外、末、贴"七种行当。尽管南戏从未超越北杂剧极盛时的高度,但它的生机和活力却比北杂剧持久,后来的传奇就是在它的基础上孕育而出的。南戏内容丰富,早期的南戏热衷婚变的题材,通过爱情婚姻的描写,保持着与社会生活的一脉相承,如张协《状元》、《赵贞女》等,后期的南戏歌唱爱情自由、婚姻自主,如《王焕》、《拜月亭记》等;元代时南戏出现了揭露表现离乱之苦的新主题,如刘知远《白兔记》、《琵琶记》等;此外,还有表现家庭伦理的作品,如《打狗记》等。

四、从南戏到传奇

明代戏曲的发展可以分为两个阶段:第一阶段:明初至嘉靖(1522~1566年)、隆庆(1567~1572年)之交,北杂剧继续发展,并出现南曲化趋势,南戏的各种声腔在民间纷纷繁衍,昆山腔兴盛,并最终形成传奇。明万历后,杂剧渐渐失去在元代时期的繁荣昌盛之势,并最终沦为一种案头剧在剧作家笔下延传,直到清代中叶。南戏滥觞于元末,入明后,在民间异常流行,许多南戏剧目,与各地方言、语音、音乐相结合,促成了明代南戏各声腔剧种的形成。传奇从南戏脱胎而来,从元代末年到嘉靖(1522~1566年)、隆庆(1567~1572年)之交是南戏向传奇的演进期,也是传奇的孕育时期。第二阶段为明嘉靖(1522~1566年)、隆庆(1567~1572年)之交到明末,这是传奇诞生并获得隆盛、壮大的时代。

作为戏曲品种名称的"传奇",有广义和侠义之分,广义的传奇泛指宋代至清代各类戏曲作品,狭义的传奇,指明代嘉庆、隆盛以后,昆山腔与弋阳诸腔的剧本。它是一种长篇戏曲剧本,在文学体制、音乐体制等方面更加规范化。传奇形式的定型与明朝的八股文有着内在的联系。参加八股取士的文人在创作传奇时,不自觉地将八股之风带入了传奇。传奇体制的形成标志着传奇艺术的成熟,从而与杂剧、南戏区别开来,成为明代的代表性文艺种类。传奇为长篇巨帙，明初的传奇分出，但不标出目，明中叶，传奇开始用两字或者四字标出出目。如《浣纱记》中的"伐越"、"采莲"；《鸣凤记》中的"灯前修本"、"三臣谪戍"等。一本传奇分上下两卷，上卷结束时的戏叫"小收煞"，将前面的剧情做个总结并设计悬念。下卷结束时的戏叫"大收煞"，主要人物登场，他们经过悲欢离合之后，合家团聚，满府获封，充满团聚之趣。一本传奇的结构形式基本固定，第一出必然是"副末开场"，唱两支曲子，表述一下作者的创作意图、剧情大意等。第二出先由生扮的男主角登场，第三出由旦扮的女主角登场，通过唱词念白自我介绍。然后是官目上来，故事情节依次展开。从音乐结构来看，传奇讲究格律，剧作家创作时，必须遵循这种音乐体制。魏良辅等人集南北曲之大成，对南戏音乐的昆山腔进行改革，广泛运用"借宫"、"集曲""南北合套"等音乐手段，提高了戏曲音乐描写人物性格和表现生活的能力。最初以篇幅长短和结构繁简作为区别传奇与杂剧的特征。清中叶后，传奇的写作越来越短，篇幅上向杂剧靠拢。在清乾隆、嘉庆年间，各地的戏院演出非常兴盛。但戏院的演出具有时间限制，迫使作者适应演出市场的需要，而在篇幅、剧目上向篇幅较短的杂剧靠拢，杂剧和传奇形成了融合的现象。

五、从传奇到地方戏

清朝统治时期，以乾隆在位的60年为鼎盛时期，正是在此期间，地方声腔开始强有力地冲击着正声雅乐统治的剧坛，杂剧创作成为有名无实的案头作品，传奇创作逐渐曲终人散，表演取代创作的地位，成为舞台中心的劲风悄然刮起，戏曲史翻开了新的篇章。

地方戏的繁荣和京剧的产生，标志着中国戏曲进入了一个新的发展阶段。元代杂剧和宋元南戏为地方戏树立了楷模，推动戏曲的前进。明中叶到清初昆曲以唱腔优美和剧目丰富在剧坛占有几乎压倒一切的优势。从康熙末至乾隆朝，地方戏似雨后春笋，纷纷出现，蓬勃发展，以其关目排场和独特的风格，赢得观众的爱好和欢迎，与昆曲一争长短，出现花部与雅部之分。但地方戏不登大雅之堂，被统治者排抑，昆腔则受到钟爱，给予扶持。花部诸腔则在广大人民的喜爱和民间艺人的辛勤培育下，以新鲜和旺盛的生命力，不停地冲击和争夺着昆腔的剧坛地位。民间戏曲的交流与竞赛、提高和丰富，逐渐夺走昆曲部分场地和群众，但还不能与之分庭抗礼，宫廷和官僚士绅府邸所演的大多数还是昆曲，花部剧种处在附属地位，主要在民间演出。花雅之争并不是匀速发展的，它大致经历了三个阶段：一是康熙中叶以后的昆腔、弋阳腔（京腔）并峙。技艺高超的弋阳腔与昆曲争胜，弋阳腔在北京的分支高腔取得优势，甚至压倒昆曲，出现"六大名班，九门轮转"的局面，受到统治者的喜爱，进入宫廷，很快演化成御用声腔，并开始失去刚健清新的特色，逐渐雅化而衰落下去。二是乾隆中叶的京腔、秦腔之争。1779年（乾隆四十四年）秦腔表演艺术大师魏长生进京，与昆、高二腔争胜，轰动京师，大有压倒后者的势头，以致出现"歌闻昆曲，辄哄然散去"的局面。后来清廷出面，屡贴告示，禁止演出，魏长生才被迫离京南下。三是乾隆末年四大徽班进京，花部取得最终胜利。1790年（乾隆五十五年）乾隆帝80大寿，高朗亭率徽班来京演出，以安庆花部，合京（即高腔）、秦二腔，组成三庆班，接着又有四喜班、春台班、和春班，即著名的四大徽班进京，把二黄调带入北京，与京、秦、昆合演，形成南腔北调会集一城的奇特景观。经过"花雅之争"，雅部昆曲最终衰落下来。但是由于各种地方戏聚集北京等大城市,文化交流频繁,各种花部之间互相吸取经验,花部和雅部之间在竞争的同时也互相吸取经验。明朝后期到清代前期昆曲与弋阳腔相争相持的现象及乾隆末年徽班进京更是导致了近代京剧的诞生。

第二节 从贫乏到富庶的戏曲理论积淀

一、宋代戏曲理论的初创

中国戏曲理论的初创,可以追溯到宋代,但那时的戏曲批评是以诗话、画论著作的附庸形式体现的,还只是戏曲理论发展的雏形。北宋的一些史学家如欧阳修《五代史记》、马令《南唐书》等开始载录前代的优伶事迹,发表一些剧评观点。北宋后期产生了第一部重要的比较具有系统性的著作——陈旸的《乐书》,在论述陈列雅俗胡部乐器歌舞、倡优百戏时,对戏曲提出了许多明确的批评观点。南宋许多人在笔记小说中成批载录了当时戏曲演出大胆干预生活的逸事,并表示了肯定与赞赏的态度,如洪迈的《夷坚志》、张端义的《贵耳集》等。南宋的一些下层文人,从浓厚的艺术趣味儿论及勾栏戏曲,理论探讨已经涉及戏曲艺术的特殊规律,如梦元老的《东京梦华录》、吴自牧的《梦粱录》等。王灼的《碧鸡漫志》,是绍兴(1131~1162年)年间产生的一部与戏曲理论关系密切的著作,它对于戏曲理论的贡献体现在乐曲声律方面。

二、元代戏曲理论的奠基

尽管元代尚未出现严格意义上的理论专著,但戏曲在元代的成熟与繁荣,推动了戏曲理论著作的发展,围绕着戏曲音乐、戏曲表演、戏曲作家和创作,出现了一批研究性的专著,如芝庵的《唱论》是对戏曲声乐的研究,开后世演唱方法和歌唱理论的滥觞;周德清的《中原音韵》是对音律和音韵的研究,使得该研究成为一门新的专门学问;钟嗣成的《录鬼簿》是戏曲创作论方面的研究,并记述了百余位金元散曲、戏曲作家的生平著述情况;夏庭芝的《青楼集》是一部传记性著作,在记录的110余名伎女中,杂剧演员60余人,作者在书中对他们的表演艺术给予了高度评价,表现了对当时艺人的尊重和同情。胡祗遹著有《紫山大全集》,他开了从戏曲表演上评价演员的先河,他与当时著名的杂剧演员珠帘秀友情深厚,并为珠帘秀诗集作《朱氏诗卷序》,为诸宫调女艺人作《黄氏诗卷序》,为杂剧女艺人作《曾宋氏序》,从演员对角色的把握、戏曲装扮、演唱技巧及戏曲的社会功能等方面,提出了一系列创新性理论,对后世有着重要的启发和借鉴意义。

三、明代戏曲理论的发展

明初藩王朱权的《太和正音谱》是明代戏曲理论的开山之作,嘉靖后的戏曲理论更加活跃,戏曲理论著作更加完善、全面和系统。明代中叶以后,戏曲实践发生了很大的变化和转折:北杂剧走向衰微,南杂剧兴起,使戏曲家们有了对不同戏曲样式进行区别和比较的可能;戏曲的创作队伍也从下层书会才人,上移到上层的文人学士,这使得批评家的批评兴趣大增;大批传奇作品的涌现,为批评家们准备了充分的研究对象。这一时期,出现了许多曲坛大师,如在理论主张上,魏良辅在论述诸腔调演变过程中所崇尚的发展观念和改革精神;李贽在他的人性论的主张上提出的"童心说"和"化工说";汤显祖从艺术创作的规律出发对剧作家主观意愿情感的重视和提倡;沈璟对作曲过程中"合律依腔"标准的制定和强调;等等,此外胡应麟、徐复祚、沈德符、臧懋循等,都有精辟的见解。在理论著作上,贾仲明的《续录鬼簿》、徐渭的《南词叙录》是对南戏等源流沿革、风格特点、文辞声律、作家作品等方面全面而深刻的关注,以及对"本色"的强调;吕天成的《曲品》是对当时戏曲创作和理论研究状况系统全面的总结;潘之恒的《鸾啸小品》和《亘史》,是对戏曲表演理论的关注,提出对演员"才、慧、致"等自身素质的要求;而王骥德的《曲律》则是中国戏曲史上第一部成系统的著作。

与明代传奇创作的势头一样,明代戏曲理论著作的势头一直持续到明代末年,明末的凌蒙初、张琦、冯梦龙、沈宠绥、张岱、孟称舜、卓人月、袁于令等人,接续了万历时期的理论思绪,从更为广泛深入的角度对戏曲理论进行探讨,并召唤了清代又一次戏曲理论高潮的到来。如祁彪佳的《远山堂曲品》继承了吕氏《曲品》的体例和批评方法,并更加注重作品真实而深刻的内容,是古代戏曲理论批评史上仅有的一部关于明代杂剧作品的评论专著,收有杂剧二百四十二种。

四、清代戏曲理论的完善

清代的曲论著述呈现出不同的发展态势。一类是大发展的态势,包括曲话、戏曲剧目的著作、序跋评点、艺人品评等。曲话成为清代戏曲理论著作中最为多见的形式。其特点是随意自由,不拘内容,只要有见地或想法,便可随手写来,积久成编,大略包括对戏曲源流的追寻、对戏曲典章制度的考证、对历代戏曲作家作品的评论、对戏曲故事原形来源的探讨、对戏曲逸闻轶事的采录等等。如李调元的《雨村曲话》、《剧话》,焦循的《剧说》、《花部农谭》,梁廷枏的《曲话》,姚燮的《今乐考证》,平步青的《小栖霞说稗》,杨恩寿的《词余丛话》、《续词余丛话》等。有关剧目的著述,如无名氏的《传奇汇考标目》、《传奇汇考》、《笠阁批评旧戏目》,黄文的《曲海目》,无名氏的《重订曲海总目》,焦循的《曲考》,叶堂的《纳书楹曲谱》,潢丕烈的《古今杂剧目录》,支丰宜的《曲目新编》、王国维的《曲录》,等等。清代对艺人的相貌体态、表演记忆品评的作品,滥觞于吴长远的《燕兰小谱》,继之后来铁桥山人的《消寒新咏》、小铁笛道人的《日下看花记》、留春阁小史《听春新咏》、华胥大夫《金台残泪记》、蕊珠旧史《梦华琐簿》等。随着戏曲表演走向成熟,清中期产生了戏曲表演的专著《梨园原》,这是中国戏曲表演史上仅有的一部完整著作,清代后期,出现了戏曲导演学著作《审音鉴古录》。

一类是延续明代理论领域的著作。一是歌唱技法的著作,继承明代魏良辅等人的理论著作,出现徐大椿的《乐府传声》,王德晖、徐沅《顾误录》等;二是有关填词的著作,由于文人写作诗词曲的传统,这类作品非常多见,如黄周星的《制曲枝语》、黄图珌的《看山阁集闲笔·文学部·词曲》、晚清刘熙载的《艺概·词曲概》等,还出现了毛先舒《南曲入声客问》这部专门研究填词入声字问题的书;三是记载戏曲活动的书,如李斗《扬州画舫录·新城北录下》等。

真正把戏曲艺术作为一门整体综合艺术来研究,并对之作出全面论述的著作,是明万历年间王骥德的《曲律》,清康熙年间李渔的《闲情偶寄·词曲部·演习部》。李渔的著作又在王骥德的基础上向前迈进一步,更加立足于舞台实践,体系更为完备,成为古典戏曲理论的集大成之作。清末王国维运用现代视角,开辟科学的方法,先后创作出体系性戏剧史著作《曲录》、《戏曲考原》、《优语录》、《唐宋大曲考》、《古剧角色考》、《宋元戏曲考》等,奠定了现代戏曲史学的基础,特别是《宋元戏曲考》是一部划时代的戏曲史著作,王氏在其间第一次架构起科学的戏曲史体系,它的严谨与完备达到极高的程度,彻底改变了以往曲话著作附会臆测的状态。

第三节 从寥落到繁盛的璀璨星空

一、汉代角抵戏和唐代参军戏

《东海黄公》是西汉角抵戏中的一个节目,取材于民间故事,据东晋葛洪的《西京杂记》记载:东海人氏黄公,年轻时练过法术,能够抵御和制服蛇、虎。他经常佩带赤金刀,用红

河南密县打虎亭东汉墓室壁画《角抵戏图》

角抵戏图1

绸束发,施起法来,能兴云雾,本领很大。到了老年,气力衰疲,加上饮酒过度,法术失灵。《西京杂记》卷三亦有:"余所知有鞠道龙,善为幻术,向余说古昔事:有东海人黄公,少昔为术,能制蛇御虎;佩赤金刀,以绛缯束发,立兴云雾,坐成山河。及衰老,气力羸惫,饮酒过度,不能复行其术。秦末有白虎见于东海,黄公乃以赤刀往厌之,术既不行,遂为虎所杀。三辅人俗用以为戏,汉帝亦取以为角抵之戏焉。"《东海黄公》表现人虎搏斗,但它不像一般

的角抵戏那样,由两个演员上场竞技,以强弱决定输赢,而是根据特定的人物故事演出一段情节。戏里人物的造型、冲突的情境、胜负的结局都是预先规定好的,其间还有举刀祝祷、人虎相搏等舞蹈化的动作。它第一个突破古代倡优即兴随意的逗乐与讽刺,把戏曲表演的几种因素初步融合起来,为戏曲的形成奠定了初步基础。

角抵戏图 2

《踏摇娘》又作"踏谣娘",载于唐朝崔令钦的《教坊记》,取材于民间故事,大致内容是北齐有人姓苏,自号为郎中,嗜饮酿酒,每醉辄殴其妻。妻衔悲,诉于邻里。时人弄之,丈夫着妇人衣,徐行入场;行歌,每一叠,旁人齐声和之云"踏谣";以其且步且歌,故谓之"踏谣";以其称冤,故言苦。及其夫至,则作殴斗之状,以笑乐。这说明,因妇人且歌(诉)且舞(踏),故称为"踏谣娘"。《乐府杂录》曰:踏摇娘者,生于隋末。河内有人丑貌而好酒,常自号郎中,醉归必殴其妻。妻色美善歌,乃自歌为怨苦之词。河朔演其曲而被之管弦,因写其夫妻之容。妻悲诉每摇其身,故号踏摇娘。这些词曲在传唱中又得到丰富和发展,并增加伴奏音乐,逐渐形成歌舞表演。

踏摇娘演剧图

二、宋代的南戏和元代戏曲

(一)宋元时期的戏曲作品

《张协状元》是中国宋元南戏作品,是唯一完整保存下来的南宋戏文,也是中国迄今所发现最早、保存最完整的中国古代戏曲剧本。写书生张协赴考遇盗,得贫女相救,后结为

《张协状元》演剧图片

夫妇。张协中状元后,虽拒绝枢密使王德用的招赘,但贫女寻夫至京,张嫌她"貌陋身卑,家贫世薄",不肯相认,竟于赴任路上剑劈贫女。后贫女被王德用收为义女,终于重圆。此剧与久已流传的《赵贞女蔡二郎》《王魁负桂英》等作品一样,以男子发迹负心为主题。贫女勤劳善良,严斥张协忘恩负义,楚楚动人;而张协则心狠手毒,名利熏心,但最后大团圆结局,削弱了作品的感人力量。其中人物形象鲜明,情节主线清晰,曲文质直浅近,具有浓郁的民间文学气息,提供了不少早期南戏的戏曲史料。

(二)元代的戏剧作家与作品

1. 关汉卿与《窦娥冤》

关汉卿(约1220~1300年),金末元初杂剧作家,是中国古代戏曲创作的代表人物。号已斋(亦作一斋)、已斋叟。汉族,解州人(今山西省运城),关于他的籍贯,还有祁州(今河北省安国县)伍仁村、大都(今北京市)人,大约生于金代末年(约公元1220年前后),卒于元成宗大德初年(约公元1300年前后)。与马致远、郑光祖、白朴并称为"元曲四大家",关汉卿位于"元曲四大家"之首,贾仲明《录鬼簿》悼词称他为"驱梨园领袖,总编修师首,捻杂剧班头"。

关汉卿肖像图　　　　　　　　　　　《窦娥冤》演剧图

《窦娥冤》是其杂剧的代表作,也是元杂剧悲剧的典范,全剧为四折一楔子,该剧剧情取材自东汉"东海孝妇"的民间故事,讲述了一位穷书生窦天章为还高利贷将女儿窦娥抵给蔡婆婆做童养媳,不出两年窦娥的夫君早死。张驴儿要蔡婆婆将窦娥许配给他不成,将毒药下在汤中要毒死蔡婆婆结果误毒死了其父。张驴儿反而诬告窦娥毒死了其父,昏官桃杌最后做成冤案将窦娥处斩,窦娥临终发下"血染白绫、天降大雪、大旱三年"的誓愿。窦天章最后科场中第荣任高官,回到楚州听闻此事,最后为窦娥平反昭雪。《窦娥冤》是中国著名悲剧之一,是一出具有较高文化价值、广泛群众基础的传统名剧,约有八十六个剧种都改编、演出过此剧。

2. 王实甫与《西厢记》

王实甫(1260～1336年),名德信,大都(今北京市)人。元代杂剧作家,所作杂剧中名目可考的有13种。钟嗣成的《录鬼簿》把他列入"前辈已死名公才人"而位于关汉卿之后,可以推知他与关汉卿同时而略晚。元成宗元贞、大德年间(1295～1307)尚在世。贾仲明在追悼他的词中,约略提到有关他的情况:"风月营密匝匝列旌旗,莺花寨明飙飙排剑戟。翠红乡雄赳赳施谋智。作词章,风韵美,士林中等辈伏低。"王实甫与关汉卿齐名,其作品全面地继承了唐诗宋词精美的语言艺术,又吸收了元代民间生动活泼的口头语言,并将它们完美地融合在一起,创造了文采璀璨的元曲词汇,成为我国戏曲史上所谓"文采派"最杰出的代表。

王实甫肖像　　　　　　　　　　《西厢记》演剧图

代表作品《西厢记》,写唐代贞元中期,书生张珙游于蒲州,寄宿普救寺。适崔相国夫人携女莺莺扶相国灵柩回家乡安葬,途经普救寺,也借宿于此。一日,张生游佛殿,与莺莺相遇,两人一见倾心。时蒲州有孙飞虎起兵作乱,乱军包围了普救寺,欲夺莺莺为压寨夫人。老夫人在危急之中许下诺言,谁能破贼解围,就将莺莺嫁给他为妻。张生自愿为之,请镇守潼关的好友白马将军杜确率兵前来相救。杜确率兵至,平定了乱兵,解了普救寺之围。不料老夫人嫌张生是一白衣秀士,门不当户不对,便出尔反尔,只许张生与莺莺两人以兄妹相称。张生因不能与莺莺成亲,害了相思病,经莺莺侍女红娘从中帮助传递书信,两人背着老夫人私下幽会。后两人来往之事被老夫人发现,便把红娘叫来拷问,红娘反责老夫人出尔反尔,忘恩负义,并称此事若张扬出去,于崔家名声不利,不若答应两人的婚事。老夫人无奈,只得答应了张生与莺莺的婚事。但老夫人又以崔家三代不招白衣秀士为由,逼张生赴京应试,待张生应试及第后,才允许他与莺莺成亲。全剧已佚,唯《旧编南九宫十三调曲谱》、《南九宫十三调曲谱》、《南词新谱》、《南曲九宫正始》、《寒山堂南九宫十三摄曲谱》、《九宫大成》、《南词定律》及《雍熙乐府》、《盛世新声》、《词林摘艳》等引录二十八支佚曲。

3. 马致远与《汉宫秋》

马致远(1250~1324年),字千里,号东篱,大都(今北京)人。他是一位"姓名香贯满梨园"的著名作家,又是"元贞书会"的重要人物,与关汉卿、郑光祖、白朴并称为"元曲四大家",被尊称为"曲状元",在元代的文学史上具有极高的声誉。马致远著有杂剧十五种,存世的有《江州司马青衫泪》、《破幽梦孤雁汉宫秋》、《吕洞宾三醉岳阳楼》、《半夜雷轰荐福碑》、《马丹阳三度任风子》、《开坛阐教黄粱梦》、《西华山陈抟高卧》七种。马致远的散曲作品也负盛名,现存辑本《东篱乐府》一卷,收入小令104首,套数17套。其杂剧内容以神化道士为主,剧本全都涉及全真教的故事,元末明初贾仲明在诗中说:"万花丛中马神仙,百世集中说致远。"

马致远肖像图

《汉宫秋》演剧图

《汉宫秋》是马致远早期的作品,也是马致远杂剧中最著名的一种,讲述王昭君出塞和亲的故事。历史上的这一事件,原只是汉元帝将一名宫女嫁给南匈奴单于作为笼络手段,在《汉书》中的记载也很简单。而《后汉书·南匈奴传》加上了昭君自请出塞和辞别时元帝惊其美貌、欲留而不能的情节,使之带上一种故事色彩。后世笔记小说、文人诗篇及民间讲唱文学屡屡提及此事,对历史事实多有增益改造。马致远的《汉宫秋》在传说的基础上再加虚构,把汉和匈奴的关系写成衰弱的汉王朝为强大的匈奴所压迫;把昭君出塞的原因写成毛延寿求贿不遂,在画像时丑化昭君,事败后逃往匈奴,引兵来攻,强索昭君;把元帝写成一个软弱无能、为群臣所挟制而又多愁善感、深爱王昭君的皇帝;把昭君的结局写成在汉与匈奴交界处的黑龙江投江自杀。这样,《汉宫秋》成了一种假借一定的历史背景而加以大量虚构的宫廷爱情悲剧。对夫妻恩爱的平民生活流露出羡慕之情。尤其第四折"孤雁惊梦"一大段凄婉哀怨的唱词,表现出汉元帝对情人的无限思恋,把剧本的悲剧气氛渲染得愈加浓郁。这里在塑造戏剧人物的同时,也直接抒发了作者对历史变迁、人生无常的感受。

4. 白朴与《墙头马上》

白朴(约1226~1306年),原名恒,字仁甫,后改名朴,字太素,号兰谷。汉族,祖籍陕州(今山西河曲),后徙居真定(今河北正定县),晚岁寓居金陵(今南京市),终身未仕。他是元代著名的杂剧作家,与关汉卿、马致远、郑光祖并称为元曲四大作家(另有一说为关汉卿、马致远、王实甫、白朴)。代表作主要有《唐明皇秋夜梧桐雨》、《裴少俊墙头马上》、《董秀英花月东墙记》等。

白朴肖像图

《墙头马上》演剧图

《墙头马上》是元代著名戏曲家白朴的作品。讲述尚书之子裴少俊,奉命到洛阳购买花苗,巧遇总管之女李千金。二人一见钟情,私订终身,但为裴少俊之父所不容,后历经坎坷终于夫妻团圆。该剧歌颂了对自由婚姻的追求,虽以爱情为题材,却别具一格。此剧的素材,源于白居易的《井底引银瓶》一诗。白诗记述一个婚姻悲剧故事:一个女子爱上了一位男子,同居了五六年,但被家长认为"聘则为妻,奔则妾",逐出家门。在"始乱终弃"的社会风气中,白居易对这不幸的女子给予同情,并对世人提出"寄言痴小人家女,慎勿将身轻许人"的告诫。白朴在戏中所写的内容,大致与《井底引银瓶》一诗相同,但它表现的思想倾向,则与原诗迥异。整个剧本,洋溢着火热的激情。它描绘女子大胆地追求爱情,勇敢地向封建家长挑战,成为一曲歌颂婚姻自由的赞歌。

5. 郑光祖与《倩女离魂》

郑光祖(1264~?),字德辉,汉族,平阳襄陵(今山西临汾市襄汾县)人,从小就受到戏剧艺术的熏陶,青年时期置身于杂剧活动,享有盛誉。但他的主要活动在南方,成为南方戏剧圈中的巨擘。元代著名的杂剧家和散曲家。所作杂剧在当时"名闻天下,声振闺阁"。

元周德清在《中原音韵》中激赏郑光祖的文词,将他与关汉卿、马致远、白朴并列,后人合称为"元曲四大家"。所作杂剧可考者十八种,现存《周公摄政》、《王粲登楼》、《翰林风月》、《倩女离魂》、《无盐破连环》、《伊尹扶汤》、《老君堂》、《三战吕布》等八种。

郑光祖肖像图

《倩女离魂》演剧图

《倩女离魂》(全名《迷青琐倩女离魂》)是郑光祖的代表作。本是出于唐代陈玄祐的传奇小说《离魂记》,宋代人改编为话本,金代人则编为诸宫调。元杂剧初期作家赵公辅有同名剧本,但剧本改动了传奇小说的若干情节,如突出张母的门第观念"三辈儿不招白衣秀士",使张倩女和王文举的婚姻得不到最后肯定。这是倩女忧虑的一个重要因素,她忧虑的第二个因素是怕"他得了官别就新婚,剥落呵羞归故里"。封建婚姻筑在"门当户对"的基础上,嫌贫爱富的岳父母,比比皆是,而且高中后抛却原妻的男子也不在少数。这使倩女忧思重重,心神不定,灵魂离开了躯体去追赶情人,表现了她对封建门阀观念的反抗和对婚姻自主的追求。因此这样的改编实际上又有创造性。

6.纪君祥与《赵氏孤儿》

纪君祥(约元世祖至元年间在世),元代杂剧、戏曲作家。字、号、生平及生卒年均不详。大都(今北京)人,与李寿卿、郑廷玉同时。作有杂剧6种,现存《赵氏孤儿》及《陈文图悟道》。《赵氏孤儿》全名《冤报冤赵氏孤儿》,又名《赵氏孤儿大报仇》。元杂剧《赵氏孤儿》是一部历史剧,相关的历史事件记载最早见于《左传》,情节较略;到司马迁《史记·赵世家》,刘向《新序》、《说苑》才有详细记载。戏剧情节叙述春秋时期晋贵族赵氏被奸臣屠岸贾陷害而惨遭灭门,幸存下来的赵氏孤儿赵武长大后为家族复仇的故事。晋灵公武将屠岸贾仅因其与忠臣赵盾不和,嫉妒赵盾之子赵朔身为驸马,竟杀灭赵盾家300人,仅剩遗孤被程婴救出。屠岸贾下令将全国一月至半岁的婴儿全部杀尽,以绝后患。程婴遂与老臣公孙杵臼上演"偷天换日"之计,以牺牲公孙杵臼及程婴之子为代价,成功保住赵氏最后血脉。20年后,孤儿赵武长成,程婴绘图告之国仇家恨,赵武终报前仇。作品描写了忠正与奸邪的矛盾冲突,揭露了权奸的凶残本质,歌颂了为维护正义、舍己为人的高贵品质,气势悲壮,感人肺腑。

《赵氏孤儿》演剧图

三、明代的戏剧作家与作品

（一）徐渭与《四声猿》

徐渭（1521～1593年），汉族，绍兴府山阴（今浙江绍兴）人。初字文清，后改字文长，号天池山人，或署田水月、田丹水、青藤老人、青藤道人、青藤居士、天池渔隐、金垒、金回山人、山阴布衣、白鹇山人、鹅鼻山侬等别号。与解缙、杨慎并称"明代三大才子"。杂剧《四声猿》，指明代徐渭的四部杂剧，即《狂鼓史渔阳三弄》、《玉禅师翠乡梦》、《雌木兰替父从军》、《女状元辞凰得凤》，这四个短剧受到后世极高评价："高华爽俊，浓丽奇伟，无所不有。称词人极则，追躅元人。"

《四声猿》的名应取自巴东三峡民谣"猿鸣三声泪沾裳"，意思是猿鸣三声足以堕泪，何况四声。该剧取材《三国演义》第二十三回"祢正平裸衣骂贼"衍生创作。故事发生在阴司衙门，叙说才子祢衡劫满，将升天赴修文郎新职位。但上职前，阎罗殿判官要求祢衡重演当年击鼓骂曹之事。曹操乃东汉三国时代政治人物，后为魏国奠基人，时祢衡不愿为曹操所用，故失礼于曹操。曹操心有怨怼，故意命祢衡为鼓史，使其击鼓娱乐众人以羞辱之。着衣破烂的祢衡裸身击鼓，在鼓上击一首沉痛歌曲，听众堕泪不已。在判官前祢衡重演痛骂曹操，历数其奸恶。《四声猿》每出剧作前皆有版画一幅，显示祢衡裸身击鼓，中为判官，曹操置图上方行揖让之礼，旁有二鬼差押解。三人角色的描绘皆颇微妙。《狂鼓史》写祢衡被曹操杀害后，受阴间判官的敦请，面对曹操的亡魂再次击鼓痛骂，历数曹操全部罪恶的故事，实际上是借古讽今，抒发作者积郁在心间的愤恨。作品通过酣畅淋漓的曲词，把封建社会权相的蛇蝎心肠和丑恶嘴脸，揭露得穷形极致，语言辛辣而协律，本色之处，堪拟元人。

徐渭肖像图

《狂鼓史渔阳三弄》演剧照

《翠乡梦》本民间传说"月明和尚度柳翠"的故事,写玉通和尚持戒不坚,致被临安府尹柳宣教设计破了色戒。他出于报复而转世投胎为柳家的女儿,又堕落为妓女败坏柳氏门风,最后经师兄月明和尚点醒,重新皈依佛门的故事。此剧旨在宣扬轮回报应,但也揭露了官吏的阴险毒辣和僧侣们奉行禁欲主义的虚假。作品写玉通和尚两世轮回,从僧到俗,从男到女,情节曲折,关目的组织,甚见机杼。

《雌木兰》本北朝乐府《木兰诗》,叙木兰女扮男装,代父从军,建功立业,但增添了嫁王郎的情节。《女状元》写五代时才女黄崇嘏改扮男装应科举、中状元的佳话。这两部杂剧都以女子为主人公,有意识地从文、武两方面讴歌她们的才能智慧与魄力情操。

（二）梁辰鱼与《浣纱记》

梁辰鱼,字伯龙,号少白、仇池外史。曾作《红线女》等杂剧,但以《浣纱记》传奇最著名。此外还写过《远游稿》、《江东白苎》等。梁辰鱼是利用昆腔来写作戏曲的创始者和权威,因其作品的脍炙人口,无形中助力了昆腔的传布。从元末到明代魏良辅时期,昆腔还只停留在清唱阶段,到了梁辰鱼,昆腔才焕发舞台的生命力,这是梁辰鱼在中国戏剧史上的重大贡献。

梁辰鱼肖像图

《浣纱记》演剧照

《浣纱记》剧情为春秋时期吴越争雄的故事。吴王夫差在相国伍员的支持下兴兵伐越欲报父仇,将越王勾践困于会稽山。勾践采纳大夫范蠡计谋,厚礼卑词,吴王称臣,并偕妻子大臣赴吴服役。勾践在吴三年,敝衣劳作,曲意事关。吴王不听伍员劝谏赦勾践还乡。越王卧薪尝胆,伺机复仇雪耻。范蠡举荐未婚妻西施使用美人计,西施与范蠡倾诉离情,并把当年定情物溪纱各留一半,互嘱毋忘。吴王色迷心窍不顾伍员反对,恣意荒淫。越国此时兵精粮足,又暗施计谋使吴国年荒粮尽,还出师伐齐,越乘机侵吴,西施又从中迷惑吴王,使吴大败,勾践拜谢西施。范蠡与西施登舟远遁。

(三)李开先与《宝剑记》

李开先(1502～1568年),汉族,山东济南章丘人。明代文学家、戏曲作家。字伯华,号中麓子、中麓山人及中麓放客。嘉靖八年(1529)进士,历官户部主事、吏部考功主事、员外郎、郎中,后升提督四夷馆太常寺少卿。二十年,目睹朝政腐败,抨击内阁,被罢官。他壮年归田,"龙泉时自拂,尚有气如虹",希望朝廷重新起用,但又不肯趋附权贵,所以只能闲居终老。李开先的文学主张和唐宋派接近,他推崇与正统诗文异趣的戏曲小说,主张戏曲语言"俗雅具备","明白而不难知"。

李开先肖像图

《宝剑记》演剧照

《宝剑记》是其代表作之一,昆曲、京剧等剧种均有此剧。剧中主人公林冲是一位在疆场上立下赫赫战功的将军,他具有公平正直的美德,因为看不惯奸佞大臣高俅等人专权误国,上疏弹劾,结果被降职为禁军教头。但林冲仍不愿与奸佞同流合污,继续给皇帝上疏,揭露高俅等人的种种恶行。高俅恼羞成怒,用计谋陷害林冲,将他定成死罪。

(四)无名氏与《鸣凤记》

《鸣凤记》,明代传奇作品,大约写于隆庆年间(1567～1572)年,吕天成《曲品》把《鸣凤记》列为无名氏作品,全剧41出。作者把夏言等反对严嵩的十位大臣称为"双忠八义",把他们前仆后继的斗争精神喻为"朝阳丹凤一齐鸣"。作者在严嵩之子严世藩伏诛不久,就把这场震动朝野的政治事件搬上舞台,反映了人民强烈的爱憎,具有深刻的现实意义。

（五）汤显祖与《牡丹亭》

汤显祖（1550～1616年），中国明代戏曲家、文学家。字义仍，号海若、若士、清远道人。汉族，江西临川人。汤氏祖籍临川县云山乡，后迁居汤家山（今抚州市）。出身书香门第，早有才名，他不仅于古文诗词颇精，而且能通天文地理、医药卜筮诸书。34岁中进士，在南京先后任太常寺博士、詹事府主簿和礼部祠祭司主事。在汤显祖多方面的成就中，以戏曲创作为最，其戏剧作品《还魂记》、《紫钗记》、《南柯记》和《邯郸记》合称"临川四梦"。《牡丹亭》是汤显祖的代表作，也是中国戏曲史上浪漫主义的杰作。作品通过杜丽娘和柳梦梅生死离合的爱情故事，洋溢着追求个人幸福、呼唤个性解放、反对封建制度的浪漫主义理想，感人至深。杜丽娘是中国古典文学里继崔莺莺之后出现的最动人的妇女形象之一，通过杜丽娘与柳梦梅的爱情婚姻，喊出了要求个性解放、爱情自由、婚姻自主的呼声，并且暴露了封建礼教对人们幸福生活和美好理想的摧残。《牡丹亭》以文词典丽著称，宾白饶有机趣，曲词兼用北曲泼辣动荡及南词宛转精丽的长处。明吕天成称之为"惊心动魄，且巧妙迭出，无境不新，真堪千古矣"！

汤显祖肖像图

《牡丹亭》图片

（六）沈璟与《义侠记》

沈璟（1553～1610年），字伯英，晚字聘和，号宁庵，别号词隐。吴江（今苏州吴江区）人。明代戏曲家、曲论家。与当时名曲家王骥德、吕天成、顾大典等探究、切磋曲学，对音律研究有建树。《义侠记》取材于小说《水浒传》中武松的故事。从景阳冈打虎开始，至上梁山受招安结束，武松景阳冈打虎，杀潘金莲、打蒋门神、大闹飞云浦、血溅鸳鸯楼，假扮行者同鲁智深等上梁山，最后娶妻完婚接受招安，并增加武妻贾氏，写她同母亲访寻武松，路遇孙二娘等情节，全本36折。昆剧及有些剧种的《武松打虎》、《挑帘裁衣》、《武松杀嫂》等均出于此。

沈璟画像　　　　　　　　　　　《义侠记》演剧图

四、清代的"南洪北孔"

所谓的"南洪北孔",就是清代的戏曲大家洪昇和孔尚任。

(一) 洪昇与《长生殿》

洪昇(1645~1704年),清代戏曲作家、诗人。字昉思,号稗畦,又号稗村、南屏樵者。汉族,钱塘(今浙江杭州市)人。生于仕宦之家,康熙七年(1668年)北京国子监肄业,二十年均科举不第,白衣终身。

洪昇画像　　　　　　　　　　　《长生殿》演剧照

代表作《长生殿》历经十年,三易其稿,于康熙二十七年(1688年)问世后引起社会轰动。次年因在孝懿皇后忌日演出《长生殿》,而被劾下狱,革去太学生籍,后离开北京返乡。晚年归钱塘,生活穷困潦倒。康熙四十三年(1704年),曹寅在南京排演全本《长生殿》,洪昇应邀前去观赏,事后在返回杭州途中,于乌镇酒醉后失足落水而死。洪昇与孔尚任并称"南洪北孔"。其代表作品《长生殿》取材自唐代诗人白居易的长诗《长恨歌》和元代剧作家白朴的剧作《梧桐雨》,讲的是唐玄宗和贵妃杨玉环之间的爱情故事,但他在原来题材上发挥、演绎出两个重要的主题,一是极大地增加了当时的社会和政治方面的内容,二是改造和充实了爱情故事。

（二）孔尚任与《桃花扇》

孔尚任（1648~1718年），字聘之，又字季重，号东塘，别号岸堂，自称云亭山人。山东曲阜人，孔子六十四代孙，清初诗人、戏曲作家，继承了儒家的思想传统与学术，自幼即留意礼、乐、兵、农等学问，还考证过乐律，为以后的戏曲创作打下了音乐知识基础。世人将他与《长生殿》作者洪昇并论，称"南洪北孔"。

代表作品《桃花扇》是一部表现亡国之痛的历史剧，清代著名的传奇剧本，作者孔尚任经历十余年，三易其稿而完成。此剧表现了明末时以复社文人侯方域、吴次尾、陈定生为代表的清流同以阮大铖和马士英为代表的权奸之间的斗争，揭露了南明王朝政治的腐败和衰亡原因，反映了当时的社会面貌。即作者自己所说，借离合之情，写兴亡之感，实事实人，有凭有据。作者将明末侯方域与秦淮艳姬李香君的悲欢离合同南明弘光朝的兴亡有机地结合在一起，塑造了一系列栩栩如生的人物形象，悲剧的结局突破了才子佳人大团圆的传统模式，男女之情与兴亡之感都得到哲理性的升华。

孔尚任画像

《桃花扇》演剧图

小　结

戏剧起源于模仿，在原始人类还不能够创造文字、音乐和诗歌的时候，他们已经开始创作建立在模仿基础上的原始哑剧和仪式舞蹈了。可以说戏曲是中国最古老的传统艺术，从原始的祭祀到两汉的百戏、唐代的参军、明代的传奇、清代的地方戏，戏曲种类日益丰富，演出节目日渐精微。发展到后来，京剧成为中国的国剧，而各个地方又有自己的剧种，如河南的豫剧、安徽的徽剧、陕西的梆子等。

中国戏曲在发展过程中，作为对艺术的总结和升华，戏曲理论也得到了长足的发展，宋代戏曲理论的初创，如欧阳修《五代史记》；元代戏曲理论的奠基，如钟嗣成《录鬼簿》；明代戏曲理论的发展，如藩王朱权的《太和正音谱》；清代戏曲理论的完善，如李调元的《雨村曲话》等。有关剧目的著述，如无名氏的《传奇汇考标目》、无名氏的《重订曲海总目》、王国维的《曲录》等等。

经典的戏曲也成了千古传唱的经典作品，脍炙人口，如关汉卿的《窦娥冤》、王实甫的

《西厢记》、孔尚任的《桃花扇》、汤显祖的《牡丹亭》等等。历代传唱,经久不息。中国的戏曲史也是中国文化的传承史,了解中国戏曲,对于了解中国的文化内涵意义深远。

思考链接:

1. 谈谈你对中国古代戏曲演变的理解。
2. 谈谈你所感兴趣的剧作家及其作品。

第四章 活泼有趣的传统游艺

【情境导入】

倘不知道人民日常的娱乐方法,便不能认识一个民族,好像对于个人,吾们倘非知道他怎样消遣闲暇的方法,吾们便不算熟悉了这个人。

——林语堂《生活的艺术》之《日常的娱乐》

古代游艺内容丰富,形式多样,主要是指那些带有竞技特点的活动形式,大致相当于中国古代的体育活动。了解中国古代的游艺文化对于我们了解先民的文化精神、弘扬中华民族悠久灿烂的传统文化意义深远。

第一节 消遣娱乐的博戏

博戏是古代一种赌输赢的游戏(与棋相仿),它不仅通过游戏来满足娱乐的需求,而且游戏的结果要以钱财来兑现,因此这种游戏方式实质上是一种具有赌博色彩的游戏。

一、意钱、骰子戏与彩选

意钱又称"摊钱",是最初的一种简淡的博戏,所谓"摊钱"就是投掷以获财的意思。这种博戏形制和操作极为简单,工具只需几枚铜钱。玩时将铜钱掷在地上,按照正反面组合来决定胜负,在民间多有流传。

骰子戏作为中国博戏中的六博之一,被视作中国博具之祖,在春秋战国末期已较为流行。到唐朝流行起来。骰(tóu)子,俗称"色子",最初是用作占卜的工具,后来才演变成后宫嫔妃的游戏,掷骰子点数赌酒或赌丝绸香袋等物。当时骰子六面分有一至六个点,唐玄宗以前只有幺点为红色,至于四点变红里面有个有趣的故事。据赵翼《陔余丛考》载:唐明皇与杨贵妃采战,将败,唯四点可解。此时有一子旋转未定,连连呵斥之,果然成四。明皇大悦,回头令高力士赐绯,从此骰子四点也变成红色,并相沿至今。骰子原为木质,至唐代用骨质,有的在骰子窝中安放红豆。自清代开始骰子戏成为压宝戏,又称"摇宝",骰子的娱乐方式也被基本决定下来。

彩选又称"骰子选格"、"彩选格"。"彩"即所投骰子得的彩名,"选"即根据所得彩选官职。至宋代此游戏发展为"叶子戏"。玩时,先将所选官职彩绘在一叶子之上。到了明清,所选明目更多,不局限在官职上,还涉及选仙、选佛、览胜、水浒、红楼等各个方面,这种游戏因此更加丰富有趣。

二、骨牌、马吊牌与默和牌

骨牌又叫"宣和牌",约在宋徽宗宣和年间(1119—1125年)产生。这种骨牌游戏在宋高宗时传入宫中,随后迅速在全国盛行。当时的骨牌多由象牙或象骨制成,所以骨牌又有"牙牌""骨牌"之称,民间则称之为"牌九"。其形制继承了骰子的一些特点,由正方形变为长方形,由六面有点,变为一面有点,共32张,每张上的花色都是由两个骰子的点色组成,最大为12点,最小为2点,共有21种花色,其中11对每色两张,为正牌,宋时称华队;另外10张是单牌,为杂牌,宋时称夷队。骨牌不仅花色众多,玩法也很复杂,不仅是一种博戏,还是一种充满了智慧较量的游戏。现在流行的牌九、牛牌、天九牌就是骨牌的延续和转变。

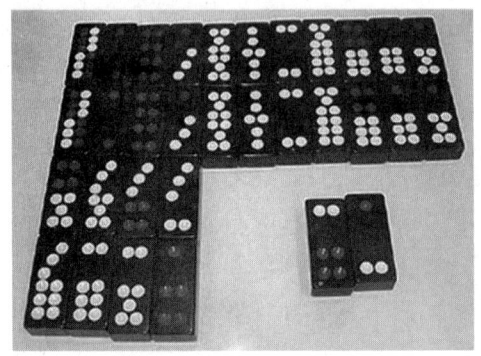

宣和牌图片

马吊牌大约出现在明朝万历年间(1573~1619年)的苏杭一带,相传为"弇州山人"王世贞首创,到崇祯年间大盛。马吊相传是"马掉"的谐音。关于"马吊牌"名称的来历,明代潘之恒的《叶子谱》说,"谓马四足失一,则不可行",因此叫"马掉"。汪师韩认为,马掉本名为马掉脚,约言之曰马掉,后又改为马吊。犹如马吊起一足,故名马吊,缺少一人就不能玩,这也许是马吊牌名称来历的正解。马吊是一种纸牌,故也称为"叶子",但不同于叶子戏。清代徐珂《清稗类钞》载此为纸牌,打牌时"气静声和,无容竞争",故而获得了"无声落叶"的雅称。其形制大约一寸宽,三寸长。全副牌40张,分为十万贯、万贯(万位数)、索子(千位数)、文钱(个位数)四种花色。其中,万贯从一万贯到九万贯共9张,索子从一索到九索也是9张;十万贯是从二十万贯到九十万贯,乃至百万贯、千万贯、万万贯共十一张;文钱从一文到九文,还有半文(又叫枝花)、空没文(又叫空汤)各一张。通常十万贯、万贯的牌面上有《水浒》好汉的画像,索子、文钱的牌面上画索、钱的图形。据《叶子谱》载,马吊牌由四人来玩,有庄家、闲家之分,打牌时先掷骰子来定庄,然后三个闲家合攻庄家。每人先取八张牌,剩余八张放在桌子中间。四人轮流出牌、取牌,出牌以大击小,直到将庄家打下庄。马吊牌发展过程中,逐渐产生了"默和牌"和"碰和牌",它们除了形式上仍是纸制,而不是骨制外,已经与麻将没有多大区别。

叶子牌（马吊牌）

清代叶子牌（马吊牌）纸牌雕版

默和牌是一种纸牌，牌长二寸许，宽不到一寸，也是四人一起玩。共60张，包括文钱、索子、万贯三种花色，分别有一至九各两张，另有幺头三色各两张。玩时，每人各取10张，以后再依次取牌、打牌。牌能三张连在一起的叫一副，有三副再加一对牌者为胜，赢了牌称"和"（音"胡"）。因为打牌的过程中都不出声，因此叫默和牌。后来，人们把两副牌合在一起，由60张，扩展到120张。玩法上，在默和牌基础上，增加了三张相同的牌可以成为一副的规则。这样，上手出的牌，下手如果需要还可以吃、碰。这种牌的组合包括了"坎"（同门三张数字相连）、"碰"（三张相同）、"开杠"（四张相同），又叫"碰和牌"。

默和牌

三、麻将与马吊牌

麻将马吊牌又称"马将"、"麻将牌"、"竹城之战"、"方城之战"，有"国牌"之称，产生于清代。牌式和玩法由马吊牌演化而来，同时受到骨牌的影响，由纸牌改为竹骨镶嵌的骨制牌。对于麻将名称来源，多认为是从马吊牌演变而来，麻将之名可能是"马吊"读音的讹变。麻将的形制是逐渐丰富发展起来的,一方面承袭了纸牌万、索、文三门,而变为万、索、筒三门,每门从一到九,各四张,合计 108 张,并且变纸牌中的红万、枝花、空汤为中、发、白。此外,麻将新增加了东、西、南、北风,合计 136 张牌。麻将发展到民国时期,又增加了花牌:春、夏、秋、冬、梅、兰、竹、菊(也有的称天官、聚宝盆、小猫、小鼠)共 8 张,成为 144 张的"花麻将"。麻将由四人玩,轮流坐庄,庄家先掷骰子,决定摸牌处,每人 13 张,先组成成组牌的便"和"了。最基本的组牌是"坎"与"成",前者由三张同色同数的牌组成,后者由三张同色连数的牌组成。此外还有大牌式组合,如"清一色"、"全幺"、"三元会"等。牌式组合越大,其得的"番"越多。麻将玩法变幻莫测,充满刺激与风险,同时又是一种智谋性很强的智力游戏,所以从它产生后,引起人们的广泛喜爱,有的人甚至沉迷其中不能自拔。因为多数人将它作为赌博游戏,在游戏中必然伴随着钱财的输赢,有人因其发财,但多数人为此损失惨重。

竹黄老麻将

民国麻将

第二节 智慧角逐的棋类

一、六博戏、樗蒲与双陆

六博戏,是有文献可考的最早的博戏,又称"六簿"或"陆博",大约产生于春秋战国时期,流行于汉代,是中国古代汉族民间一种掷彩行棋的博戏类游戏。六博的出现,比中国象棋要早得多,大约在春秋时期就已经存在了,到了战国时期已相当流行。楚辞《招魂》中有云:"菎蔽象棊,有六博些,分曹并进,道相迫些。"反映出战国前后在荆楚一带已流行着六博棋。《史记·苏秦列传》在描写齐国都城临淄繁荣的情景时,也提到当地许多人群在"斗鸡走狗,六博蹴鞠",这些记述表明六博游戏在当时已相当普及了。战国时期,《战国策·齐策》记述齐国都城临淄的情况时曾提到六博。六博的棋盘叫枰,是在方形或近似方形的木盘上,阴刻矩纹,漆绘 4 个红色圆点。棋子叫棊,大都是骨质的,共 12 枚,红黑各 6 枚,也有 6 枚为正方形 6 枚为长方形的。骰子叫箸,多半由半边细竹管制成,两旁各置一细铜丝,中间填金属粉。箸外涂黑漆。由于它的一面是平的,另一面为圆弧形,所以投掷时有正背面之不同。秦汉是我国多种游戏产生和发展的时期,六博在这一时期也得到更加广泛的传播。一套完整的六博棋,应包括棋盘、棋子、箸(即后世所称的骰子)。另外还有博筹,用于记录对博者的输赢情况。六博的行棋方法主要包括大博和小博两种。西汉及其以前的博法为大博,此法以杀"枭"为胜,即对博的双方各在己方棋盘的曲道上排列好六枚棋子,其中一枚代表"枭",五枚称作"散",以"枭"为大。用"箸"六个。对博时,双方先轮流掷箸,再根据掷得的"箸"的数量多少行棋。数越大,走的棋步越多。六博行棋时,双方要互相逼迫,"枭"一得便即可吃掉对方的"散"。同时,"枭"在己方"散"的配合下,调兵遣将,争取时机杀掉对方的"枭"。对博的胜负以杀"枭"来决定,即《韩非子》中所言"博者贵枭,胜者必杀枭",这一点和象棋中以杀将夺帅为胜相类似。东汉时期,对六博的形制进行了革新,出现了二茕(音 qiong,与箸的作用一样)的小博。这种博法是一方执白棋6枚,一方执黑棋6枚,双方还各有一枚圆形棋子,称作"鱼",将它们分别布于棋盘12曲格道上,两头当中名为"水","鱼"便置于"水"中。行棋的多少是根据掷带的数字而决定,哪一枚棋子先进到规定的位置,即可竖起,称为"骄棋"。随后这枚"骄棋"便可入于"水"中,吃掉对方的"鱼",称为"牵鱼"。每牵一次鱼,可获博筹二根,如能首先牵到三次鱼,得六根博筹,即算获胜。有关这类博法的形象资料,见于河南灵宝东汉墓出土的一套绿釉博棋俑。在一张坐塌上置长方盘,盘的半边摆有6根长条形算筹,另半边置方形博局。博局上每边有6枚方形棋子,中间有二枚圆形的"鱼"。坐塌两旁跪坐二俑对局,左边一人双手向上前举,似乎在拍手叫好,右边一人两手摊开,形象逼真。

樗蒲(chū pú),又称"摴蒲",是继六博戏之后,出现于汉末盛行于古代的一种棋类游戏,从外国传入。《演繁露》记载:"古唯(石斤)木为子,一具凡五子,故曰'五木'。"博戏中用于掷彩的投子最初是用樗木制成,即臭椿树为制作材料,故称樗蒲。又由于这种木制掷具系五枚一组,所以又叫五木之戏,或简称五木。樗蒲由五木及枰、杯、矢、马组成。"枰"即棋盘,"杯"是用来制五木的容器,"矢、马"是棋子,马向前走,矢来拦截。每人 6 马,其与矢的进退由掷五木所得的彩数决定。采有十种,卢、雉、犊、白为贵采,可以连掷、打马、过关。开、塞、塔、秃、撅、枭为杂彩,掷到杂彩,马不能行。行马时可根据掷得的彩数行一马或者行二马。魏晋时兴起了不行棋,直接靠掷五木定输赢的博戏。该戏对唐朝兴起的"投琼"、"彩战"都有影响。

双陆源于古代伊朗,约在魏晋时传入中国,南北朝、隋唐至金元盛行。相传是在由印度传入的波罗塞戏基础上,由曹魏时王子曹植糅合六博的特点而创设的,初期有两枚骰子,唐朝末年后逐渐加到六枚。辽宁博物馆藏有完整一套双陆棋,是我国唯一的一套古代实物。中国古代的双陆棋是一种赌博性的竞技棋戏,又称"握槊"、"长行",在《涅槃经》中称为"波罗塞戏"。因为其局状如棋盘,左右分别为六路,因此得名。双陆棋子为马头形状,故民间又称其为马。据日本《双陆锦囊钞》记载,双陆棋盘上下各十二道,棋子黑白各十五枚,骰子十二枚,六面分有一至六个点,两人相博,先掷骰子,朝上的面上有几个点,就行几步,如果一方十五枚棋子全走进最后六道,就获胜。据《唐国史补》中《狄仁杰传》载,武则天梦见下双陆棋,尝问狄仁杰云:"朕昨夜梦与人双陆,频不见胜,何也?"对曰:"双陆输者,盖为宫中无子,是上天之意。假此以示陛下,安可久虚储位哉?"明朝和清朝时,由于麻将和象棋的出现,使得下双陆棋的人数逐渐减少,最终导致双陆棋在清朝中叶时失传。

在古代文献中,常以"博塞"并称,《庄子·骈拇》有"问奚事,则博塞以游",远在春秋战国时期,就有关棋类游戏的记载,在漫长的发展过程中,棋类活动的内容不断发展,规则不断完善,并最终成为独具中国传统特色的日常类游戏。

二、象棋与围棋

象棋是中国传统的棋类游戏,最初与围棋统称为"奕",象棋虽然也是一种智力型游戏,但是由于在形制和方法上都要比围棋简单,因此其普及程度要比围棋高得多。到三国魏晋南北朝,萌芽于春秋战国时期的六博戏被象棋取代,但此时的象棋并没有得到广泛传播。棋盘已经成为正方形,棋子也有了将、车、马、卒四类。棋盘黑白相间,共64格,棋子置于格内。北周武帝曾制《象经》,集百僚讲说。此外还有王褒的《象经序》、庾信的《象戏经赋》。唐初象棋并不流行,随着唐朝的繁荣,君主的提倡,象棋逐渐开始流行。两宋时期,象棋的发展呈现出多样化的趋势,出现了大象戏、小象戏、七国象戏、广象戏及少晚的三象戏,但主要是大象戏和小象戏之间的竞争。到南宋,象棋的形制基本发展成近代模式。棋子由唐朝的立体象形,转变为平面图形和平面字形,最终定型为平面字形,共32枚棋子,棋盘由9根直线和10根横线组成,共90个交叉点,棋子由在方格上活动,变为在交叉线上活动,中间有河界,将、士只能在九宫之中活动等。这一时期,由于火药的出现和火炮在军事上的应用,棋子"炮"出现。同时还出现了诸如司马光的《七国象戏》、晁补之的《广象戏图》等著作。南宋时,象棋成为妇孺皆知的棋类游戏。明代随着象棋的继续发展,出现了大量的象棋棋谱,如徐芝的《适情雅趣》、祖龙氏的《百变象棋谱》。清代是象棋最为繁盛的时期,出现了以毗陵派为首的九大流派,王再越的《梅花谱》是象棋总结性的理论专著,在中国象棋史上具有划时代的意义,为近代象棋的发展奠定了基础。

古代象棋

古代象棋游戏图

"凡戏皆取其热闹,围棋则取其寂静。凡戏皆用气力,围棋独运心思。"围棋在中国古代游戏史上,围棋的历史最为悠久,并以其形制的复杂、逻辑的严密尤为世人称道,而被誉为中国的"国棋"。古代典籍中的"奕"多指围棋。关于围棋的起源,张华《博物志》中有"尧造围棋以教子丹朱"的记载,又说舜也因为儿子商均不甚聪慧,曾制作围棋教子。围棋从一开始就被当成一种开发智慧的游戏。从考古发现来看,早在原始社会,纵横交错的棋盘图形虽然基本形成,但棋道较少,多在10至13道之间。到春秋战国,围棋得到较大的发展,在《左转》、《论语》、《孟子》等诸多文献中,都有关于围棋的记载。《孟子》中关于战国时期的

古代围棋游戏图

围棋图

奕秋的记载,是最早的围棋国手。汉代,围棋发展成17或者19棋道,形制已经比较复杂,并有了专文对围棋进行描述,如马融的《围棋赋》、李尤的《围棋铭》等。魏晋南北朝时期,玄学的盛行,围棋备受喜爱清谈旷达的士人喜爱,并风靡于士大夫及帝王阶层,被称为"手谈"或者"坐隐"。痴迷于围棋的士人甚多,如《晋书》载:"(阮籍)母终,正与人围棋,对者求止,籍留与决赌。"当时根据九品中正制,围棋棋手也被评为九品,《艺经》载:"夫围棋之品有九:一曰入神,二曰坐照,三曰具体,四曰通幽,五曰用智,六曰小巧,七曰斗力,八曰若愚,九曰守拙。"唐代围棋更加盛行,唐明皇时还设置有棋待诏的官职。杜甫曾在诗句中写道"对棋陪谢傅,把剑觅徐君","且将棋度日,应用酒为年"。宋朝,围棋继续发展,国手刘仲甫写了经典著作《棋诀》,对围棋战术进行了理论阐述,从而使围棋理论有一个质的飞跃。明清时期是围棋发展的高峰期,民间围棋迅速发展。出现了"永嘉、新安、京师"三个派别。现在,围棋盘纵横19道,共361个交叉点,黑白棋子各180枚。棋子的材料也从"断木围棋"发展到"用石为棋",棋子的形状也由方形发展到现在的圆形,出棋的先后也由白子先走发展到黑子先走。这种能够历时数千年而经久不衰、传承无数代而始终不绝的游戏形式,在中外游戏史上都是少见的。

三、塞棋与弹棋

塞棋是由六博脱胎而来的一种古代博戏,相传春秋战国时期就已出现。塞又写成簺。在古代文献中,常以"博塞"并称。成玄英《疏》说:"投琼曰博,不投琼曰塞。"这就是塞棋与六博的区别。塞戏在汉秦时代很盛行,当时又称"格五"。塞戏有四采:塞、白、成、五,到了五格不得走,故名"格五",西塞戏的玩法,汉边韶《塞赋》有详细的叙述。汉王朝设有"棋待诏"的官职,《汉书·吾丘寿王传》说他"以善格五召待诏"。从西汉古墓中出土的塞戏棋

局,发现两种形制。一种是湖北云梦西汉古墓出土的棋局,棋盘长38厘米,宽36厘米,厚2厘米,正面为白地矩纹,与博局完全一样。它与六博的唯一区别是无博箸。另一种是甘肃武威县磨咀子汉墓出土的彩绘木俑塞戏,棋盘为黑彩底,上绘白色的矩形图案,与博局图案稍有不同。塞戏的棋子是立方体的,绘有龙虎两种形制。

弹棋相传是西汉成帝时刘向仿蹴鞠之戏而作,东汉时盛行。扡载弹棋的玩法,是以自己的棋子弹对方的棋子,这可能是其名字的由来。棋盘类似古代的蹴鞠球场,以石为之,棋子每方6枚。魏文帝非常喜欢弹棋,技艺甚高,他写过《弹棋赋》。三国时弹棋已由每方6枚棋子增至每方8枚。唐代时弹棋仍极盛行。从柳宗元《序棋》中看,弹棋的形制在唐代又有变化,棋子由每方8枚增至每方12枚。弹棋在唐朝依然很盛行,但是到了宋朝,随着围棋、象棋的普及,弹棋就不那么时兴了。

第三节 强身健体的球类

中古的球类竞技历史悠久,项目众多,现代的许多球类运动都能在中华民族古老的球类竞技中找到与之相似的原形。如与现代足球相似的蹴鞠,与马球运动相似的击鞠,与曲棍球运动相似的步打球,与高尔夫球运动相似的捶丸,与保龄球运动相似的十五柱球,等等。那么这些古代的球类竞技是如何演变发展的,又有着怎样的娱乐功能呢?

一、蹴鞠与击鞠

(一)"蹴鞠"或"蹋鞠""蹵鞠"

"蹴"和"蹋"都是用脚踢的意思,"鞠"就是所踢之球,用现代的语言来说就是踢足球。蹴鞠的起源可以追溯到中国的远古时期,一种认为蹴鞠起源于原始社会末期的黄帝时代。公元前1世纪西汉人刘向在《别录》中记载:"蹴鞠,皇帝所造,本兵势也,或云起于战国,古人蹋蹴以为戏。"1973年湖南长沙马王堆三号西汉墓出土的帛书老子著《十大经·正乱》中记载:"黄帝身遇蚩尤,因而禽之。剥其皮革以为干候,使人射之,多中者赏;断其发而建于天,名曰蚩尤之旌;充其胃以为鞠,使人执之,多中者赏。"另一种说法认为蹴鞠起源于殷商时代的巫术舞蹈。刻在甲骨上的殷商卜辞记载说,原始人们在庚寅那一天占卜,预兆吉凶,国王呼吁跳蹴鞠舞。由上述记载可以看出,中国的蹴鞠历史悠久,或出于战争,或出于游戏,但蹴鞠究竟是怎样产生的,在没有确凿的史料证明之前,仍是一个历史之谜。

蹴鞠运动在战国时期的齐国广为流行,《史记·苏秦列传》在记载战国时著名的政治家苏秦出使齐国都城临淄,游说齐宣王时,有称其民无不以"吹竽鼓瑟,弹琴击筑,斗鸡走狗,六博蹋鞠者"为乐的记载。踢足球成为当时社会上风行一时的娱乐活动。战国时,不仅在齐国、魏国这些北方地区人们有踢球的习俗,就是在楚国等一些南方地区,民间也将踢球作为一种娱乐活动。

齐人蹴鞠图

汉代的蹴鞠有两种形式,一种是娱乐表演性质的蹴鞠舞,踢时不受场地的限制,表演者在音乐的伴奏下以自己的技巧踢出各种花样。花样蹴鞠重在表演,竞技性少一些。从汉代的画像石(砖)上我们可以看到,这种花样蹴鞠甚至可以与舞蹈结合在一起,成为一种难度很大、舞姿优美的足球舞。另一种就是竞技性很强的蹴鞠比赛。东汉的李尤曾经写了一首关于足球的诗《鞠城铭》,对足球比赛进行了描述:"圆鞠方墙,仿象阴阳;法月冲对,二六相当。建长立平,其例有常;不以亲疏,不有阿私。端心平意,莫怨其非,鞠政犹然,况乎执机。"由此可见,汉代蹴鞠在比赛场地、人员设置、比赛规则等方面都已经相当齐备,蹴鞠运动相对成熟。当时的蹴鞠制作有两种:一种是用毛发纠结的球,另一种是皮革制成的实心球,里面充满了鬃毛,所谓"以皮为之,中实以毛"。汉代的一些妇女也参加蹴鞠运动,河南南阳汉画馆保存的一块汉代画像砖是现今保存的世界上最早的女子蹴鞠运动员的形象,足见蹴鞠运动的普及程度。下图为刘太公行乐图:

刘太公行乐图

足球作为军事训练的一种手段一直持续到东汉三国时期,这段时期连年征战,人们除了练习骑马、射箭,就是学习蹴鞠。魏晋南北朝是一个战乱频仍、分裂割据的时代,以蹴鞠活动为代表的各种球戏均趋于衰落,直到隋唐时期,中国古代的球戏又开始蓬勃发展。这一时期,随着马球的兴起,蹴鞠的军事作用逐渐消失,又重新向以娱乐为主的方向发展,因此出现了一系列的改革,成为一项纯粹的娱乐活动。首先,足球的制造技术迎来了一次革新。唐代出现了用动物的膀胱充足气作为球胆的充气足球,外面包上用八片皮革缝成的球皮。最初是用嘴吹充气,后来又发明出一种小型的鼓风箱来打气,叫作"打揎法"。充气球的出现使足球的各种性能充分地表现出来,足球开始向高空发展,变得更加吸引人了。这是我国古代蹴鞠运动发展史上一次关键性的飞跃,也是世界足球运动史上的一个里程碑,标志着世界上第一个外用皮壳内灌气足球的诞生和使用。另外,唐代在足球的场地及球门的形制上都有了改进,把唐以前地面下凹的鞠室改为立于地面上的球门,还有单双球门之分。出现了多种多样趣味横生的踢球方法,如有球门的足球(在场地的两端各栽两根数丈高的竹竿,竿上结网形成高高的球门,分两队进行比赛,以进球多少来决定胜负)、无球门的足球(这是一种以个人技巧为主的踢法,这种技巧性的足球实际上就是战国时踢法和汉代花样蹴鞠的继承和发扬),足球的发展大大向前跨进了一步。由于唐代的充气足球重量减轻,弹性增强,这种踢法出现了许多花样:①白打场户。打毬(jū),又叫一般场户,按照上场踢球的人数分为一人场、二人场、三人场,以至十人场的十种比赛方式。其中的一人场,身体的各部位都可以代替两脚踢球,因此球在身上上下翻舞,令人眼花缭乱,比赛时不限人数,各自独踢,没有比赛对手时,也可以单独表演。这种踢法在唐朝传往日本。②趯(tì)鞠,比赛看谁踢得高,两人对踢,也可以多人(成偶数)对踢,这种踢法在唐代传到了朝鲜。

足球在唐代以后又流行了几百年,特别是在宋朝,由于马球的衰落使足球盛极一时,蹴鞠也更加平民化,成为儿童娱乐的重要方式。

儿童蹴鞠图

不过,在宋代足球踢法中,表演性、娱乐性的内容大大增加,而竞争性却越来越少。宋代不用球门的花样蹴鞠在技巧上比唐代又提高了许多,因为这种踢法花样多,有利用身体多种部位的十种基本技术,即"肩、背、拍、拽、捺、控、膝、拐、搭、臁",称为"十踢"。技术的多样性和复杂化,大大提高了蹴鞠的娱乐性,使之成为一种引人入胜的自我娱乐和观赏活动,上至皇帝、大臣,下至平民百姓不仅爱看蹴鞠,而且也都喜欢下场踢两脚。元代钱选的《宋人蹴鞠图》,画有赵匡胤与五个人一起踢球的情景,画中宋太祖、宋太宗和几个大臣踢球的神态清晰可见,标志着蹴鞠已经不像宋代以前,只局限于艺人表演或军营演练,而是在城市中作为一项运动,甚至在上流社会中开展起来。

宋太祖蹴鞠图

由于宋代以表演踢球为生的艺人已经有了相当的数量，人们对蹴鞠的喜爱成为一种社会风气，这时出现了民间专练踢足球的群众社团——"齐云社"，也叫"圆社"（因将球踢得高飞入云，与云齐平所以取这个名字。又因足球是圆的，所以又叫"圆社"），齐云社的会员们又称为"圆友"。这大概是世界上最早的"足球协会"了。齐云社定有各种规矩，从蹴鞠技艺、比赛规则、运动服装到运动道德，无所不包。对球也有规定，"初场要添气，中场要哨水（在球面上淋水），末场要打散（给球放气）"，这是"古今圆社礼"。齐云社里的众圆友，十分得意他们的足球练习与比赛，认为这项活动"消闲永日，运动肢节，善使血脉调和，有轻身健体之功，胜华佗五禽之戏……踢到巧处，身生妙异"。有一个金台李氏的圆友，将蹴鞠形象地比作发汗散和化食丹。

民间蹴鞠图 　　　　　　　　　　女子蹴鞠图

元代蹴鞠的"艺术化"日渐明显，女蹴鞠艺人表演在消遣娱乐中占有重要地位。蹴鞠自明清代开始衰落。明代的蹴鞠不再是节日或者宴会上的内容，而是成为妓女、娱客的手段，妇女踢球作为一种伎艺供他人欣赏。明太祖在洪武二十二年（1389年）为了防止军人一心沉醉在娱乐中，涣散了斗志，下令整肃军纪，规定："下棋者断手，蹴圆者卸脚。"就整个发展趋势来看，足球运动从明代起逐渐低落下去，不论是统治阶层还是民间对足球的兴趣下降，有利于足球活动的社会风气开始改变。到了清代，足球运动进一步衰落，虽然爱好溜冰的满族人曾经在乾隆年间（1736~1795年）把足球与公元滑冰结合起来，发明了一种称为"冰上蹙（cù）鞠之戏"的冰上足球，作为禁卫军的训练内容，但是这种简单的蹴球游戏与明代以前发达的蹴鞠相比完全不同，已不能看作是足球了，蹴鞠活动主要变为妇女、儿童的游乐内容，清代中期，在社会因素的限制下，随着西方近代足球运动的渐次传入，中国传统的蹴鞠游艺，在经历汉、唐、宋、元、明代的闪亮辉煌后，有文字记载长达2000多年的中国古代足球在历史的舞台上销声匿迹,至清末基本消亡了。

明宣宗行乐图

(二)击鞠

击鞠又叫"击球"、"打球",是骑在马上以杖击球的一种竞技运动,也称马球,是继蹴鞠兴起后出现的又一个风行于中国古代社会的体育活动。马球在古代中国是如何发展起来的,目前尚无定论。但它与古代骑兵的发展有着直接的关系,不仅是一项娱乐活动,也是一种训练骑兵骑术的军训手段。

唐朝是马球运动的黄金时代。唐代的马球场,一般在大殿前铺设,所以在史书中,我们经常可以看到在某某殿、某某宫打球的记载。马球比赛分为单、双球门两种比赛方法,单球门是在一个木板墙下部开一尺大小的小洞,洞后结有网囊,以击球入网囊的多少决定胜负。打双球门的赛法与现代的马球相似,以击过对方的球门为胜。唐代出现了一些有着高超技艺的打球能手,在珍藏于故宫博物院的打马球纹铜镜上,我们可以看到当年马球健儿们正在驱马疾驰,挥杆击球。尤其难得的她们是四个英气勃勃的女马球手,显示了盛唐时期我国巾帼不让须眉的英雄气概。唐代的皇帝们大都是马球迷,他们不仅爱看,而且也会打,有的还相当出色。唐玄宗李隆基是其中最典型的一个代表。有一次,吐蕃派使者来长安迎接金城公主,唐中宗请客人们观看马球比赛。吐蕃人善打马球,看了比赛,觉得堂堂大唐帝国的球技也不过如此,于是提出要比试比试。一开赛,吐蕃队果然十分厉害,唐朝的球队不是对手,连连败北。唐中宗见势不妙,急忙派当时还是临淄王的李隆基(即后来的唐玄宗)带三个皇室子弟上场与10名吐蕃人对阵。只见"玄宗东西驱突,风回电激,所向无前"大败吐蕃球队。在唐代章怀太子墓道的西壁上就有一幅大型彩色壁画《马球图》,现存于陕西省博物馆中,这幅壁画使今天的人们能够领略1200多年前唐代马球比赛激烈而生动的景象。在唐代,不仅骑马打仗的武人们喜欢马球,就是舞文弄墨的书生们对打马球也不生疏。每年科举考试后,在祝贺新及第的进士活动中,就有一项在月灯阁举行的马球会。唐代的妇女也爱好马球,皇宫中宫女们也以打球为乐。在唐墓中出土的陶俑中,就有女打球俑。在打马球风气的影响下,一种名为"驴鞠"的骑驴打球活动也应运而生。驴,体型较小,跑得也慢,所以骑驴打球深受妇女们的喜爱,于是,驴鞠成为唐代的一种女子体育运动。唐剑南节度使兼成都尹郭英乂,就很喜欢观赏女子击鞠,不惜每天花钱数万,将小小的毛驴打扮得富丽堂皇,女骑手们一个个花枝招展。马球在唐代还传到了日本。

女子击鞠图

宋朝的击鞠活动仍非常普遍,宋太宗曾下令制定出关于打马球的详细规则,当时的马球已是一项高度程式化的活动。这种驴鞠在宋代的宫中依然存在,被称作"小打",以区别于骑马打球的"大打"。尽管在宋代,马球被列为军礼活动,按照上述规则进行,但它已经失去了唐代时的那种重要意义。元代击鞠所用的木质球已经改为用皮缝制、装满填充物的软球。明朝击鞠运动逐渐衰弱,只是在宫廷典礼和民间节日活动中才会出现。到了清代,由于朝廷禁止民间饲养马匹,击鞠活动更加稀少。实际上自唐代后马球运动就逐渐从它的巅峰走向衰落,到明朝中期已基本消亡。这主要是因为唐代后缺乏马匹和忽视骑兵的军事指导思想占统治地位所造成的。

因为马球的兴衰与骑兵的发展有着直接关系,当马球自唐以后在中原地区逐渐衰落下去的时候,在一向崇尚骑射的许多北方少数民族中却普及开来。辽、金的帝王们也都十分喜爱马球,因为他们明白马球的军事作用。

二、步打球与捶丸

(一)步打球

唐代发达的马球运动不仅导致了驴鞠的产生,还使得一种不骑马或驴,徒步持棍击球的曲棍球运动在中国出现,这种击球游戏就是"步打球",又称"步打",实际上是击鞠的一种演化形式。最初它是一项女子体育活动,而且击球者分为两队,拿着下端弯曲的木棍徒步上场进行步打比赛,比赛以击球入门多少分胜负。宫女们对这种古代的曲棍球十分着迷。唐末,中国的步打球传到了日本。与现代的曲棍球非常相似。

(二)捶丸

早在1000多年前的宋代,中国就已经有高尔夫球的游戏,它的中国名字叫作"捶丸",它的出现与盛行于唐代的球类活动有着密切的关系:唐代的打球除了持球杆骑在马上打的马球外，还有一种拿球杆徒步打的球类游戏，叫作"步打球"，到了宋代，步打球进一步发展，就出现了"捶丸"的击球游戏。"丸"是指球，"捶丸"的意思就是用棍打球，这就是最早的高尔夫球。到了元代，捶丸已经成为一种非常成熟的体育项目。元世祖至元十九年（1282年）出现了一部由宁志老人编写的专门论述捶丸的著作——《丸经》，这大概是世界上最早的关于高尔夫球的专著了。在这部长达32章的书中，作者追述了捶丸的发展历史，讲解了进行捶丸的场地、器具、竞赛规则，以及各种不同的击法和战术，还特别强调了体育运动的道德，实在是一份不可多得的珍贵史料。

进行捶丸游戏的场地一般是有地形变化、凹凸不平的空旷场地。在场地上挖一些与今天高尔夫球穴差不多的球窝，在球窝旁插上彩旗作为标记，丸由坚固的经得起反复击打的赘木（树身上结成的瘤的部分叫赘木）制成。捶丸也有不同类型的球棒，如"撺棒"、"勺棒"、"扑棒"，供人在不同的条件下选用，打出不同的球。参加比赛的人数可多可少，比赛也因人数不同有相应的不同名称，10、9人参加的叫"大会"，7、8人的为"中会"，5、6人的是"小会"，3、4人的称为"一朋"，只有2人比赛的叫作"单对"。分队比赛时，各队使用不同颜色的球；不分队的个人比赛，每人使用的球也颜色各异，以防混乱。用较少的击球次数将球击入球窝者为胜。捶丸有各种复杂的击法，如用撺棒立着打、勺棒蹲着打、扑棒可站着打也可蹲着打。不同的地形、地面、位置，均有相应的不同击法，如在地表坚硬处，应当减力击球，否则容易将球打远，而在土松处，则要加力击打。基本的比赛方式是：在场上划出一个一尺见方的平地，清除瓦片、砾石、杂草。这就是"球基"，第一击必须将球放在基内击出。后继的击打在球停止处接着打，不得再设球基。球必须击出，而不能用挑、拨、推、砍、兜、刮、舀、扫、碾的手法。捶丸比赛对不道德的行为有种种严格的规定，如不能加土或做坑阻拦别人球的行进，不能妨碍他人击球，不能随便移动球的位置，比赛中不能换球棒，不许给他人指示地形，等等。

捶丸对健康的促进作用是显而易见的，就像《丸经》中所说的，捶丸时需要审视场地的干湿软硬以便设置击丸的球基，要根据地势的平峻凹凸构想制胜之道，要拽肘运杖，将球打入球窝，心不能急，意不能躁。因此，这种体育活动既可以给人一个良好的心境，又可使血脉流通、四肢舒畅。正因为如此，宁志老人到80高龄，仍然身体健康，头脑清晰，写出这部古代高尔夫球的传世之作。

捶丸图

女子捶丸图

捶丸的产生显然与城市的发展和市民娱乐文化的要求有着直接的关系。这项活动深受人们的喜爱。明代人周履靖在游历中发现在都市中不少人都精于这一运动。捶丸活动也得到上层社会的喜爱，达官贵人、文人墨客，甚至仕女在酒后饭余，也都喜欢以捶丸来消食解闷。封建帝王中着迷于这项游戏的也大有人在,如宋徽宗、金章宗、明宣宗等。捶丸运动经过了宋、元、明三代的发展繁荣后,在清朝由于清贵族不喜欢这项运动而衰落。后来在苏格兰开始的现代高尔夫球,有人推论是在元朝由中国的捶丸传入而出现的。

小 结

本章主要介绍中国古代传统的游艺。从消遣娱乐的博戏到智慧角逐的棋类,再到能够强身健体的球类运动。传统的竞技性游戏,主要以棋类游戏和博戏为主。棋类游戏是一类比较文明和健康的游戏,其中以象棋和围棋为代表,在中国历经千年而不衰,形成了独具中国特色的棋类文化。博戏是一种以博取钱财为目的的游戏,中国有着悠久的赌博历史,也出现了较多种类的赌博游戏,从文献记载看,有六博戏、樗蒲与双陆,到后来的骨牌、马吊麻将,形成了丰富多彩的赌博文化。与此同时,中国古代的体育经历了一个逐渐发展成熟的过程。从原始社会到春秋战国,一些简单的项目已具雏形。秦汉三国时期,在继承先秦体育形式的同时更具有多样性、规范性、竞技性和娱乐性。例如,蹴鞠和击鞠等球类竞技逐渐成熟,并形成自己的特色。两晋南北朝到隋唐,随着社会政治、经济和文化的发展,各种体育形式初步定型。宋朝,蹴鞠和击鞠等体育运动有了新发展,同时各种体育竞技、保健养生等活动开始在民间普及。到了明清时期,一些传统的体育项目,如击鞠、步打等因种种原因,逐渐衰微。随着满人入关,一些新的竞技形式,如摔跤和冰嬉等传入中原,丰富了中国的体育运动。

悠久的历史造就了灿烂的文明,古代游艺也同样具有古老文明的独特魅力。中国古代游艺,内容丰富,花样繁多。现代体育竞技项目,在其中几乎都能发现相似的地方。这些活动不仅丰富了历代人们的生活、强健了他们的体魄,更为今天的文明提供了一个传统体育民俗文化的宝库,对民俗文化的丰富及现代体育的发展具有重要意义。

思考链接:

唐朝《幽冥录》载:巴邛人,收大橘如三斗,剖之,有二人相对,身长丈余,象戏。一叟曰:"仆饿矣,须龙脯食之。"食迄,以水喷地,为二白龙而去。这是橘中戏典故的由来,橘中戏又成为象棋的别称。你还了解哪些有关古代游艺的典故?

第四篇 宗教信仰

第一章 古老神秘的原始宗教

【情境导入】

自2006年开始,每年农历三月初三,在河南省新郑市的黄帝故里,都要举行隆重的拜祖大典,来自国内各地以及海外几十个国家和地区的华侨代表和各界人士聚集这里,一起敬拜亿万华夏炎黄子孙共同的祖先轩辕帝。大典共分为盛世礼炮、敬献花篮、净手上香、行施拜礼、恭读拜文、高唱颂歌、乐舞敬拜、祈福中华、天地人和等项议程,人们用这样的方式怀念自己的始祖,也纪念和赞颂这位五千年中华文明的肇造者。

现在,每年的黄帝故里拜祖大典,已经由区域性纪念活动发展成为海内外炎黄子孙寻根团聚的盛大节日。

新郑拜祖大典

原始社会生产力水平低下,原始人类在与自然斗争时显得软弱无力,面对变幻莫测、庞大而神秘的世界,常常遇到许多突如其来、不能理解的现象,如雷电、风雨、疾病、死亡等。他们对神秘的自然现象和人自身的生理现象不能正确的认识,认为在他们周围存在着一种超自然的神秘力量,这种力量主宰着世界的一切,只有用膜拜、祈祷等仪式去影响它们,才能让生产和生活顺利进行,这样就产生了原始宗教的观念。

原始宗教的主要表现形式有自然崇拜、图腾崇拜、祖先崇拜、鬼魂崇拜等。在人类走向文明的过程中,它逐渐形成系统的宗教世界观、复杂的宗教仪规和严密的宗教组织等一整套宗教体系。

第一节　自然崇拜

自然崇拜是最原始的宗教形式,是把自然物和自然力视作具有生命、意志和伟大能力的对象而加以崇拜。在原始社会,当原始人类面对日月运行、昼夜交替、风吹雨降、电闪雷鸣的大自然时,既觉得敬畏又感到自身的脆弱和渺小。一方面,他们要靠天吃饭,大自然给他们提供阳光雨露、火种果实、山珍水产等必需的生产生活资源;另一方面,大自然又给他们带来不可抗拒的灾难,如严寒酷暑、山崩地震、洪水猛兽、瘟疫疾病等。对大自然的依赖和敬畏以及对这种现象的不可理解,使他们认为万物万象背后都有一个神秘的主宰,这个主宰既能给人带来福祉,也能带来灾祸,这个主宰就是神灵。人们必须对神灵顶礼膜拜,才能获得他们的护佑。因此,自然崇拜与祭祀活动就不可分割地联系在了一起。

一、自然与自然神崇拜

(一) 天与天神崇拜

天的变化多端和神秘莫测,促使人们创造了自然界中不存在的天神和天堂。上古时代,人们对天神没有统一的称呼,称"天"为"皇天"、"上帝"等,天神是统辖天上万物、主宰人间一切的至上神,因此,部落首领和后来的帝王都非常重视祭天仪式。《史记·封禅书》记载,

祭天仪式

北京天坛

伏羲氏、神农氏、黄帝、尧、舜、禹、商汤王等都曾到泰山顶上祭天,秦始皇统一天下之后,也曾到泰山祭天,并立石为记。天坛,古称圆丘,是历代帝王举行祀天典礼的地方,今天的北京天坛公园就是明清两代帝王祭天的地方。古代蒙古人也在山上祭天,当成吉思汗出征

乞台国时,曾到山顶上跪着向天祈祷,希望上天佑助他得胜归来。民间的祭天仪式也非常隆重,独龙族在每年夏历十一月至十二月间,择定日期,杀猪剽牛,捞捕江鱼,祭天祈年;锡伯族在举行婚礼时,首先必须举行祭天仪式,祈求天神赐福、子孙满堂。

(二) 土地与土地神崇拜

土地是万物滋生的本源,是人类生存的根基,土地神最初只是主宰农作物的收获,后来,人们不断地给他增加神职,使他身兼数职,成为各个地域的保护神。社神就是从土地神演变而来的地域保护神。据史籍记载,古代中国小自家庭,大至国家,都有社,如王社、国社、侯社、州社等。祭祀土地神的地方最初是在露天的场所,如耕种的田地,后来有专门

祭拜土地神

的土地庙。地坛是帝王祭祀土地神的场所,现在的北京地坛为明朝时所建。我国的很多少数民族都有祭祀土地的传统,如西藏南部的门巴族,每年藏历二月二十日前后,全村人停止劳动一天,杀牛祭土;布依族每年六月初六祭祀社神或土地神;德昂族在播种玉米后,全寨按户凑钱,以木桩为土地神,杀牲祭祀。

(三) 日与日神崇拜

先民崇拜太阳的最初目的主要是祈求适当的太阳光,获得较好的收成,在长时间内见不到太阳就要举行各种祭祀和巫术仪式活动。殷商时期的人奉太阳为神,商人的先祖被称为少皞、太皞,而"皞"则具有太阳的意义。在出土的很多陶器和壁画上都绘有太阳的图案或象征太阳的标志。在古老的神话故事中,很多也与太阳有关,如夸父追日、羲和生十日、后羿射日、天狗食日等等。还有不少民族把太阳视为光明正大、明察秋毫之神,这些民族从不敢做违背常规和道德的行为,害怕受到惩罚,如东北的鄂伦春族人在发生口角、争论是非时经常要对太阳起誓。祭祀日神的典礼历代不绝,近代仍有祭日习俗,如北京顺义县过去要在二月初一日祭太阳;云南昆明西山区的部分彝族,每逢农历冬月二十九日举行

"太阳会",祭祀日神;永宁纳西族的婴儿出生后的第三天要举行拜太阳仪式,保佑孩子健康成长。

人面与太阳结合的壁画　　　　太阳图案的圆盘

(四) 雨与雨神崇拜

雨水是对万物生存至关重要的物质,旱或涝直接影响农牧业的收成,因而在各种自然神崇拜中,雨神崇拜最为普遍。神话传说中的应龙,具有呼风唤雨的神性,当是最早的雨神形象。相传黄帝时专门派人豢养龙,养龙之地成为龙池,每逢旱灾便祀龙祈雨。在民间,祭龙祈雨的习俗也非常普遍,祈雨仪式往往是祭祀与巫术相结合,如湘西苗族的"拿龙求雨"法,目的是"使龙神发怒,降下雨来";贵州水族称雨神为"霞神",一般选择在插秧结束后的阴历五六月间,举行隆重的祈雨大典。

祭祀雨神

(五) 石与石神崇拜

石器在原始人的生产生活中有着重要的作用,故对石头有崇敬之心,后世的"泰山石敢当"用以镇邪,就与早期的石崇拜有关。石崇拜以白石为主,羌族的白石神来源于"羌戈大战"的神话传说,白石既是民族的保护神,也是家庭的保护神,因此,羌族在屋顶、门窗旁、室内都供有白石;白族有"白岩天子"的传说,也崇拜白石;四川庙顶藏族凡婚丧嫁娶、节庆或出远门均需祭白石,希望石神能保佑家庭宁静安康、消灾免祸。

羌族的白石神

汶川泰山石敢当雕塑

除了以上几种自然神灵崇拜以外,还有月神、火神、雷神、山神崇拜等等。这些自然崇拜反映了早期人类对大自然的依赖、敬畏和热爱,以及希望改善生存条件的淳朴愿望。

二、自然崇拜的文化意义

自然崇拜本身不仅是一种重要的文化现象,而且对中国其他文化的影响也十分重大。

首先,自然信仰和崇拜影响了古代的政治观念。历代统治者用天神思想蒙蔽人们,把自己说成是天之子,把帝王的命令说成是天帝的命令,把改朝换代也说成是"顺应天命",历代帝王的年号也有许多是带有"天"字的。

其次,自然信仰和崇拜对社会经济有很大的影响。在古代,农耕前后,都要举行众多的祭祀仪式,上山狩猎、伐木也要祭祀山神,干旱时求神降雨,洪涝时求神止雨,虫害时求神灭虫,这些仪式都是受自然崇拜影响的表现。

再次,自然信仰和崇拜影响了人类生活的方方面面。如对火神的崇拜,家庭的饮食、照明、取暖都离不开火,因此,每天吃饭前要先敬火神;举行婚礼时,也要先敬火神。办丧事、出远门、生病、祈福、生育等生活的各个方面都有相应的祭祀祝祷仪式。

第四,自然信仰和崇拜激发人们创造了丰富多彩的神话传说。中国各民族关于天、地、日、月、星、风、雷、雨、火、虹等自然神的神话传说千姿百态、浩如烟海,对古代作家的文学创作产生了深远的影响。

另外,自然信仰和崇拜对古代艺术、节日、居住方式、哲学思想、生死观念等都有重要的影响。

第二节 图腾崇拜

图腾崇拜,是将某种动物或植物等特定物体视作与本氏族有亲属或其他特殊关系的崇拜行为,是原始宗教的最初形式。在原始社会,自然界还是动植物的天下,一方面,人要依赖动植物而求得生存,另一方面,动植物又显得比人更有威力,它们的天然器官的许多功能都远胜于人的肢体。人们既依赖于动植物,又畏惧动植物,便将他们奉为神明,当这种敬畏心理与追溯祖先、寻求氏族团结的心理结合在一起时,图腾崇拜便发生了。由于动物表现出比植物更高级的智慧和快速移动、袭击能力,因此,动物成为人类主要的图腾物。

仰韶文化鱼纹陶器　　　　　　红山文化龙形玉

在考古挖掘中,仰韶文化中绘有鸟、鹿、蛙、龟的彩陶,红山文化中发现的龙形玉和猪形玉,刻有人面鱼纹图的半坡彩陶等,都是原始人类图腾崇拜的表现。据《史记·五帝本纪》记载,始祖黄帝"教熊、罴、貔、貅、䝙、虎,以于炎帝战于阪泉之野",这里出现的六种兽,应是指分别以其为各自图腾的六个氏族。中国很多少数民族的风俗习惯中,都保留着图腾崇拜的遗风,如瑶族的民族服装五色服和狗尾衫,畲族的狗头帽都代表着对狗的崇拜;台湾的土著在身上文上蛇的图案表示对蛇的崇拜;朝鲜族的鹤舞、维吾尔族的鸽舞表达着对鸟类的崇拜;中国的百家姓中以动物为姓的,如"牛、马、羊、龙、虎、熊、鱼、鹿"等,以植物为姓的,如"杨、柳、花、李、梅、叶"等,都带有早期图腾崇拜的痕迹。

一、图腾崇拜

(一) 鹰图腾

鹰是猛禽猎鸟,它有着高超的飞行技术和凶猛的擒拿本领,狩猎民族都幻想拥有鹰一样的本领。我国北方各民族如满族、鄂温克族、蒙古族、赫哲族都有神鹰崇拜,特别是东北地区,凡是信仰萨满教的民族,几乎都有自己的关于鹰的神话传说以及对鹰的礼仪和禁忌。萨满传统的说法是"鹰是天的神鸟使者,它受命降临到人间和部落首领成婚,生下了一个美丽的女孩,神鹰便传授给她与天及众神通灵的神术,并且用自己的羽毛给女孩编织了一件神衣,头上插上了羽毛做的神冠,让她遨游世界,把她培养成了一个世界上最早的'渥都根'(女巫师)"。因此,鹰是萨满化身的神物象征,萨满神帽除了安装鹿角作为法力标志外,铜制的飞鸟就是神鹰的标志。同时,鹰也是北方狩猎民族和游牧民族英武吉祥的象征。

鹰图腾

哈萨克族猎鹰

（二）狼图腾

狼对于原始人类来说是非常可怕的野兽，它们凶猛而具有灵性，往往群体活动，协同搏斗，于是人们由恐惧而敬奉，把它们视作自己的亲属和同类。古突厥人以狼为图腾，他们认为自己是狼的后裔。当婴儿诞生时，会问"是狼还是狐"意即"是男还是女"，他们的所居之地称为"狼山"，部落的旗帜上绘有狼的图案，有些人还在身上文上狼的图案，在雕塑、器物上也饰以狼的图案表示对狼的崇拜。蒙古布里亚特人也崇拜狼，他们不敢直呼狼的大名，而称之为"天狗"。时至今日，草原民族的神话传说和英雄史诗中狼图腾的痕迹依然存在，哈萨克人不能骂狼，狼代表着"勇士"，代表着"好汉"，代表着勇猛顽强、坚忍不拔的品质。

狼

（三）天鹅图腾

从古至今，我国有不少民族崇拜天鹅，其中以哈萨克族最为虔诚。哈萨克族过去崇拜天鹅，传说白天鹅是他们的始祖母，"哈萨克"这三个字就是"白天鹅"的意思，哈萨克族的族徽也是以一只在祥云中翱翔的白天鹅为图案，哈萨克族中有许多的部落名称、地名都是以"哈孜"(天鹅)命名的。如有哈孜部落,他们把巴尔喀什湖称为"哈孜湖",把湖附近的城市称为"哈孜城"。至今,哈萨克人仍把天鹅视为圣鸟,严禁捕杀,人们爱把死去的天鹅挂在毡房的木栅上,或把天鹅的羽毛插在小孩胸前,以保吉祥平安。

哈萨克族的天鹅图腾

(四)树木图腾

森林作为早期人类的摇篮,树木自然而然地成为一种图腾。有些氏族、部落用树木来命名,如云南牢山彝族的鲁姓氏族分化为两大氏族后,分别以竹子和棠梨作为其家族图腾,外族人称之为"竹子鲁"和"棠梨鲁";李姓氏族分化为三大家族,分别以青松、棠梨、葫芦为图腾,外族人便称其为"青松李"、"棠梨李"、"葫芦李"。云南澄江等地的彝族,认为松树是自己的始祖,每年三月三日,村中的长老就要率领十二岁以上的男子大祭松树;布依族和苗族崇拜竹,他们认为竹可以保佑女人妊娠育子,保佑孩子健康成长;满族奉柳为神,称之为"佛朵妈妈",祭祀柳树,目的在于求子;近代在香港新界地区盛行祭香树,每十年举行一次大祭。

祭拜树神

二、四灵崇拜与龙凤文化

四灵崇拜正式形成于秦汉之际,"四灵"有两种说法,《礼记·礼运》中说"麟、凤、龟、龙,谓之四灵",《三辅黄图》中说"苍龙、白虎、朱雀、玄武,天之四灵,以正四方"。苍龙、白虎、朱雀、玄武是东、西、南、北四方星宿名称,用龙虎凤龟四种动物作为象征,实际上是星辰崇拜与图腾崇拜相结合的产物。这两种说法中,后一种说法更为流行。

龙凤

四灵

麟,即麒麟,古人把它看作吉祥之物,常与凤凰并称,如"凤毛麟角"。麒麟以鹿为身躯,牛尾、狼蹄、鹿角,是远古综合性的动物图腾。因为性情温和,所以被称为仁兽,地位仅次于龙。在中国尤其是汉族的民俗文化中,麒麟被认为是吉祥的象征,能为人带来子嗣,所以,旧时汉族有麒麟送子的民俗。在古代的建筑上,也经常能在房檐、房山墙、门楣、窗框、板墙、屋脊等处,看到麒麟的影子,有的在大门的两侧装饰石雕麒麟,既显示门庭高贵,又镇宅避邪。在配饰上,人们喜欢将麒麟作为护身符戴在身上,例如,婴儿佩戴的"麒麟锁",祈祷孩子能长命百岁。在着装上,清朝一品武官衣服的"补子"上绣有麒麟,是一种等级身份的象征。

虎,为百兽之王,凶猛雄健,色彩斑斓,一啸而人兽震恐,故先民敬若神明,很多民族都以虎作为图腾来崇拜。虎与麒麟不同,它是实际存在的野兽,其形象威武勇猛,有鼓舞斗志的作用,比麒麟更容易被人们所敬仰,所以在四灵崇拜的发展中,取麟而代之,与龙并列,在汉语中有"虎将、虎子、虎贲、虎威、虎符"等词语,都与军事有关。其中"虎符"是在调兵遣将的兵符上,刻上一只老虎,作为中央发给地方官或驻军首领的调兵凭证。在有些地方,还保留有送给孩子布老虎的风俗,希望孩子能像老虎一样勇猛威武。

龟,古人崇拜龟有两大原因,一是因为龟长寿,其寿命远超过人和其他动物;二是因为龟能用于占卜,预决吉凶。在古代的很多典籍中,都称龟为神龟,也有很多关于龟的神话传说,突出龟的长寿及灵性,所以古人以龟为神物,使用龟甲占卜,信其灵验,由此衍生出龟甲文化。后来的道家认为龟能行气导引才得以长寿,于是效仿此法,衍生出长生之术。

四灵之中的龙和凤,二者的地位远超出其他的图腾物,成为中华民族共同的崇拜对象。这是因为随着社会的发展,部落与部落之间不停的冲突融合,使得各部落的图腾形象不停地变化,有的消失,有的变化,有的合并,从中逐步演化出龙和凤两大图腾系列。龙和凤不同于虎和龟,它们不是现实世界中实有的动物,是若干地区性图腾的多元汇聚,是经过人们长期在头脑中加工重构而形成的艺术化形象。

龙，古人说，龙"角似鹿，头似驼，眼似鬼，项似蛇，腹似蜃，鳞似鱼，爪似鹰，掌似虎，耳似牛"（罗愿《尔雅翼》卷28引王符说）。我们从龙身上可以看到原始时代众多动物图腾的属性，经过长期的发展，最后是高度艺术化了的青龙或黄龙，成为中华民族共同的文化艺术象征。龙的特点一是矫健腾跃，词语中有"生龙活虎"，代表着中华民族富有朝气和勇于开拓的精神；二是丰富多彩，与时变化，代表着人们对真善美的追求；三是能聚云唤雨，有益庄稼收成，所以龙王成为雨神，是农业社会最受崇拜的神物。

凤，据《尔雅·释鸟》中记载，凤凰的外形特征是："鸡头、燕颔、蛇颈、龟背、鱼尾、五彩色，高六尺许。"这种形象是各种鸟图腾经过长期交融，逐渐形成的华贵美丽的综合性神鸟形象。"凤凰"一词中的"凤"本为雄性，"凰"为雌性，但自从龙逐渐演变为男性的主要文化象征后，凤便逐渐演变为女性文化的象征，变得越来越色彩艳丽、婀娜多姿了。在古代，凤是高洁、高贵、吉祥、太平的象征，《诗经·大雅》中记载"凤凰之性，非梧桐不栖，非竹实不食"，寄寓了人们对高洁人格的追求。

龙凤观念和龙凤文化对中国文化的影响是深远的。在政治文化上，龙凤后来成为帝王后妃的专有标志，皇帝被称为真龙天子，由此衍生出龙袍、龙床、龙椅、龙船、龙辇等皇帝的专用物品。凤冠霞帔为朝廷命妇的礼服，在汉朝，只有太后和皇后的礼冠上才能装饰有凤凰。在学术文化上，飞龙在天、亢龙有悔、龙章凤姿、龙虎榜等等，有很多与龙、凤相关的词汇，来象征美好的寓意。在民间文化上，关于龙凤的神话传说、故事、诗歌，以及与龙凤有关的工艺品有很多，赛龙舟、舞龙、龙灯等成为民间节日的重要内容。中国人自称为"龙的传人"，全世界的华侨华人都以"龙"作为中国传统文化的象征。

第三节　鬼魂崇拜

鬼魂崇拜就是崇拜各种鬼魂，起源于灵魂不灭观念。随着社会的发展，原始人类开始越来越多地思考生和死的问题，对死亡以及在自己身上出现的各种生理现象和精神活动越来越关切。比如睡眠和做梦，认为睡眠是灵魂暂时离开了肉体，做梦是灵魂到处游荡；再比如生病和死亡，认为生病是灵魂与肉体不能正常复合，死亡是灵魂永远离开肉体。同时，人类越来越表现出对生的留恋，希望死亡并不是一切断灭，希望死后还能以另一种方式继续存在于世界上，因此就产生了灵魂不灭的观念。活人的灵魂在死后变为鬼魂，所以鬼魂崇拜主要体现在埋葬和祭祀死人的仪式上。

一、鬼魂崇拜

在蒙古的萨满信仰中，鬼魂崇拜是一项很重要的内容。蒙古先民每每都要请萨满给病人或死者"招魂"或"驱鬼"，还要为死者举行隆重的丧葬仪式。死者的亲属要到灵柩前哀悼，埋葬时要唱歌跳舞，举行告别仪式，还要将死者生前用过的物品衣服以及骑过的马、骆驼等一起下葬，希望他们在另一个世界也能衣食无缺。这和汉族人的丧葬文化有类似之处。

布朗族人信仰万物有灵，信仰的鬼神非常多，其中有代表性的是谷魂崇拜。每年五月播种时，各家各户都要在山地中选一块"母地"，请祭司祝祷，镇邪驱魔，祈求谷苗茁壮。在谷苗生长的过程中要"祭谷魂"、"叫谷魂"。如果谷穗生病，要请巫师念经、滴水。收割前，各家要选择吉日，到地里摘穗，舂新米做饭，祭祀谷魂。打谷和进仓时，都要举行"叫谷魂"仪式，他们希望把谷魂留住，保佑谷子能长久的储存。

阿昌族人过去多信鬼神，每年春耕和秋收前要祭三次"土主"，即地鬼，全寨人都要去田间洒鸡血、插鸡毛，祈求鬼灵保护庄稼。他们认为人有三魂，人死后，一个魂留在家里设家堂供台，春节、七月初一、八月十五祭祀；一个魂要送到坟上，每逢清明祭献；还有一魂送到城隍庙"鬼王"那里报到，所以要请本民族的祭司诵经一天一夜来送魂。他们认为，鬼魂不论走到哪里，每年的农历七月初一都要回家来接受家人的"烧包"。

二、丧葬文化

因为灵魂不灭观念的存在和对鬼魂的崇拜，古人非常重视埋葬和祭祀死人的仪式，形成了独具特色又影响深远的丧葬文化。

土葬，除汉族以外，古代匈奴和突厥也多以土葬为主。土葬经常用棺木，皇帝及贵族的棺木有数重，外层叫"椁"，内层叫"棺"。中国帝王的陵寝，至今地面有迹可寻的有一百多座。这些陵寝布局严谨、建筑宏伟、工艺精湛，是中国独特的文化体现，最有代表性的为世界第八大奇迹——秦始皇陵。因此，在汉族，上至皇帝下至百姓都实行土葬，认为这样才能"入土为安"。

秦始皇陵兵马俑

火葬，早在春秋战国时期就有火葬习俗，是我国最古老的一种丧葬习俗。这种习俗首先在西北的部分游牧民族中盛行，《墨子·节葬下》中记载："秦之西有仪渠之国者，其亲戚死，聚柴薪而焚之。"后来佛教僧侣及藏传佛教的活佛、喇嘛也都实行火葬。

火葬

天葬,是蒙古族、藏族等少数民族的一种传统的丧葬方式。他们在人死后把尸体放在地势开阔或指定的地点让秃鹫或其他鸟类啄食,认为拿自己的身体"皮囊"来喂食秃鹫,是最尊贵的布施。

天葬

除了以上这些丧葬方式以外,还有各种繁复的丧葬礼俗,如选择寿材、停尸仪式、披麻戴孝等等,形成了中国特有的丧葬文化,并对中国人的日常生活产生了深远的影响。

第四节　祖先崇拜

祖先崇拜与鬼魂崇拜紧密相连，祖先崇拜就是认为祖先的灵魂不灭，而自己又与祖先有血缘关系，希望通过对祖先灵魂的祭祀，得到祖先的保佑和庇护。祖先崇拜的对象往往是部族的初祖，或者是有名的部落首领，或者是有功于部族的人。

一、始祖崇拜

燧人氏，《韩非子·五蠹》中记载："民食果蓏蚌蛤，腥臊恶臭而伤害脾胃，民多疾病。有圣人作，钻燧取火以化腥臊，而民说之，使王天下，号之曰燧人氏。""燧"是古代取火的工具，先人把领导发明和使用人工火的祖先，称为"燧人氏"。燧人氏发明了人工取火，结束了原始人茹毛饮血的历史，开创了华夏文明的新纪元，因此，燧人氏一直受到人们的敬重和崇拜，奉他为"火祖"，后被人尊称为"燧皇"。

伏羲氏，《易传》中说，伏羲氏有两大功劳，一是作八卦，八卦中所蕴含的天人谐和的整体性、直观性的思维方式和辨证方法是中华民族思想方式的基础；二是兴渔猎，伏羲教会人们织网捕鱼，使人类从原始的狩猎状态进入到初步的畜牧业生产阶段。这两件事都是人类发展中具有重大意义的事件。在民间传说中，伏羲与女娲同被视为"人祖"，要进行祭拜，在河南淮阳还建有伏羲陵。

燧人氏

伏羲氏

神农尝百草

神农氏，是我国原始社会时期一位勤劳勇敢、睿智的部落首领，是传说中农业和医药的发明者。神农氏尝遍百草，教人辨别药草，并教人农耕。后来，神农氏因食用断肠草不治而亡，因此被世人尊称为"药王"、"神农大帝"等，是掌管医药及农业的神祇。

炎黄二帝雕塑

黄帝，华夏族的正式缔造者，人文初祖。黄帝是父系氏族社会部落联盟的首领，据《史记·五帝本纪》记载，黄帝族与炎帝族战于阪泉之野而后胜之，又与蚩尤族战于涿鹿之野而擒杀之，形成了很大的集团势力，为华夏族的形成奠定了基础。人们把舟车、弓矢、乐器等很多器物的发明归于黄帝，使之成为中华文明的代表。黄帝又称轩辕氏，汉代成为神，被道家所尊崇。

二、祖先崇拜与祭祖文化

先民的祖先崇拜有着浓厚的宗教意义，他们相信祖先的神灵能保佑后世子孙，所以，要子孙祭祀祖先，护佑家人平安。早期的远祖崇拜，内容主要在于崇拜祖先的高尚人格和丰功伟绩，血统观念并不强烈，经过长期的演化，发展为后来的圣贤崇拜。而后来的近祖崇拜主要是祖辈和父辈的丧葬祭祀，在父权社会，非常受重视，形成了一系列祭祀制度、礼仪和文化，祭祖仪式成为"礼"的一种。

传统的祭祖行为经过漫长的传承，凝结了中华民族的民族特质和群体精神，已经成为广大民众生活方式的基本构成部分。族有宗祠，家有祖龛，祭祀祖先的场所到处可见，信史、家谱、家传则记录了先民们的业绩。崇拜祖先、孝敬父母、光宗耀祖，为世人所景仰。这种传承下来的祭祖文化使中华民族成为一个具有强烈伦理观念和宗族观念的民族，而和亲尊祖、衍德崇宗也成了中华传统美德的一部分。

思考链接

巫术与占卜

巫术在原始社会的生产生活中非常常见，人们希望通过巫术影响或控制鬼神，达到祛病消灾、造福人民的目的。巫术的实施者就是巫师，巫师是人与神之间的中介，通过祭拜、跳舞、念咒等手段,下达神的旨意,上达人的祈愿。巫师在部落或氏族中的地位很高,也是部落中知识最丰富的人,他们往往掌握了神话、传说、天文、历法等知识,并且把这些知识一代一代地传下去,承担了文化传承者的角色。巫术中的舞蹈姿态丰富多彩且需要十分投入的感情,巫师在舞蹈时往往如痴如醉,这些感情和形式非常丰富的舞蹈成为原始舞蹈的重要来源。

占卜中的"占"是指用蓍草数目变化的程序,得出卦象,推测吉凶;"卜"是以火灼龟壳或兽骨,根据其出现的裂纹,来预测吉凶。占卜的方法和形式多种多样,如占星、释梦、易卦、堪舆、相术、拆字等等,这当然不能得到科学的认识,但是占卜的出现表达着先民想要掌握事物因果关系、对未来作出预测、逃避祸事的愿望。在占卜活动中,人们往往会把自己的实际生活经验融合在其中,因此,占卜就成了迷信和科学互相纠缠的一个领域,例如,周代人在占卜的基础上发展出了《周易》这样的著作。《周易》所含内容极其丰富,并且对中国几千年来的政治、经济、文化等各个领域都产生了极其深刻的影响。

第二章　现世现生的中国佛教

【情境导入】

小说《西游记》中塑造了唐僧、孙悟空、猪八戒、沙僧,以及一大批神、妖、鬼、怪形象,虽然孙悟空、猪八戒、沙僧以及神妖鬼怪都是虚构出来的,但唐僧却是历史上的真实人物。在电视剧中,唐僧是一个懦弱迂腐、不辨是非的人物形象,但其原型却是唐朝著名的玄奘大师。玄奘为解决佛教各派学说的分歧,于贞观元年(627年)西去印度求法,历经十九年,从印度取回657部佛经,并与弟子翻译出75部1335卷佛经,是中国佛教史上著名的翻译家,并创立了法相宗。《大唐西域记》记述了他西行时亲身经历的一百多个国家的山川、物产、习俗、逸事等,《西游记》就是以此为原型创作的。

玄奘

佛教诞生于公元前六世纪的古印度,距今已有两千五百多年的历史。佛教产生后,经过不断地发展、外传,逐渐成为世界性的宗教,与基督教和伊斯兰教并称为世界三大宗教。两汉之际传入中国后,经过逐渐适应,缓慢流传,逐渐"中国化",成为影响中国最大的宗教。

第一节　认识佛教——佛教的创立与东传

一、顿悟菩提——释迦牟尼创立佛教

（一）佛教的创立

佛教的创始人是乔达摩·悉达多，与我国的孔子是同时期的人。乔达摩原是迦毗罗卫国（在今尼泊尔境内）净饭王的长子，从小过着养尊处优的宫廷生活，且相貌端庄、知识广博、能文能武、智勇兼备，被立为"太子"。但他看到世间万事万物都在遭受着种种的痛苦：耕牛被鞭打得皮破血流，虫子被鸟儿争相啄食，受病痛折磨而痛苦呻吟的病人，失去生命、尸体僵硬的死人……这些让他感到生命的痛苦和无常，他一直在苦苦思索造成世间痛苦的原因何在，解脱痛苦的方法和出路是什么。为了找到为众生摆脱痛苦的真谛，在他 29 岁那年，毅然抛弃王位，离别妻儿，剃除须发，离家修行。经过六年的苦行，都没有获得所期望的结果，方悟到苦行无益，于是便来到一棵菩提树下坐禅，经过七天七夜的冥思苦想，终于战胜了烦恼魔障，"悟道成佛"，这一年乔达摩 35 岁。后来的佛教徒尊称他为"释迦牟尼"，意即"释迦族的圣人"，又称他为"佛"、"佛陀"，意思是"觉悟了真理的智者"。

释迦牟尼

此后，释迦牟尼就开始收徒传法，发誓要在黑暗的世间擂响不朽之鼓，济度众生。他的主要传教地区在印度的恒河流域。

（二）佛教的发展

释迦牟尼创立佛教的时候，印度还处于奴隶制社会，婆罗门教的雅利安人以梵天为创世神，以种姓分等级，凌驾于民众之上，而释迦牟尼主张"四姓平等"，反对婆罗门的种姓制度，很快就在印度传播开来，在发展、流传的过程中逐渐形成了大乘佛教和小乘佛教两大派系。

（三）佛教的派别

大乘佛教认为一切皆空，宣扬大慈大悲，普度众生，不仅要解除自己的痛苦，也要解除他人的痛苦。强调不应逃避现实世界，而要在现实中求得解脱，把成佛度世、建立佛国净土作为最高目标，主要经典有《法华经》、《般若经》等。另外大乘佛教建筑宏伟的殿堂，雕塑华丽的佛像，令人顶礼膜拜，并且把众多的神灵都宣布为释迦牟尼的化身。

小乘佛教偏重于个人解脱，认为要想摆脱痛苦、实现理想，必须出家过禁欲生活，断除烦恼，灭绝生死，以个人的"灰身灭智"，证得阿罗汉为最终目的，主要经典有《阿含经》等。小乘佛教认为佛只有一个，就是释迦牟尼，因此不主张雕塑神像。

二、佛法东渐——佛教传入中国

（一）佛法初传

两汉之际，佛教沿着贯通亚洲大陆的"丝绸之路"传到中国新疆，然后经过玉门关、河西走廊传到内地，逐渐传播到全国。佛教刚传入中国时，释迦牟尼佛被认为是神通广大、变化无穷的神，经常和中国的神仙方术相提并论。虽然也有一些佛经的翻译，但并没有广泛地流传于民间，只是在上层社会中流传，也没有正式的华籍僧人。因此，汉代时候的佛教还处于初级阶段，还不是完备的宗教。

（二）佛教的隆盛

东晋十六国时期，战争连年不断，民不聊生，佛教中关于因果报应和彼岸世界的学说，受到下层百姓的欢迎，并迅速在下层社会传播开来，同时上层统治者为了维护自身的统治，也都大力提倡佛教。南北朝时期，佛教受到统治者进一步的支持，有了很大的发展，南朝的梁武帝崇信佛教，他自己身体力行，自称"三宝（佛、法、僧）之奴"，四次舍身寺院，并亲自登坛讲经。这一时期，佛教在中国有了飞速的发展，出现了道安、慧远等修行颇高的华籍僧人。而且到北魏末年，全国的佛寺达到三万多所，僧尼达二百余万人，同时寺院还拥有大量的土地，有强大的经济实力。开凿建造了云冈石窟、龙门石窟，翻译了大量的佛经，西行求法兴起，虽然这一时期出现了"二武灭佛"事件，但依然不能影响佛教在中国的生根发芽。经过不断的冲突融合，佛教逐渐成为中国封建社会上层建筑的一部分，开始了它的"中国化"进程。

（三）佛教的繁荣

隋唐时期，随着南北政治统一和国家的经济繁荣、国际文化交流活跃，佛教得到了空前的发展。这时期除了唐武宗灭佛以外，其他的统治者都是支持佛教发展的，唐太宗时，玄奘西游印度并归国译经，唐太宗为他组织了大规模的译场。佛教的昌盛也加速了佛教与中国本土宗教道教及儒教的融合，使佛教更加"中国化"。带有鲜明民族特色的多种佛教宗派的形成，标志着佛教"中国化"的完成，这些佛教宗派有：天台宗、三论宗、法相唯识宗、律宗、华严宗、密宗、净土宗和禅宗，其中禅宗和净土宗在中国佛教史上占有重要的地位。

唐朝是佛教的鼎盛时期，自唐武宗灭佛以后，佛教开始衰退，唐朝以后中国佛教没有突破性的进展，宋以后，佛教和各大宗派逐步走向了融合，与道教和儒教成为中国传统文化的重要组成部分。

第二节　了解佛教——佛教知识

一、佛教教义

佛教的教义集中在"四谛说"之中,"谛"是"真理"的意思,"四谛"就是佛陀发现的四条真理。

(一) 苦谛

苦谛是指人生充满了各种各样的痛苦和苦恼,佛教把人生看作痛苦的过程,宣扬一切皆苦、苦海无边的观点。佛法归纳了众生常见的八种苦恼:

1. 生苦

人在出生时要经受母腹之苦,出生后病、老、死接踵而至,人的新生是上一次死亡的结束,也是下一次死亡的开始。

2. 老苦

人至耄耋,发白齿落,五官失灵,皮肤松弛,神志昏迷,渐趋死亡,当人费尽心思想要留住青春时,注定要失望、苦恼。

3. 病苦

人的一生中,要经历春夏秋冬,要食五谷杂粮,从头到脚,从里到外,难免病痛,且身病心病互相影响,苦不堪言。

4. 死苦

意外事故、遭遇灾难、命终寿尽,无论生时多么努力,都难逃一死,越是留恋,越是痛苦。

5. 怨憎会苦

人生在世,经常会遇到憎恶的人和事,这不仅会引起精神上的苦恼,还可能引起身体上的病痛。

6. 爱别离苦

缘分无常,互相喜爱的人偏要分离,难以相爱相守。如骨肉分离、夫妇分居、兄弟天南海北,甚至是双方的生离死别,都是莫大的痛苦。

7. 求不得苦

人们的欲望、要求总是得不到满足,甚至越是求取,越是得不到,痛苦就越大。

8. 五取蕴苦

以上七种痛苦向着五蕴袭来,人的身心盛满众苦,是一切苦的汇合。

(二) 集谛

集谛是解释人生痛苦的原因。佛陀认为人生的种种苦因来自于烦恼的聚集,因此,苦因的根本是人的苦恼。在数不尽的苦恼中,佛陀归纳了贪、嗔、痴、慢、疑、不正见六种,其中贪、嗔、痴被提到最多,被称为"三毒",而"贪"被认为是毒中之首。

(三) 灭谛

灭谛就是灭除欲望、断绝苦恼、超脱生死轮回,达到快乐无苦、不生不灭的涅槃境界,这也是佛教所追求的最高境界。

(四) 道谛

道谛就是使人脱离苦海、达到涅槃境界的途径。使人通向解脱大道的方法最主要的是"八正道"。

1. 正见

正确理解四圣谛,远离邪僻的学说观念。

2. 正思

离开邪妄迷谬,生起正当的心念。

3. 正语

不妄语、不恶语、不谤语,不暴语,不搬弄是非,以真诚善良的言语待人。

4. 正业

不杀生、不偷盗、不淫邪,不做一切恶行。

5. 正命

远离一切不正当的职业,用正确合理的职业维持生计。

6. 正精进

止恶修善,一心精进,在前进路上努力不止,前进不止。

7. 正念

时刻铭记四谛真理,随时矫正思想上的偏差。

8. 正定

正身端坐,专心致志,身心寂静,远离散乱之心,以佛教智慧洞察整个世界,获得身心的解脱。

"四圣谛"概括了早期佛教的核心内容,表达了遭受痛苦的众生祈求脱离苦难的强烈愿望。

二、佛教宗派

隋唐时期,佛教在中国的发展进入鼎盛阶段,形成了许多具有中国特色的佛教流派,其中最有代表性的是禅宗和净土宗。

(一) 禅宗

禅宗是以禅学为理论基础而形成的中国佛教宗派,是汉传佛教中影响最大、流传最广、最中国化的教派,始于菩提达摩,盛于六祖慧能。它以参禅为修行手段,将佛教一切的修持统摄于禅定之中,以求彻悟与佛一样的心性,又称"佛心宗"。禅宗的代表著作是慧能的传教记录《六祖坛经》,其宗派修行的目的是,在佛法传授上不注重文字经书,强调探究人的心性本原,以成就佛道,概括起来就是"不立文字,教外别传,不重禅定,强调顿悟"。

慧能大师　　　　　　　　　慧远大师

(二) 净土宗

净土宗根源于大乘佛教净土信仰,其初祖是慧远。该宗派认为依赖个人的力量很难获得彻底的解脱,但可以通过日常念佛修行,获得佛力的帮助,凭借阿弥陀佛的慈悲愿力前往极乐世界。净土宗强调不一定要通达佛经,也不一定要静坐专修,只要信愿具足,一心称号念佛,就可进入佛土。由于净土宗理论简单,容易修习,在民间流行颇广,"南无阿弥陀佛"也成了汉传佛教信徒经常诵念的佛号。

三、佛教的丛林清规

(一) 丛林

佛教中将僧众聚集之处成为丛林。丛林也是借喻草木生长的有序,用来表示僧众有严格的规矩和法度,中国的佛教丛林通常是指禅宗寺院,所以也称禅林。

(二) 清规

清规有清净规约的意思,是禅宗的丛林制度,也是禅宗寺院组织的程序和寺众日常行事的章程准则。

1. 戒律

佛教认为遵守戒律是修行成功的前提,所谓"以戒为师"、"戒存则法存,戒亡则法亡",落发剃度、授十条沙弥戒律,是入佛门的实质性要求,也是伴随僧人终生的清净的象征。

不杀生:不杀人,也不能杀害牲畜、虫蚁等。

不偷盗:不偷盗他人财物。

不邪淫:断绝男女之事。

不妄语：不说谎，不花言巧语、不出口伤人、不虚言掩饰。

不饮酒：饮酒会让人神志昏迷，自律性下降，引发其他罪恶。

不非时食：僧人不应在不合时宜的时候进食用斋，要求过午不食。

不涂饰：不能用花等一切装饰，也不得以香物涂身。

不歌舞旁听：不能自作歌舞、音乐、伎艺等世俗游戏，也不能存心去观赏世俗的歌舞、音乐、伎艺等的演唱。

不坐高广大床：不坐卧华美柔软而高贵的床座，不贪睡，不追求过度舒适。

不蓄金银财宝：出家人不能对身外之物有贪求之心。

2. 鞋服

僧人穿罗汉鞋，罗汉鞋是一种布鞋，鞋帮上有一些方孔，暗喻世间一切都是有漏，因此不必执着。

僧人的僧服有大、中、小三种，统称为三衣，又叫袈裟。遵循印度古制，僧衣须用"坏色"，因此僧衣避用青黄赤白黑五种正色，而是用颜色混杂的袈裟色，所以后来袈裟成了僧衣的代名词。

3. 饮食

僧人以素为食。僧人的素食包括两方面的规定：一是不食众生肉，二是戒断五辛。"五辛"是指葱、蒜、韭等五种气味辛辣的蔬菜，佛教认为这五种东西食用后容易生淫欲、生嗔怒，对持戒修行不利。另外食用"五辛"后口气不洁，念佛诵经都不适宜，所以也在禁戒之列。

四、佛教的寺院殿堂

佛教的寺院殿堂是供奉佛和菩萨的地方，是佛和菩萨的"住宅"，也是出家僧人居住、生活和修持的地方，不仅是佛教活动的中心，也是偶像崇拜和宗教宣传的地方。

佛寺殿堂的配置由南向北依次是：山门—天王殿—大雄宝殿—法堂—藏经楼，寺院正中路两侧有东西配殿。

山门又称"三门"，中间是一大门，两旁是两个小门，象征"三解脱门"（即空门、无相门、无作门）。三门殿内两侧塑有两大金刚造像，共同把守山门，守护佛法，显示了佛门的威武森严，令人敬畏。

浙江宁波象山报德寺山门

河南洛阳白马寺山门

天王殿供奉的是大肚弥勒佛,左右是四大天王。弥勒佛形体肥胖、面带笑容、袒胸露腹,常常背着木棒和口袋,在闹市行乞并教化群众,因此也被称为"布袋和尚"。布袋和尚朴素开朗、不拘俗务、和蔼慈善、心胸宽广、处处圆融、皆大欢喜的形象,获得了人们的广泛喜爱。这位憨态可掬的"人间弥勒"减少了人们对佛的敬畏之心,就像一位豁达乐观的老朋友,用他的"平等心、喜悦相"表达了一种从容和美好,用他的布袋子教给了人们一种"放下自己,提起众生"的智慧人生。

广东陆丰定光禅寺天王殿

大雄宝殿是寺院的正殿,是整个寺院道场的中心,各种佛事活动都在此进行,供奉的是释迦牟尼。"大雄"是释迦牟尼的德号,是对他道德、法力的尊称,因此此殿被称为"大雄宝殿"。法堂是宣讲佛法皈戒集会的场所。

江苏南京栖霞寺大雄宝殿

藏经阁是放置佛家典籍的地方。佛教典籍根据内容可以分为五类,即经藏、律藏、论藏、密藏、杂藏,因为以经、律、论三藏为主,所以习惯上成为"三藏"。但现在许多寺院里的藏经阁中不仅存放着佛家经典,还有儒道百家、经史子集、天文地理、工农兵商等书籍,是寺院百科全书式的图书馆。

江苏南京栖霞寺藏经阁

广东广州南华寺藏经阁

五、佛教圣地

（一）禅武合一——少林寺

少林寺位于河南省登封市嵩山五乳峰下，因为建寺时少室山丛林漫野，因此名为"少林寺"。少林寺始建于北魏时期，是北魏孝文帝为安置印度高僧跋陀禅师而建。相传菩提达摩曾在此凝修壁观、传授佛法，因而被尊为禅宗初祖，少林寺也被称为禅宗祖庭。

少林寺

少林寺经过一千五百多年的风雨洗礼，逐渐形成了博大精深、个性鲜明的少林文化体系。包括少林禅、少林寺建筑、碑刻、艺术、少林禅医、少林功夫等，是一个较为完整的历史文化体系，其中影响最大的就是少林功夫。

少林寺是少林拳术的发源地。禅宗主坐禅，但坐禅久了筋骨会麻木，需要起身舒展身体，久而久之，舒展动作形成了定势，被称为拳法、拳术，后来，少林拳术中又引进了多种器械，发展了少林武术。少林武术以禅为本，练拳是修禅，禅武如一，不仅练意、练气、练精，还要练心，既能把握自己，也可以把握住对方，这是少林武术的最高境界。经过长时间的发展及一些历史原因,少林寺以武术名扬天下,武以寺名,寺因武显,被誉为"天下第一刹"。

少林武术1

少林武术2

(二)天上人间——敦煌石窟

敦煌石窟包括敦煌莫高窟、西千佛洞、榆林窟和水峡口小千佛洞,其中规模最大的、内容最丰富的首推莫高窟,因此一般说的敦煌石窟指的就是莫高窟。

敦煌莫高窟

莫高窟在今甘肃敦煌城东南25公里的鸣沙山与三危山之间的断崖上,所占崖面全长1618米,现有洞窟735个,壁画4.5万平方米,泥质彩塑2415尊,是世界上现存规模最大、内容最丰富的佛教艺术圣地,始建于十六国的前秦时期。洞窟内的塑像多以夸张的色彩表现人物性格,神态各异,栩栩如生,壁画内容主要分为佛经故事和单纯佛像两大类,还绘有供奉人像,以及耕田、旅行、宴会、乐舞、出巡等各种生产和生活的画面。这些塑像和壁画金碧辉煌、绚丽夺目,反映了公元六世纪至十四世纪我国各民族、各阶层的社会生活,是一处由建筑、绘画、雕塑组成的精美绝伦的艺术殿堂,有"东方卢浮宫"之称。

莫高窟壁画

除了壁画和塑像,敦煌的藏经洞内被发现藏有从公元四世纪至十四世纪的各种文书、绢画、刺绣等珍贵文物五六万件,除了有韩文的文书外,还有梵文、藏文、回鹘文等多种文字的写本,是极其珍贵的史料。可惜的是敦煌遗书三分之二以上都被英、日、俄、法、美的"考古学家"、"探险队"偷盗和掠取,窟内丰富的历史文物和艺术珍品引起国内外学者的极大兴趣,形成了著名的敦煌学。

莫高窟彩塑

第三节 体悟佛法——佛法中的人生智慧

佛法是一门高深的学问,除了宗教实践外,它也用理性的观点去阐释人生问题,而且条理分明。在佛教传播和宣扬佛法的过程中,有许许多多充满智慧的故事,这些故事简短通俗，却韵味无穷，给人启迪。

一、菩提本无树

一日，禅宗五祖弘忍大师召集寺中的弟子，让每人作一偈子，试探众人对禅法的理解。首座弟子神秀的偈子为：

身是菩提树，心如明镜台。时时勤拂拭，莫使惹尘埃。

众人把此偈视为佳作，在全寺传诵，当时还在碓房舂米的慧能，也作了一偈，托人抄下来，贴在墙上，云：

菩提本无树，明镜亦非台。本来无一物，何处惹尘埃。

弘忍大师认为慧能见解透彻，就在夜间将衣钵传给了慧能，后来慧能成为了禅宗六祖。

佛法讲"一切皆空"，世间万物不过是一个"空"字，如果心明净如空，就能抗拒外界的诱惑，不留痕迹。这是禅宗很高的一个境界。

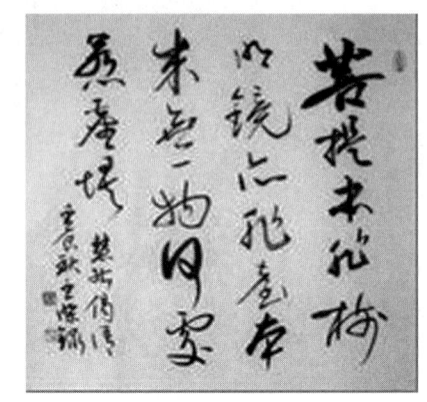

六祖慧能偈子

二、众生皆佛

苏轼有一次与佛印禅师对坐，苏轼问："禅师看我像什么？"佛印点点头说："像佛。"然后问苏轼："你看我像什么？"苏东坡大笑着说："我看你像堆狗屎！"说完洋洋得意地走了。到家后，苏轼津津有味地向妹妹苏小妹炫耀这段趣事，不料苏小妹却说："唉！哥哥，佛眼里众生皆是佛，狗眼里的众生都是狗屎，你输惨了！"

佛法中讲"众生平等、慈悲为怀"，万事万物互为观照，善待他人即是善待自己，尊重他人也是尊重自己。

三、幸福就是现在

一青年总是埋怨自己时运不济、生活不幸，终日愁眉不展。

有一天，走过一个须发皆白的老人，问："年轻人，你为什么不高兴？"

青年说："我不明白我为什么总是这么穷？"

"穷？我看你很富有嘛！"老人由衷地说。

"这从何说起？"青年问。

老人没有正面回答，反问道："假如今天，我折断你的一根手指头，给你一千元，你干不干？"

"不干。"青年回答。

"假如斩断你一只手，给你一万元，你干不干？"老人又问。

"不干。"

"假如让你马上变成80岁的老翁,给你一百万元,你干不干?"

"不干。"

"假如让你马上死掉,给你一千万元,你干不干?"

"不干。"

"这就对了,你身上的钱已超过了一千万元啊!"老人说完笑吟吟地走了。

感叹自己不幸的人,并不是由于幸福之神从未光临过他们,而是因为他们心灵的空间挤满了物欲,无法因自己的拥有而感到幸福。那些总是抱怨自己不幸的人,不要总是看到你还不曾拥有的东西,而要静下心来,仔细品味你已拥有的一切,学会欣赏自己的每一次成功、每一点拥有,你就不难发现,自己也有很多值得别人羡慕的地方。

四、把自己放在低处

一天,一个心灰意冷的年轻人长途跋涉来到法门寺,对住持说:"我一心想要学丹青,但至今还没找到一个满意的老师。许多人徒有虚名,有的画技还不如我。"

住持听了笑笑:"老僧虽不懂丹青之技,但颇爱收集名家精品。既然你不比那些名家差,就请为老僧画一幅吧!"

年轻人问:"画什么呢?"

住持说:"可否为我画一个茶杯和茶壶?"

于是年轻人铺开宣纸,一个时辰不到,画成了一个倾斜的水壶和一个造型古朴的茶杯。那水壶的壶嘴正缓缓淌出一股茶水,徐徐注入茶杯中,极为传神。年轻人问:"这画如何?"

住持摇了摇头:"你画的不错,只是壶与杯的位置颠倒了,应该是杯在上,壶在下啊。"

年轻人听了笑道:"大师糊涂了,杯在上壶在下,如何往杯里倒水呢?"

住持说:"你渴望自己杯子里能注入那些丹青高手的香茗,但你总是把自己的杯子放得比那些茶壶还高,香茗怎么能注入你的杯中呢?涧谷把自己放低,才能得到一泓流水,人只有把自己放低,才能吸纳别人的智慧和经验。"年轻人恍然大悟。

人只有在谦卑时才能有所收获,当你自满时就会将美好和真理拒之门外,最终一无所得。

净慧法师说:"佛法是生活的。"佛法并没有脱离生活,恰恰相反,它正是为了解决人生中的种种困顿而产生的,用佛法的智慧去觉悟人生,让人远离困惑和痛苦,才能实现佛法的价值。在现实生活中,佛法宣扬的"众生平等"、"慈悲为怀"的思想,谨慎谦卑、尊重他人、清心寡欲的人生哲学对现实有一定的积极作用,但是也要摈弃其宣扬的人生轮回、因果报应、"境由心生"的唯心主义哲学观和人生观。

第四节 文艺佛教——佛教与传统文化

佛教自传入中国以来,经过与儒、道两教及其他中国文化的冲突与融合,逐渐转化为中国民族文化的一部分,影响了中国社会的哲学、伦理等价值取向,渗透到了文学、音乐、舞蹈、美术、建筑、雕塑等艺术领域,对中国民众的心理、性格、气质、生活习惯、民俗节日文化等产生了深刻的影响。

一、佛教与文学

随着佛教典籍的译传和在民间的普及、融合,佛教的价值观、生命观、生活观等对中国文学产生了较大的影响。

(一)诗歌

大乘佛教倡导一切皆空以及禅宗的佛性论、顿悟论对中国古代诗歌影响较大。尤其是禅和诗都注重内心体验,重视喻义和启发,都追求言外之意,再加上很多诗人谈禅、参禅,用诗歌来表达禅意、禅趣,和僧人互相吟诗、唱和,使诗歌体现出浓烈的禅意。这种以禅入诗的方法给中国古代诗歌开辟了新的领域,带来了新的意境。

如陶渊明的田园诗:

结庐在人境,而无车马喧。问君何能尔,心远地自偏。采菊东篱下,悠然见南山。山气日夕佳,飞鸟相与还。此中有真意,欲辨(通辩)已忘言。

——《饮酒》其五

这首诗表达了诗人悠然自得、寄情山水的情怀,其中的"真意"即使佛经万卷也不能道尽其中的奥妙,所以只能"欲辨已忘言"。这种偶然的心与景的交会,正是诗人进入忘我、追求本真状态时的投射,诗人这种大隐于市的情怀也非常契合佛法中"境由心生"的真意,真正的宁静不是自然造就的,而是取决于自己内心的平静。

如王维的写景诗:

人闲桂花落,夜静春山空。月出惊山鸟,时鸣春涧中。

——《鸟鸣涧》

这首诗将深夜山谷的万籁俱寂与山鸟时鸣的灵动自然巧妙地融为一体,体现了动静如一的禅心禅境。王维不仅是诗人,而且是画家,兼通音乐,并且平生奉佛,素服长斋,他的诗歌不仅仅是"诗中有画、画中有诗",还充满禅意,因此,王维又被称为"诗佛"。不仅是王维,唐宋时期很多大文学家受佛教思想尤其是禅宗的影响,将这种"一切众生,皆有佛性"及"青青翠竹,皆是法身"的思想,融入自己的作品中。

再如苏轼的诗:

横看成岭侧成峰,远近高低各不同。不识庐山真面目,只缘身在此山中。

——《题西林壁》

这首诗从横看侧看山形各不相同,领悟出世界万物因观察角度不同而结果不同,心态不同看到的景象也不同的道理。观察世界上的万物不仅要从不同的角度去观察,还要从全局去看,片面的观察得出的只能是片面的理解,要认识事物的真相与全貌,必须超越狭小的范围,摆脱片面的心态,体现了禅宗"彻悟言外"的教义。

(二)小说

小说是一种叙事性的文学体裁,它以塑造人物形象为中心,通过完整的故事情节和具体环境的描写,广泛而深刻地反映社会生活。我国古代一些小说的故事来源、艺术构思、思想倾向等方面都受到佛教的影响。

如《西游记》,这部小说取材于《大唐西域记》和民间关于唐僧去西天取经的故事,是在《大唐三藏取经诗话》等话本、杂剧的基础上创作出的一部神魔小说,极具浪漫主义色彩。小说中的唐僧就是唐朝的高僧玄奘,玄奘西游印度确有其事,孙悟空、八戒、沙僧则是虚构出来的人物。孙悟空神通广大、降妖伏魔以及菩提祖师于半夜将法术传与他的故事,则是从六祖禅师慧能半夜接受衣钵的传说中蜕变而来的,但即使孙悟空多么神通广大,却逃不出如来佛祖的手掌心,最后"修成正果",宣扬了佛的威力。另外,小说中佛教的各路菩萨都出自于相关的佛教典籍,为这部小说打上了深刻的佛教思想的烙印。

还如《三国演义》,这部小说描写了从东汉末年到西晋初年发生在中华大地上的历史风云,反映了魏、蜀、吴三个政治集团之间的政治和军事斗争,刻画了一批叱咤风云的英雄人物。小说的开卷题词是"滚滚长江东逝水,浪花淘尽英雄。是非成败转头空:青山依旧在,几度夕阳红。白发渔樵江渚上,惯看秋月春风。一壶浊酒喜相逢:古今多少事,都付笑谈中"。和轰轰烈烈的政治、军事斗争相比,和漫漫的历史长河相比,人生显得多么虚幻、多么短暂,表现了佛教"一切皆空"的思想。

再如《红楼梦》,这部小说是我国长篇小说中现实主义的顶峰,具有高度的思想性和卓越的艺术性,也是受佛教思想影响非常深刻的一部作品。《红楼梦》给人的总体感觉就是人生如梦一场,小说以梦开始,以梦终结,描述了四大家族的荣华富贵,一群儿女缠绵悱恻、刻骨铭心的爱情,其结局是家族的分崩离析、骨肉分离、阴阳两隔,充满了佛教"诸行无常"的思想。世间一切现象都是变化无常的,世界上没有永恒不变的事物,事物的变化都在刹那间,同样也宣扬了人生如梦、五蕴皆空的佛教思想。

(三)词汇

梁启超先生曾经作过统计,因为佛教典籍的翻译以及佛法在民间的传播,我国新增了三万五千多个词汇,这些词语广泛而深刻地融入到汉语中,给汉语词汇增添了新的色彩,丰富了汉语言的宝库。

如世界、觉悟、因缘、功课、导师、智慧、相对、解脱、涅槃、悲观、众生、刹那、烦恼、方便等等。

成语如清规戒律、百尺竿头、三头六臂、功德无量、大慈大悲、生老病死、苦海无边、回头是岸、放下屠刀、立地成佛、皆大欢喜、六根清净、不二法门、燃眉之急、大千世界、盲人摸象、极乐世界、天龙八部、醍醐灌顶、借花献佛、痴人说梦、泥牛入海、三生有幸、一念万年、唯我独尊、不即不离、一针见血、六根清净、菩萨心肠、僧多粥少等。

这些词语,尤其是成语以其强烈的概括力和表现力,在文学作品中往往发挥出画龙点睛的作用,方便了人们的思想交流,在文化生活和社会生活中起到了积极的作用。

除了以上三个方面,佛教还对中国古代的通俗文学如说唱、戏曲等的产生有直接的影响。同时,佛教在影响中国文学的过程中,自身也逐渐成为中国文学艺术的一个重要组成部分。

二、佛教与艺术

中国古代艺术源远流长,自东晋以来,中国的各个艺术领域受到佛教带来的异域文化的影响,呈现了精彩纷呈的姿态,尤其是对唐代灿烂辉煌的艺术产生了巨大的影响。

(一) 佛教建筑

佛教建筑最主要的是佛塔,塔在最初也叫"浮屠",因为佛塔造型精美,并且用金、银、玛瑙等进行装饰,里面还藏有舍利,又称为"宝塔"。早期的印度佛塔就像坟墓,只不过在上面加上伞盖和相轮。印度佛塔移植到中国后与中国的传统建筑样式相结合,形成了以下几种形式的塔。

单层塔:多作为高僧的墓塔,上方为方锥形或半球形屋顶。河南嵩山会善寺的净藏禅师墓塔就是单层的八角砖塔。从这座塔中,既能看到印度佛塔的影子,又体现出了中国建筑的气息。

河南嵩山会善寺净藏禅师墓塔——单层塔

陕西西安大雁塔——楼阁式塔

楼阁式塔:这是最能代表中国特色的佛塔。这种塔内部有楼梯,塔身及塔檐上有仿木构造。西安的大雁塔就是此种类型,大雁塔是为玄奘法师所建,淳朴、平实、大方。

河南嵩山嵩岳寺塔——密檐式塔　　　　北京北海公园白塔——瓶形塔

密檐式塔：这种塔第一层特别高大，上部的塔檐却层层相叠。河南嵩山的嵩岳寺塔，是我国现存最古的佛塔，就是典型的密檐式塔。

瓶形塔：这种塔结构如瓶形，下面是很大的须弥座，塔身是坛子形，最上面是圆锥形的"十三天"和顶上的宝盖、宝珠等，具有很浓的印度塔式风格。北京北海公园的白塔就是其代表。

北京五塔寺——金刚宝座塔

金刚宝座塔：这种塔是在一个很大的台座上立五座或七座塔，组成一个塔群。代表作是北京西直门外的五塔寺塔。

（二）佛教雕塑

佛教雕塑主要是指寺院或石窟中雕刻的各种佛像。佛教在隋唐达到了全盛，建寺造像之风遍及全国，主要体现在石窟和摩崖石刻方面。现存的遗迹有甘肃敦煌莫高窟、甘肃天水麦积山石窟、山西天龙山石窟、河南龙门石窟、四川广元千佛崖等。

河南洛阳龙门石窟

敦煌莫高窟的彩塑精美壮丽、旷古绝今；云冈石佛洞中的佛像高达数丈、庄严巍峨，飞天（又称香音神）削肩瘦长、衣带飘逸；龙门石窟中的造像肌肤丰润、垂眸微笑、温雅敦厚。

佛教雕塑拓展了中国雕塑的题材，使中国雕塑的技巧更加精巧圆熟，风格上更为庄严、富丽，有力地促进了中国雕塑艺术的发展。

甘肃天水麦积山石窟

（三）佛教绘画

佛教的传入延伸了中国绘画的内容，并为其增添了大量的异域风光和世俗民情，如各种形象的佛陀、天衣飘逸的菩萨、神态各异的罗汉等，直到今天手捧柳枝净瓶的观音菩萨和眉开眼笑的弥勒佛依然是寺院道场中的标准形象。

吴道子《天王送子图》局部　　　　　观音菩萨画像

就绘画技法而言,在佛教美术的启发下,使用了凹凸法和焦点透视法,增强了绘画艺术的表现力,补充并完善了先秦两汉时仅用平面铺开的手法,使画面更具立体感。而且涌现出一大批绘画名家,如曹不兴、顾恺之、张僧繇、吴道子等,吴道子被誉为古代佛画第一人,被称为"画圣"。同时,随着佛教禅宗的兴起,"见性成佛"的禅宗精神打破了一大批知识分子的思想禁锢,丰富了想象力,促使中国绘画更注重灵感和意境,开辟了新的审美领域。

(四)佛教音乐和舞蹈

音乐通过有组织的乐音所形成的艺术形象表达人们的思想感情,具有强大的感染力。佛教音乐是指在佛教寺院和佛教仪式上所用的音乐,用以阐明佛理、弘扬佛法。佛乐伴随着佛教从印度传入中国后,与宫廷音乐和民间音乐熔于一炉,形成了以"远、虚、淡、静"为特征的佛教音乐。隋唐时期,在佛教寺院甚至在百姓娱乐的游艺场所都能听到佛乐,佛乐创作十分活跃。佛乐通常庄严清净,听后使人满怀慈悲、清幽坦然、心境平和。

在中国音乐的发展过程中,佛教贡献了管、弦、鼓类几十种乐器,如最常见的琵琶,还有大量的曲谱,乃至音乐理论,大大丰富了中国传统音乐的内容和风格。在现代社会,我们也经常能听到一些清幽舒畅的佛教音乐,如《大悲咒》、《云水禅心》等。

飞天舞

千手观音

另外,佛教对中国舞蹈的影响可以从各个石窟的壁画、雕刻中窥见一斑,大量以歌舞供佛的天人在"飞天"时的千姿百态、飘逸优雅的身形,可以想见古人从佛舞中汲取了多少精华,演绎出了多少神采飞扬、富丽堂皇的华夏之舞。在现代社会,我们也可以在很多媒体上看到这种美轮美奂的舞蹈,如《千手观音》、《飞天舞》等。

三、佛教与民俗

佛教不仅影响了中国的文学、艺术等方面,还影响了中华民族生活的方方面面,这种影响以佛教的基本教义为依托,和中华民族的生活、生产方式相结合,与本土的民风民俗互相影响,形成了既体现佛教思想又有中华民族特点的民风民俗。

(一) 佛法思想与民间信仰

佛教学说在民间影响最大的应该是因果报应、轮回转生、修行成佛思想。这些观念对民众的心理造成了巨大的冲击，逐渐形成了笃信灵魂不灭、崇信佛和菩萨的民间信仰。直至今天，大慈大悲、救苦救难的菩萨精神依然存在于部分民众的心里。

供佛拜佛是中国佛教民间信仰的主要体现。有些人在家中供奉佛陀或菩萨塑像，通过烧香敬香膜拜、供奉果品、念经许愿等方式表达对佛和菩萨的崇拜。我国许多地方都建有佛寺，不论是繁华的都市，还是偏僻的乡村都能看到形形色色的寺庙，以南北朝和唐朝时期为最多，唐代诗人杜牧的诗句"南朝四百八十寺，多少楼台烟雨中"就反映了南北朝时期佛教的隆盛。许多民众去寺庙烧香还愿、布施斋僧、塑像造塔、广做法事，表现出了虔诚的信仰心情。

这种佛教情结使中国人形成了宽容忍让、慈悲善良、行善积德、诚实谦恭的为人处世风格，影响至今。

(二) 佛教节日与民间节日

1. 腊八节

腊八节本来是中国民间的传统节日，人们在年终时要祭祀天地神灵，称为"腊祭"，因此年底的十二月也被称为"腊月"。在佛教里，腊月初八被认为是释迦牟尼的成道日，后来人们就把这两个节日统一了起来，因此，"腊八节"就成了中外合璧的节日。

在农历十二月初八这一天，僧人不仅要念经，还要熬粥供佛，这种粥通常是以五谷杂粮再加上花生、核桃仁等干果熬制而成。民间吃腊八粥是为了庆贺五谷丰登、驱鬼除疫，这个习俗一直延续至今。

2. 元宵灯会

元宵节本来是源自道教的一个节日，起初并无灯会，灯会的习俗来自佛教。佛教徒认为灯光象征着佛陀的神威和无边的智慧才能，能破除世间的黑暗，去除众生的烦恼，所以把灯作为对佛的供奉器具之一。佛教徒要在正月十五这天纪念佛祖的神变，举行燃灯法会，表示佛法大明，因此，从唐代起，元宵张灯逐渐成为了民间习俗。

除了这两个节日外，还有中元节、泼水节等佛教节日。

(三) 寺院修行与民间生活

1. 饮茶

中国人饮茶的习惯得益于佛教的推动。由于佛教坐禅需要静坐敛心、集中思维，以达到明净、心安的境界，所以坐禅往往会时间很长，在坐禅疲劳时就需要补充水分，清心提神，因此寺院饮茶成风，也用茶来招待施主宾客。很多寺院自己种茶、采茶、制茶，如碧螺春茶，就是洞庭山的僧人首先制作的。寺院饮茶的习惯逐渐影响到民间的饮茶习俗，推动了民间茶文化的发展。

2. 放生

放生思想来自佛教众生平等的慈悲精神以及生死轮回的因果观念，是戒杀、素食的发展。另外佛经中说放生功德无数,还可获得聪明、富贵等福报,在隋代和宋代就建有专门的放生池。在今天,放生依然是僧人、信众、善心人士的重要活动,北京的通惠河、朝阳公园等有活水源的地方,经常也能看到有许多人放生鱼等水生动物。

思考链接:

佛教智慧语句

* 色即是空,空即是色。
* 一花一世界,一佛一如来。
* 大悲无泪,大悟无言,大笑无声。
* 我不入地狱,谁入地狱。
* 认识自己,降伏自己,改变自己,才能改变别人。
* 学佛第一个观念,永远不去看众生的过错。你看众生的过错,你永远污染你自己,你根本不可能修行。
* 每一种创伤,都是一种成熟。
* 前生五百次的回眸才换得今生的一次擦肩而过。
* 当你知道迷惑时,并不可怜,当你不知道迷惑时,才是最可怜的。
* 心中装满自己的看法与想法的人,永远听不见别人的心声。
* 毁灭人只要一句话,培植一个人却要千句话,请你多口下留情。
* 当你劝告别人时,若不顾及别人的自尊心,那么再好的言语都没有用。

第三章　乐生重生的传统道教

【情境导入】

嫦娥奔月

　　每逢中秋节，当人们仰首赏月时，总会想起嫦娥奔月的故事。传说嫦娥本是后羿之妻，后羿射下九个太阳后，西王母赐其不老仙药，但后羿不舍得吃下，就交于嫦娥保管。后羿的徒弟逢蒙觊觎仙药，逼迫嫦娥交出仙药，嫦娥情急之下吞下仙药，便向天上飞去。当日正是八月十五，月亮又大又亮，因不舍后羿，嫦娥就停在了离地球最近的月亮，从此长居广寒宫。后羿回家后心痛不止，于是每年八月十五便摆下宴席对着月亮与嫦娥团聚。

　　尽管这个神话故事有很多不同的版本，但嫦娥和后羿的爱情故事，以及嫦娥最后羽化成仙的情节，千百年来丰富、美化着人们对月亮的想象。嫦娥月中仙子的形象高傲美丽但又清冷寂寞，为众生敬慕，而其食用不老仙药最终成仙的情节则是千百年来道教徒的最高追求。

　　与佛教不同，道教是中国土生土长的宗教，是在中国远古宗教信仰的基础上发展起来的一种宗教，具有汉民族的思想和信仰特点，对中国的政治、经济、文化等方面有着广泛的影响，已经渗透到中华民族的思维方式、风俗习惯之中，是中国传统文化重要的组成部分。

第一节 认识道教——道教的产生与发展

一、道教的产生

道教的形成经历了一个非常漫长的过程,吸收了中国原始宗教信仰等众多思想观念。

(一)原始宗教和神仙传说

受原始宗教中鬼神崇拜的影响,民间广泛地流传着神仙传说,尤其是战国时期出现的《庄子》、《楚辞》等著作里表现出的神仙思想,使这一时期出现了鼓吹长生成仙的神仙方士。这些方士编造各种神仙故事和成仙方术,逐渐演化为道士。

(二)民间巫术

在古代,先民通过巫术及卜筮来解梦、祈雨、医病、断吉凶等等,这些后来演化成了道教中的道术与医术。

(三)黄老思想

黄老思想即黄帝和老子的思想,这种思想在老庄道家主张清净养生、无为治世的基础上,吸收了儒、墨、阴阳各家的内容,形成了新的道家体系,宣扬天地合一、天道承负、乐善好施,成为道教的前驱。

经过一个不断吸收、融合的过程,及一些历史因素的不断推动下,在东汉顺帝时,出现了两个最早的道教组织:五斗米道和太平道。

二、道教的发展

(一)道教的开创

五斗米道的创立者是东汉顺帝时的沛国人张陵,被教徒称为"张天师"。创教地点在西蜀鹤鸣山,奉老子为教主,以《道德经》为主要经典。教徒在入教时必须交纳五斗米,因此被称为"五斗米道"。其主要宗教活动是用符水治病、召神劾鬼等。

太平道的创始人是东汉灵帝时的巨鹿人张角,张角自称"大贤良师",以《太平经》为经典,奉黄老思想,用符水咒法为人治病,以教人叩头思过为传教方式,教徒发展到数十万。后来张角发动了历史上第一次以道教为旗号的农民起义,即"黄巾军起义"。

(二) 道教的发展

1. 成熟期

魏晋南北朝时期，道教逐渐向社会上层发展，很多士族知识分子涌入进来，道书日益增多，道义日益完备，其中《抱朴子》一书价值和影响最大。

《抱朴子》，作者葛洪，该书提出以神仙养生为内，以儒术应世为外，构造了种种修炼成仙的理论和方法，是长生不老、修炼金丹理论的集大成者，成为道教史上划时代的著作。

南北朝时，寇谦之创立了"北天师道"，陆静修创立了"南天师道"。

2. 兴盛期

隋唐时期是道教的兴盛期，唐玄宗称自己为老子的后代，大力扶植道教，使这时期道士人数大增，道观遍布全国，规模壮大，并且对道教的教理教义、修炼方术及医学、药物学、养生学等作出了巨大的贡献，出现了很多著名的学者如孙思邈、王玄览等。

孙思邈

孙思邈，人称"药王"，著有《千金要方》，该书含有妇科、儿科、内科、针灸等，是中国古代中医药学的经典著作之一，被誉为中国最早的临床百科全书，对后世的医家影响极大。孙思邈也因此成为唐代著名的道教医学家。

北宋时期，由于宋真宗、徽宗的推崇，道教迎来了第二次发展的高潮，著名的道教理论家有陈抟、张伯端等。

陈抟，自号"扶摇子"，寿终时118岁，其著作主要包括易学、老学、内丹学三个方面，其道教思想与修炼方法对后来的道教理论家和宋明理学都有重大影响。

南宋金元时期，道教得以持续发展，这一时期最主要的事件就是全真教的创立。

全真教，由王重阳创立，主张性命双修，强调以修性为首，以"全精、全气、全神"为修仙的最高境界，不崇尚符箓、黄白之术。先后收马钰、谭处端、王处一、郝大通、丘处机、孙不二、刘处玄为弟子，这七位弟子被称为"全真七子"。

3. 衰落期

明代中叶以后，道教逐渐走向衰微，但也出现了一批道教思想家和活动家，如张三丰和王常月。

张三丰，武当派的开山祖师，丹道修炼的集大成者，善书画，工诗词，主张"福自我求，命我自造"。开创的武学有三丰派、日新派、蓬莱派等十多支。

第二节 了解道教——道教常识

一、道教学说

（一）基本信仰

尊道贵德是道教的基本信仰。

所谓"道"，就是宇宙万物的本原和主宰，无所不包，无所不在，万物都从"道"演化而来，"道"长存于天地间。因此，人们都要学道、修道、行道、弘道。

所谓"德"，就是"道"在人和万物中的表现，因而修道和积德是统一的，神仙既是道的化身，又是德的楷模。

所以道教徒要积德，积德就是修行，修行到一定境界就能"得道成仙"。

（二）核心宗旨

仙道贵生，无量度人是道教的核心宗旨。

"仙道"就是道教追求的成仙得道。道教相信神仙可学和实有，神仙长生不死，逍遥洒脱，他们都是通过"修炼""得道"的真人，是道教徒修道的最终目标。而成仙得道的重要内容就是通过修道养德，使人、道合一，使精神生命得到升华，脱胎换骨，长生不衰。为了实现"成仙"的目标，就要"性命双修"，即既要提高心性品德的修养，也要重视生命本身的保养。

"贵生"就是重视生命的修炼，通过保养精气神，服食导引、存想守一、静功动功等修炼方法使身体健康、生命长久。因此，在对神仙信仰不停的追求中，道教徒积极探索生命修炼的途径，总结了非常丰富的修养学说和修炼方法，以"我命在我不在天"的精神为动力，不仅要"度己"，还要"度人"，表现了道教贵生、乐生、胸怀世人的人生态度。

"无量度人"就是最大程度、无私地度化与道有缘的人。"度人"的方式有很多，可以用德行去感化他人，也可以用学识去教导他人，也可以用宗教修持为大众服务，等等。因此，"度人"也是一种修炼，积极为他人、为社会作贡献，才能功德圆满，荣登仙籍。

（三）修炼方法

1. 修养心性

心性品德的修养和提高，是修炼生命的基础。修养心性品德要求排除一切私心和欲望、清心寡欲、收心习静、自然无为、上善若水、柔弱不争，不要为外界事物所累，同时还要广行善举、利物济人、积累功德。

2. 生命修炼

（1）呼吸修炼

通过采气、食气、闭气、炼气、调息等方法调炼呼吸，使人达到精满、气足、神旺而延年益寿的效果。

（2）形体修炼

包括导引、按摩、拳术、叩齿、干梳头、干洗脸、揉耳运目、擦脚心、周身拍打等动功，强调在呼吸吐纳的基础上，通过俯仰屈伸运动以求活动肢体、摇动关节、振动血脉达到祛病强身的目的。

（3）服食与辟谷

服食一些有益于健康的药物以求养生成仙，后世道教所服用的药物大致分为草木药与金石

炼丹图

药两类。虽然道教宣扬食用金石等丹药可以长生不老属谬误之谈，但所服用的草木之类的药物，多有滋补的作用，如食用适量的大枣、灵芝、茯苓、枸杞、人参、五味子等，对人体都有益处。

辟谷就是断绝五谷杂粮，即在一段时间内，乃至长期不食蔬菜和烟火食，但是在断食过程中可以用药汤止饥止渴。道教认为，这样可以去除身体内的秽气，减轻人体负荷，调节人体机能，使人神清气爽、思维清晰，有助于达到"天人合一"的境界。

（4）内丹修炼

外丹术是指用炉鼎来烧炼矿物类药物，使之成为丹药，服用后以求长生不老的一种实验活动。

内丹术是相对于外丹术来讲的，它以人体内的精、气、神为炼丹所依赖的药物，认为人如果能按照阴阳五行等规律来进行修炼，就可以使体内的精化为气、气化为神、神还于虚，最终合于大道，超脱成仙。

（四）神仙信仰

神仙信仰也是道教的核心。道教徒认为只要经过诚心勤奋的修炼就能长生不老，最后超脱成仙，因此道教创造了一个非常庞杂的神仙体系，可以分为三大类。

1. 尊神

道教信奉的最高尊神为"三清"，即元始天尊、灵宝天尊、道德天尊（即太上老君）。这三位尊神统御诸天神。

玉皇大帝，统御所有仙佛神圣、神龙异兽、妖魔鬼怪，总管一切生老病死、兴衰成败、吉凶祸福。

2. 神仙

指的是凡人在俗世中修炼得道而成的神仙，如"八仙过海"中的八仙。

3. 俗神

指的是被民间供奉，与百姓的日常生活紧密相关的各类神仙，如财神、灶神、土地、城

隍等。

二、道教圣地

（一）幽然仙境青城山

青城山位于成都市都江堰水利工程西南十公里处,全山林木青翠、四季常青、群峰环绕、状若城郭,故名青城山,享有"青城天下幽"的美誉。

青城山1

东汉顺帝时,张陵在鹤鸣山创立五斗米道,后来又来到青城山结茅传道,并羽化山中。由于当时道徒众多,青城山环境宜人,使这里成为道教圣地,后来青城山成为道教四大名山之首。唐宋时期,青城武术在吸收外来武技的同时,与丹道、自然辟谷、易学、医学互相交汇融合,形成了独特完整的体系,成为中国武林四大门派之一。

青城山2

全山的道教宫观以天师洞为核心,包括建福宫、上清宫、祖师殿、圆明宫、老君阁、玉清宫、朝阳洞等至今完好无损的数十个道教宫观。

(二)神秘空灵武当山

武当山,位于湖北省十堰市境内,南依原始森林神农架林区,北临大型人工淡水湖丹江口水库。武当山周边高峰林立,有七十二峰、三十六岩、二十四涧等胜景,有很多悬崖峭壁的断层崖地貌,是武当武术的发源地,被称为"亘古无双胜境,天下第一仙山"。

武当山古建筑群建于唐贞观年间(627~649年),明代达到鼎盛。整个建筑群采用皇家建筑规制,形成了"五里一庵十里宫,丹墙翠瓦望玲珑;楼台隐映金银气,林岫回环画镜中"的意境,绵延一百四十里,是当今世界最大的宗教建筑群。这些建筑玄妙超然、浑然天成,充分体现了道教"天人合一"的思想,被誉为"中国古代建筑成就的博物馆"。

武当山1

武当山2

武当武术,是中华武术的重要流派。张三丰将《易经》和《道德经》的精髓与武术融为一体,创造了具有重要养生、健身价值的武当武术。武当武术以养生练功、防身保健为宗旨,具有祛病御医、增长智慧的功效,具有鲜明的道家文化特征,是武功和养生的天然结合。既有传统武术文化底蕴,又含有科学的道理,和少林武术并称。

武当武术1

武当武术2

第三节 文艺道教——道教与传统文化

作为中国本土的宗教,道教在长期的发展过程中,对中国的医学、科技、文学艺术、民俗风情等方面都产生了巨大而深远的影响。

一、道教与文学

道教的神仙思想极大地丰富了知识分子的想象力,增加了文学创作中浪漫主义的色彩,而且道教重视长生,对生命的短暂和失去感受强烈,这种思想表现在很多文人墨客的作品中,出现了很多"人生易逝"、"叹老悲秋"的慨叹。

(一)诗歌

中国历史上曾有过游仙诗、步虚词、青词一类与道教休戚相关的文学形式,有的游仙诗直接虚构出了让人羡慕的超脱潇洒的生活,有的表达出了对生活的向往,有的也写出了对人生短暂、想要超脱却又不能的无奈。

如曹操的诗:

对酒当歌,人生几何!譬如朝露,去日苦多。慨当以慷,忧思难忘。何以解忧?唯有杜康。青青子衿,悠悠我心。但为君故,沉吟至今。呦呦鹿鸣,食野之苹。我有嘉宾,鼓瑟吹笙。明明如月,何时可掇?忧从中来,不可断绝。越陌度阡,枉用相存,契阔谈䜩,心念旧恩。月明星稀,乌鹊南飞。绕树三匝,何枝可依?山不厌高,海不厌深。周公吐哺,天下归心。

——曹操《短歌行》

这首诗刚开始就抒发了对生命短促的感慨,人生就像早上的露水一样短暂,既然人生有限,何不寻找快乐化解忧愁,于是借酒浇愁,但是"借酒浇愁愁更愁",虽欲慷慨人生,但终归"忧思难忘",只能得乐且乐。后面写了对志士贤才的渴慕,希望能建功立业,实现生命的价值,但是雄心壮志终抵不过岁月的流逝和人生的仓促,充满了矛盾和无奈。在曹操生活的汉末时期,以至后来的魏晋时期,社会的各个阶层都有对神仙长生的信仰者,神仙的长生思想是当时的流行观念之一,诗人对人生短暂的感叹,也暗示了对神仙长生生活的向往。

还如李白的诗:

清斋三千日,裂素写道经。吟诵有所得,众神卫我形。云行信长风,飒若羽翼生。攀崖上日观,伏槛窥东溟。海色动远山,天鸡已先鸣。银台出倒景,白浪翻长鲸。安得不死药,高飞向蓬瀛。

——《游泰山六首》其四

这首诗是李白游泰山时创作的六首诗其中的一首,这一组诗展示了泰山的山水之美,并且把这种美景想象成神仙仙境,还写了自己吃斋、抄经以及自己修行时的感受,表达了自己对神仙生活的向往。李白少年时代就开始求仙学道,与道士交游,神仙长生不老、畅游仙界、逍遥隐逸的生活对李白的思想影响很大,李白为人傲世独立、潇洒狂放,其诗歌也是想象丰富、洒脱不羁,越来越带有"道骨仙风",终于成就为"诗仙",这不能不说与他渴求的神仙境界有关。

再如白居易的诗:

悠悠生死别经年,魂魄不曾来入梦。临邛道士鸿都客,能以精诚致魂魄。为感君王辗转思,遂教方士殷勤觅。排空驭气奔如电,升天入地求之遍。上穷碧落下黄泉,两处茫茫皆不见。忽闻海上有仙山,山在虚无缥缈间。楼阁玲珑五云起,其中绰约多仙子。中有一人字太真,雪肤花貌参差是。

——《长恨歌》节选

这是一首被誉为千古绝唱的长篇叙事诗,生动地描绘了唐玄宗、杨贵妃缠绵悱恻的爱情故事及悲剧结局。这几句写了唐玄宗为了再见杨贵妃魂魄一面,请道士作法,终于在蓬莱仙境找到了"太真"(即杨贵妃)的过程。认为杨贵妃死后成仙,而且还请道士作法,这些描写很明显受到道教神仙思想的影响,而且唐玄宗是唐代最支持道教发展的皇帝,这明显符合当时社会流行的乐生贵生、求仙问道的思想,而诗人正是顺应了这种潮流,不仅增加了诗歌的浪漫主义色彩,也突出了天人永隔的悲剧意味,令人回味无穷。

(二)小说

道教庞杂的神仙体系给小说的创作提供了丰富的素材,而且其积德行善以求得道成仙的思想也给小说创作提供了巨大的想象空间。

如《封神演义》,这部小说以姜子牙辅佐周王室讨伐商纣的历史为背景,描写了三界范围内大大小小的神仙、人、鬼怪在不同层面上的斗争,包含了大量的民间传说和神话,其中大量的情节描写各路神仙由于立场不同而展开的斗智斗勇斗法的过程。小说中出现的神仙如元始天尊、女娲娘娘、太乙真人、南极仙翁、广成子、杨戬、哪吒等都是道教神仙体系中的神仙,其中腾云驾雾、呼风唤雨、撒豆成兵、土遁术等法术的施展展现了丰富的想象力,也突出了道教神仙方术的特点。另外,小说中还描写了邪教中的一些动物经过修炼也能得道成仙,这是道教中重视修炼思想的体现。

还如《西游记》,这部小说不仅与佛教有密切关系,与道教也有同样密切的关系。其中出现的神仙有很多都是道教神仙体系中的,如玉皇大帝、太白金星、太上老君、镇元大仙、各类天兵天将等等。孙悟空在大闹天宫时偷吃了太上老君的仙丹,后又在八卦炉中冶炼,使身体发生了本质的变化,一旦变化,"则道成,道成则位为仙",由此可以看出道教炼丹修炼,以求长生不老思想的影响。另外,道教的神仙要求清心寡欲,不能有七情六欲,一旦"动凡心",就要受到惩罚,如天蓬元帅,因为被嫦娥的美色所迷,动了凡心,被贬下界,成了后来的猪八戒。而孙悟空七十二变,也恰恰体现了道教那种奇妙诡谲的想象力,与道教讲"形神俱妙",身体与"道"合而为一,最终长生久视的理想契合。

再如《水浒传》,小说的第四十一回写九天玄女娘娘传授宋江三卷"天书",以之替天行道,这里的九天玄女娘娘和"天书",都和道教有关系。据说九天玄女娘娘是黄帝之师,她将"天书"传给宋江,代表着这是天意,所以宋江后来就打出"替天行道"的旗号。一百零八将中的神行太保戴宗能日行八百,其借助的道具就是甲马,应该属于道教的一种法术。一百零八将分别是天罡星三十六星,地煞星七十二星,属于道教的神仙系统。这样的情节设计虽然是为了增强梁山好汉替天行道的正义色彩,但也反映了当时社会中普遍存在的道教信仰思想。

除了诗歌和小说,道教还对戏剧产生了很大的影响,如关于八仙的故事,尤其是吕洞宾的故事,还有关于董永与七仙女的故事,很多被搬上了戏剧舞台。这些神仙故事大大丰富了中国的戏剧文化。

二、道教与艺术

道教的成仙思想和仙界的构想同样也表现在艺术创作中。

(一)建筑

道教的建筑体现在宫观建筑上,包括供奉祀神的殿堂、斋醮祈福的坛台、诵经修炼的静室,园林建筑等。道教建筑的总体布局采用中国传统的院落式,结构方正,对称严谨,这种建筑形象,充分表现了严肃而井井有条的传统理性精神和道教徒追求平稳、自持、安静的审美心理,同时又利用地形条件建构园林,形成一种仙居境界。多数宫观山门前有一对石狮。狮为百兽之王,放在门前以示神威。道教建筑的装饰有祥云、八卦图和福寿双全图,这些源自道教思想和神仙故事的图案,深入到千家万户的各类建筑构件和日常器具中,鲜明地反映了道教追求吉祥如意、延年益寿和羽化登仙的思想。至于八仙和八仙庆寿的道教故事在中国古建筑的园林内,占有很突出的位置,是我国传统文化中的重要组成部分。道教的代表建筑有武当山古建筑群和北京的白云观。

北京白云观1

北京白云观2

(二) 音乐

道教音乐的理论基础来源于老子的"大音希声"和庄子的"天籁",主张音乐发自天然,不矫揉造作,以达到心情舒畅、阴阳和谐、娱乐神灵和自我的目的。同时道教音乐又和民间音乐、宫廷音乐互相吸收、影响,创作出了一些比较经典的音乐作品,如唐玄宗亲自创作的《霓裳羽衣曲》。另外,道士出身的阿炳创作的《二泉映月》与阴阳观念暗合,形成了平和、阴柔为主导倾向的审美趣味。

(三) 书画

历史上一些有名的书画家都与道教有关。如出身于道教信仰之家的王羲之,曾书写

《黄庭经》，并用此经与道士换鹅，成就了千古佳话。

山西永乐宫壁画

道教绘画中最有名的就是山西永乐宫的壁画，壁画面积1005.68平方米，主要分布在龙湖殿、三清殿、纯阳殿、重阳殿四座元代建筑内。三清殿的壁画《朝元图》描绘了道教诸神朝拜元始天尊的宏大场面，共画神仙290尊，构图宏伟，气势磅礴，八位主神像身高近三米，最低的玉女也近两米，是迄今为止所知的中国古代最大的神仙人物画。纯阳殿和重阳殿是以连环画的方式描绘了吕洞宾、王重阳一生的传说故事。永乐宫壁画是古代壁画艺术的宝库之一，是除敦煌以外，我国另一个举世公认的艺术瑰宝，是世界美术史上的杰作。

三、道教与科技

中国的传统科技医药养生、天文历法、炼丹化学也在很大程度上受到道教文化的影响。

（一）外丹术与化学

为了追求长生不老，道士开始炼制丹药，在不断试验的过程中，留下了许多关于冶炼的技术成果，其中火药的发明，就是道士在长期的炼丹过程中产生的偶然结果。葛洪的《抱朴子内篇·金丹》列举了很多的丹药，记载了很多丹法，可以说是道教外丹术的集大成者。尽管这些丹药并没有真的达到长生不老的目的，但是其炼丹的过程推动了中国古代冶炼技术和古代化学的发展。

（二）医药养生学

同样，为了追求长生不老，得道成仙，很多道士在不知不觉中成了医学和药物学家。如葛洪、陶弘景、孙思邈等。

葛洪，在其著作《抱朴子内篇·仙药篇》中，详细记述了灵芝、五玉、云母、珍珠等药材，说服之可以延年益寿。在其另一著作《肘后备急方》中，对于传染病如天花、结核病等颇有研究，对免疫法也有正确的认识，并且用浅显易懂的语言，明确注明了各种灸的使用方法，并且记载了许多药用植物的形态特征、入药部分及治病作用等，对我国后世医药学的发展产生了很大的影响。

陶弘景，著有《本草经集注》，这本书中将药物划分为玉石、草木、虫兽、果、菜、米食、有名未用七类，这种分类方法沿用了一千多年。其次对药物的性味、产地、形态等方面加以论述，并且总结了诸病通用的药物，例如，将祛风的药物防风、川芎、独活等归为一类，叫作

"诸病通用药",这种分类方法便于临床参考,促进了医药学的发展。

孙思邈,著有《千金要方》,其中记载了药方5000多首。内容既有诊法、症候等医学理论,又有内、外、妇、儿等临床各科;既涉及解毒、急救、养生、食疗,又涉及针灸、按摩、导引、吐纳,是对唐代以前中医学发展的一次很好的总结,对后世医学特别是方剂学的发展,有着明显的影响和贡献,并对日本、朝鲜医学的发展也有积极的作用。另外孙思邈医德高尚,对病人一视同仁,不慕名利,是我国医德思想的创始人。

道教天人同构、自然无为的思想成为中医的指导思想,外丹术开创了化学制药的先河。道教在生理学、经络学、解剖学、药物学等方面都颇有建树,服食、行气、辟谷、导引、调息等方术以及内丹学成为养生的主体内容,并且衍生出各种强身健体的武术气功。道教这种追求突破生命极限的方术实践推动了古代科学技术的发展。

四、道教与民俗

道教的神仙思想及在修炼时的许多活动不知不觉渗透进老百姓的日常生活中,并逐渐演化成民间习俗,代代相传,影响着民众的信仰、生活方式及心理等。

(一) 道教与日常生活

道教与中国人的日常生活休戚相关,满足人们生活的各种要求,如升官发财、健康长寿、富贵平安等。

1. 财神和灶神

灶神年画

财神崇拜在中国社会各阶层非常普遍,在商人中尤其突出。许多寺观、家庭中都供奉着财神,而且商铺、饭馆等各种商业场所中也遍布财神。如有些店铺供奉关羽,据说关羽被封为武财神,不仅可以带来财富,还因为他的忠诚、慷慨、公正足以掌管财富的分配。或者在商铺门口摆设一些象征生意兴隆的物件,祈望得到财神眷顾,财源滚滚。

灶神属于道教神仙体系中的俗神,与老百姓的温饱关系密切,尤其是吃喝这种最基本的生活需求。据说灶神每月初一都要上天庭禀报人的种种善恶,并把这些功德记录在案,以此决定人的寿命,因此家家都要供奉灶神,并且每家每户的灶都有一些禁忌,以免触怒灶神。

2. 看风水

道教对住宅的选择极为关注,因为居住环境的好坏涉及养生之道,所以对于起居空间的方位朝向、明暗和潮湿度等,都是十分讲究的。如房子要面朝南,阴阳适中,明暗相伴等等。并且在入住前要有斋醮仪式,请众神降临镇宅,安稳住宅,带来财运,消除灾祸。虽然看风水是一种迷信活动,但是在很长的时间里影响着百姓的居住造房的理念。

(二) 道教与礼仪

1. 婚礼

在传统婚礼上,新郎新娘要牵着大红的带子步入洞房,相传这一习俗与道教的月老神仙有关。在道教中,月老是负责人间婚姻大事的神仙,月老如果让两人成亲,就会在两人的手上缠上红线,不管两人相隔多远,总会相识相爱。有些道教宫观还专门设有月老殿,供信徒求婚姻美满。

2. 葬礼

受道教神鬼思想的影响,古代人的葬礼有一系列非常复杂的宗教仪式组成,目的是安顿超度亡灵。如给死者穿最好的衣服、口里放入金银珠宝、棺内放入死者生前最常用的东西,送葬撒纸钱打发路上所有的妖魔鬼怪、请和尚道士念经超度亡灵,等等。

除了以上列举的之外,道教思想对民间风俗的影响还有很多,如春节期间很多地方会举行庙会,进行民间祈神、游艺、商业等综合性活动;春节来临之前要贴春联,贴上钟馗、关公等道教神仙作为门神;还有的要给孩子挂护身符等等,都是源自于道教的一些习俗。

思考链接

道教智慧语句

* 先人后己,大公无私
* 上善若水,与世无争
* 过犹不及,适可而止
* 心神安定,不为所动
* 辩证剖析,逆向思维
* 化繁为简,返璞归真
* 大智若愚,内敛低调
* 狂风暴雨,不能持久
* 欲进反退,事与愿违
* 戒除烦躁,沉静稳重

* 退让为美,居下反上
* 柔能克刚,弱能胜强
* 将心比心,以诚待人
* 正大光明,切莫投机
* 慎终如始,则无败事
* 海纳百川,有容乃大
* 以德服人,不战而胜
* 知错就改,善莫大焉
* 至诚至真,至善至美

第四章 共生共荣的三教融合

【情境导入】

贾宝玉是小说《红楼梦》中的一号主人公,他从小接受了良好系统的传统儒家教育,他身上具有儒家典型的知书达理、仁爱宽厚的风范。在待人上,贾宝玉不在意身份地位,宽以待人、和蔼体贴;在诗文上,聪慧过人,文采出众。在他身上,充分体现了儒家仁、义、礼、智、信的道德要求,但在他身上也有佛、道两家思想的影子。

贾宝玉的一生都与佛道关系密切,他的出世就是由一僧一道共同度脱的,而且,在他人生的关键时刻,僧人和道士总要出现,为他化解危机,到最后,也是由僧道指引,看破红尘,遁入空门。在小说第二十二回,他曾经写过一首佛偈:

你证我证,心证意证。是无有证,斯可云证。无可云证,是立足境。

填过一首词:

无我原非你,从他不解伊,肆行无碍凭来去。茫茫着甚悲愁喜?纷纷说甚亲疏密?从前碌碌却因何?到如今,回头试想真无趣!

因此,在贾宝玉的身上浓缩了儒、释、道三教的思想影响。不管作者塑造此人物的最终目的为何,但除了贾宝玉这个主要人物,整部小说都受到了三教的影响,这也是清朝时三教逐步走向融合在文学领域及文人士子身上的体现。

第一节 三武一宗灭佛——儒释道三教冲突

"三武一宗灭佛"是指佛教在中国发展的历史上,遭遇的以统治者为首的反佛、限佛事件,分别是:公元444年北魏太武帝拓跋焘的灭佛事件,574年北周武帝宇文邕废佛事件,841年唐武宗李炎的禁佛事件,955年后周世宗柴荣限佛事件。

一、借用

佛教在汉代刚传入中国时,对于当时的中国人来说,完全是一种新的思想,加上当时儒家思想的强势、道家思想的逐渐宗教化,要想在中国发扬光大,非常困难。而且佛教中的"因果报应"、"天堂地狱"说与儒家"不谈鬼神"的态度、道家"现世现报"的思想有着很大的区别,不能为人民大众所接受。因此佛教在进入中国的最初一段时间里,积极探索适应中国文化的传播道路,以便于中国人接受。经过很长时间的努力,佛教不仅融合了儒家忠孝节义的思想,还吸收了道教的养生医术、阴阳五行、拳艺功法等,使佛教改头换面,变成了一个和中国人思想不太抵触的"中国式佛教"。

二、冲突

（一）佛道之争

经过改造的佛教逐渐受到皇室、贵族和士大夫的欢迎,西晋皇室贵族中的很多人都和当时的名僧交往密切。佛教的迅速发展极大地冲击了道教的利益,信仰道教的势力开始以政治手段限制佛教的发展。北魏太武帝拓跋焘推崇天师道,再加上其他的政治因素,这位皇帝在444年,下令上自王公,下至庶人,一概禁止私养沙门,并限期交出私藏的沙门,若有隐瞒,诛灭全门。并进一步推行苛虐的废佛政策:诛戮长安的沙门,焚毁天下一切佛经、塑像。这次灭佛事件是四次灭佛事件中最为血腥的一次,屠杀了大量的佛教徒,废佛最为彻底。

（二）儒佛之争

自汉武帝"罢黜百家、独尊儒术"以后,儒家成为中国社会的正统思想。佛教的发展不仅威胁到道教的利益,也危及到儒家的正统地位。北周武帝宇文邕尊崇儒教,是一位励精图治、富有远见的皇帝,他认为人民信佛,供养出家人,会不专心于生产,影响国家的财政收入。于是,574年,北周武帝宣布废佛,令僧尼还俗,只毁像破塔烧经,不杀僧人。这是历史上的第二次灭法,共还俗僧人300万人,退寺院4万座。

魏晋以后,随着佛教的迅速发展,僧尼和寺院越来越多,且僧尼不从事生产活动,还占有大量的土地和物质财富,给社会经济带来了沉重的经济负担。唐武宗李炎禁佛时,历史记载,当时天下的财富,佛教寺院僧众占有七到八成,而且全国的寺院还有15万奴仆。后周世宗灭佛时,全国有僧尼14万人,每16户、93人要摊养一个僧人。这些寺院僧尼成为国家发展的阻碍,并且造成了十分恶劣的影响,一些闲散懒惰的人纷纷落发出家,逃避劳动。

因此,这四次灭佛行动并不仅仅是因为宗教原因,还有非常复杂的政治和经济原因。

三、影响

首先,"三武一宗灭佛"事件,限制了佛教在中国发展的规模和速度。从444年第一次灭佛到955年的第四次灭佛,每百年左右都会进行一次灭佛活动,虽然出现了很多血腥的事件,也使得佛教各宗派的典籍和人才损失严重,但是却限制了佛教在中国的迅速膨胀,维护了儒教的正统地位,保留了道教发展的空间,形成了三教并存的多元文化格局。

其次,"灭佛"事件也促进了三教的融合,维护了国家的社会稳定。虽然这几次灭佛事件激化了儒、道、佛三教之间的矛盾,但也加强了三教之间的交流和融汇,有些统治者或位居高位的官员虽然严格执行灭佛决定,但也兼取三教的长处,为我所用,以维护社会的平衡和稳定。

再次,"灭佛"事件规范了中国佛教的发展方式。由于佛教的迅速发展,很多僧侣素质低下,戒律废弛,在唐武宗时,有些寺院甚至变成了娱乐场所,藏污纳垢。这几次灭佛使得佛教的发展更加规范化,唐代著名的怀海禅师制定的《百丈清规》,成为佛教徒入教、自持的"律法",有利于佛教的长远发展。

第二节　梁武帝同称三圣——儒释道三教融合

梁武帝萧衍不仅是一位文学家,而且和道教、佛教都有着密切的联系。他在位期间,不仅数次舍身侍佛,并且积极调和三教之间的矛盾,大力推进三教融合,将释迦牟尼、老子、孔子并放在一起,同称为"三圣"。

一、梁武帝与三教的关系

梁武帝(464～549年),萧衍,南北朝时期梁朝政权的建立者。梁武帝博学多才,早年曾接受系统的儒家教育,在文学上很有天赋,是"竟陵八友"之一。他们注重诗歌的平仄协调,词采华丽,对仗工整,创造了文学史上的"永明体",为格律诗的产生奠定了基础。在位期间,还建立儒学学馆,教授儒学经典。

梁武帝早年还曾一度信奉道教,与许多道士保持着密切的关系,主政早期重用道士陶弘景,对道教大力扶持。

梁武帝在登基后的第三年(504年),正式下诏弃道归佛。作为一位虔诚的佛教徒,除了广建佛寺外,梁武帝还曾先后四次舍身同泰寺,第二次甚至要舍弃家人和国家,要做一名真正的出家人。

梁武帝

二、梁武帝推动三教融合

由于梁武帝与儒、佛、道三教都有密切的关系,所以他在位时,大力推行三教融合。他常把佛教比作黑夜里的月亮,把儒教、道教比作众星,既有大小之别,又互相烘托,交相呼应。在理论上以佛教为主,将儒、道、佛三教结合了起来,并在实践上互相补充,用儒教治理国家,用道教教人行善,用佛教劝人出世成佛。这对加强统治是非常有用的,所以梁武帝常把释迦牟尼、孔子、老子同称为"三圣"。

梁武帝还创作了一首《会三教诗》,表达了他对三教的看法:

少时学周孔,弱冠穷六经。孝义连方册,仁恕满丹青。践言贵去伐,为善在好生。中复观道书,有名与无名。妙术镂金版,真言隐上清。密行遗阴德,显证在长龄。晚年开释卷,犹月映众星。苦集始觉知,因果方昭明。不毁唯平等,至理归无生。分别根难一,执着性易惊。穷源无二圣,测善非三英。大椿径亿尺,小草裁云萌。大云降大雨,随分各受荣。心想起异解,报应有殊形。差别岂作意,深浅固物情。

梁武帝在这段诗文中明确表达了三教在本源上相同,只是由于每个人的根基不同,才生出不同的理解,而且三教不仅在建立教化的本源上一致,在教民成善的终极目标上也一致。梁武帝的三教会通论是对魏晋以来儒、道、佛三教关系的总结和发展。

魏晋至唐是儒、佛、道之间冲突最激烈的时期,但任何事物的发展都有其两面性,三教在发生激烈冲突的同时,也在不停地交流、借鉴和吸收,所以,这段时间也是三教互相融合的高峰期。这种互相融合打破了之前佛教单方面借鉴、利用儒道两教的局面,儒道两教也逐渐开始学习利用佛教的文化资源。

第三节　全真教的建立——儒释道三教合流

全真教创立于金朝初年,创始人是王重阳。王重阳把自己所居的庵堂称为全真堂,凡入道者称为全真道士,所以该教派被称为全真教。全真教汲取了儒教和释教的部分思想,声称三教同流,主张三教合一。

如果说全真教的建立是宋代以来,儒释道三教合流趋势在道教中的体现,那么宋明理学的产生则是三教合流趋势在儒教中的体现。

一、全真教的发展及思想

(一) 全真教的发展

自王重阳建立全真教以来,先后收了马钰、丘处机等七位弟子,这七位弟子被称为"全真七子"。全真七子对全真教的发展壮大功不可没,尤其是丘处机。

成吉思汗与丘处机

丘处机在蒙古觐见成吉思汗,劝诫成吉思汗爱惜生命,不要杀戮;要清心寡欲,固精养神,积善修福以延长寿命;中原是兵家要地,得中原者即可成就霸业。由此丘处机得到成吉思汗的重用,并得到三大特权:出家的全真教徒可豁免赋税差役;天下道教事务皆归全真教管辖;全真教可以任意建立道观,不受限制。这些特权给丘处机带来了极大的荣誉,也给全真教带来了发展的良好机遇。在后来短短几十年间,全真教成为当时北方的道教领袖。

(二)全真教的思想

王重阳创立全真教时,提倡儒释道三教同源,三教平等。他认为三教创设的目的都是为了拯救天下众生,释迦牟尼教人摆脱六道轮回之苦;太上老君教人炼丹,驱除疾病,益寿延年;孔夫子教人仁义礼智信,他们的目的都是一样的。因此这三者都是全真教的祖宗。

王重阳吸收了儒家行孝忠君思想,要求刚入教的弟子学习《孝经》,并规定,对"不孝"、"不敬"、"不善"三种人不予传教,并要求在家修行的全真教徒与家属和睦、朋友有信,并祭祀祖宗。

全真教对佛教思想的吸收体现在将佛教六道轮回、地狱惩罚等观念融入其信仰体系,营造了一个等级森严,容羁押、庭审、判决、教化功能为一炉的"阴曹地府",惩治生前作奸犯科者。并且模仿当时佛教的做法,创立了道士出家、云游、住庵、乞食制度,借鉴佛教寺院的建筑体制,修建自己的宫观,现在北京的白云观就是当时的全真教所建。

总之,全真教继承了道教清静无为的宗旨,吸收了佛教因果报应、六道轮回、普度众生的观念,效仿佛教的丛林制度和出家形式,采纳了儒教的伦理思想,承继了南北朝和唐朝时缓和三教矛盾、促进三教融合的时代思潮,顺应历史发展,组织了一套内容丰富、独具特色的道教教义教制体系,使自身迅速发展,成为当时乃至后世中国重要的宗教组织。

二、宋明理学

宋明理学是宋明时期产生的,是由众多学派构成的庞大思想系统。开创者是周敦颐,后来北宋的程颐和南宋的朱熹建立了程朱理学,南宋的陆九渊和明代的王守仁(即王阳明)发展出了陆王心学。这两派构成了宋明理学的主体。

周敦颐、朱熹、王守仁这三人均与道士、禅师有着密切的联系,经常与这些出家人谈禅论道,并且将佛道的思想融入到理学中来,极大地丰富和发展了宋明理学。例如,程颐和朱熹的程朱理学大谈"天理",就融合了佛教华严宗的思想,周敦颐提倡的道德修养法"静坐",与道教的静修之法有着密切的联系。总之,宋明理学是以儒学为主体的三教合流的产物。

除了全真教和宋明理学,还出现了同时祭祀孔子、佛祖和老子的民间宗教——三一教,这些说明从唐以后,儒释道三教经过魏晋南北朝时期大规模的冲突后,互相吸收和借鉴,逐步走向了融合,以新的面貌参与到中国的社会文化中。

第四节 治世、养心、养生——儒释道三教辅政

"以儒家治世,以佛教养心,以道教养生",是南宋宋孝宗的三教思想,这三句话是儒释道三教关系史上最经典的论述。由于宋孝宗与佛教、道教都有密切的往来,因此,在他的政治实践中,特别注重发挥二者的作用,并且使佛、道和儒教相辅相成,共同发挥作用。

一、儒家治世

自汉武帝实施"罢黜百家,独尊儒术"的政策之后,儒家思想就成为中国历代封建王朝统治国家、治理百姓的指导思想。儒家在政治上强调"德治"和"仁政",特别看重伦理道德教育,后来孟子又提出"民贵君轻"、"以人为本"的人本主义思想;在个人的道德修养上,重视孝、恭、信、敏、惠,强调"克己复礼"、"积极入世"的主体精神;并且把人治和法治统一起来,提供了切实可行的治国方案。因此,从汉代以来,儒家思想一直是统治者选用人才、治理国家首要选择的思想体系。宋太祖和宋太宗时期的宰相赵普曾以"半部《论语》治天下",这是"以儒家治世"理念的最好说明。

二、佛教养心

释迦牟尼正是在看到世间种种的痛苦,想要找到使人脱离苦海、获得解脱的方法才创立的佛教,所以佛教所关心的主要问题就是人的思想和精神如何解脱。佛教主张四大皆空,视世间万难为无物,无欲无求,不执着于名利、富贵,不执迷于幻象,更不执迷于那些得不到的东西,珍惜当下的幸福,真正体会到淡定、从容;慈悲宽大、包容忍让,有了这种心境,人就会远离仇恨,豁达坚强。佛教的禅定和静坐是非常典型的思维修炼,意在排除烦恼,六念皆空,只有在心念上"五蕴皆空",才能追求到至上的生命智慧,才能彻底摆脱生死苦恼,进入涅槃境界。

三、道教养生

追求长生不老是道教关注的主要内容。在道教的发展史上,因为其不断地追求长生,并为此进行了诸多的实践,为中国古代的化学、医药学和养生学作出了极大的贡献。虽然从古至今并没有人真正的长生不老,但是道教留下的医药学和养生学的知识非常丰富,祛病养生、益寿延年的目的是可以达到的。而且道教后来的内丹学,注重精、气、神的修炼,与佛教的禅宗多有相通,从而可以调养身心,性命双修。

所以说,宋孝宗"以儒家治世,以佛教养心,以道教养生"的思想,一方面概括了儒释道三教不同的理论观点:伦理、心性和长生,另一方面确定了儒释道三教在唐代以后的社会地位。

明清两朝的诸位皇帝也大多采用三教并用的政策。明太祖朱元璋认为儒教确立与传承的政治准则、伦理纲常是"万世根本",而佛道二教教人明因果、辨善恶、示吉凶,劝人向善,因此推行儒释道三教并举的政策,并亲自撰写了《三教论》。

清代的雍正帝认为儒教的作用是按照圣人的教化来治理国家,是国家的基本法度,佛教强调明心见性,道教提倡练气凝神,三者的目的都是劝人向善,都有助于治理国家,因此也推行三教并行政策。

从两汉之际佛教传入中国,一直到中国封建社会的结束,儒释道三教经过不停的冲突和互相借鉴,终于在宋朝时期走向了融合,并积极发挥着自己在社会生活中的作用,共同创造了中国古代多彩斑斓的思想文化。

思考链接

儒释道智慧与人生

对于儒释道三家,国学大师南怀瑾先生有一个生动的比喻:儒家好比粮食店,为人们提供必不可少的精神食粮;释家是百货店,日常用品,林林总总,一应俱全;道家则是药店,灵丹妙药,用以济世救人。儒家店必须光顾,圣人曰:饮食男女,人之大欲;释家店则随时可以逛逛,有钱则购,无钱则望;道家店则是无事不必登。

儒学的精髓是积极入世。与道家学派的师法自然相比,它少了一分潇洒脱俗,多了一分入世的使命感;少了一分消极避世,多了一分积极进取。与佛教的清静无为相比,少了一分来世报应,多了一分今生责任;少了一分普度众生,多了一分责己修身。因此,儒家有烦恼:修身不完善,有志难施展……但更多的是乐趣:修身之乐,施展抱负后齐家、治国、平天下之乐,而这些,正是其他学派永远无法企及的,也是儒学思想魅力不减、源远流长的内在原因。

现实生活中,许多人拥有渊博的知识,过着富足的生活,但并不快乐。正如苏格拉底所说:真正带给我们快乐的是智慧,而不是知识。因为智慧会使人洞明人生的真理,会使人的行为合理,从而达到自由、快乐、解脱的境界。

古人说:"人同此心,心同此理。"虽然当代中国的社会文化环境与古代中国社会相比已经发生了很大的变化,但也存在着许多共同的问题。儒家的仁学思想无疑有需要舍弃的地方,但由儒家所阐述的许多人生智慧、人生哲理在当代仍具有普世性价值。因此,这些有价值的东西理应为世人所共享。同样,在如今这个精神世界非常活跃的时代,佛家与道家的精髓也弥足珍贵。虽然有人说世界面临的问题要从2500年前的孔子那里找寻,毋庸讳言,也得从佛、道两家去试探着追索。

——节选自《儒释道智慧与人生》

第五篇 教化育人

第一章 源远流长的教育思想

【情境导入】

伤仲永

金溪民方仲永,世隶耕。仲永生五年,未尝识书具,忽啼求之。父异焉,借旁近与之,即书诗四句,并自为其名。其诗以养父母、收族为意,传一乡秀才观之。自是指物作诗立就,其文理皆有可观者。邑人奇之,稍稍宾客其父,或以钱币乞之。父利其然也,日扳仲永环谒于邑人,不使学。

余闻之也久。明道中,从先人还家,于舅家见之,十二三矣。令作诗,不能称前时之闻。又七年,还自扬州,复到舅家问焉。曰:"泯然众人矣。"

王子曰:仲永之通悟,受之天也。其受之天也,贤于材人远矣。卒之为众人,则其受于人者不至也。彼其受之天也,如此其贤也,不受之人,且为众人;今夫不受之天,固众人,又不受之人,得为众人而已耶?

所谓的天才即是天资禀赋相对高于常人,然而不依靠后天的教育和努力,终不免成为庸碌凡人,丧失天资。北宋王安石的故事《伤仲永》就深刻阐释了教育对育人的深远意义。

第一节 有教无类——孔子的教育思想

孔子一生大部分时间和主要精力都用来聚徒讲学和整理古代文化典籍。整理和保存我国古代大量的文化典籍,开创私人讲学之风,积累丰富的教育经验,是孔子在文化教育方面的主要贡献,他也因此成为我国古代教育思想的奠基人。

春秋中期之前,文化教育一向被贵族所垄断,由周天子或诸侯举办的官学,主要用来教育贵族子弟,培养统治阶级的接班人。春秋后期,孔子开创私学,使学移民间,也就是说民间的人也可以学习文化知识了,打破了西周以来"学在官府"的垄断局面。他提倡"有教无类",广招学生,把受教育的范围扩大到平民,顺应了当时社会发展的趋势。只要愿意行"束修"之礼,即向老师献上十条肉脯作拜师礼(即后来学费的前身),就可以成为孔门弟子。

一、教育的作用与地位

第一,教育的社会功能。

孔子认为教育与政治、经济等有着密切的关系。教育和政治是分不开的,教育工作本身就是一种政治工作。孔子办教育,是为了培养人才,以便更有效地推行他的政治主张。基于这一目的,他非常重视教育,并把众多的人口、富足的财富、发达的教育作为立国的三大要素。在治理国家中,教育可以产生强大的道德力量,收到行政与法律手段都难以取得的效果。

第二,教育对个人发展的作用。

孔子在中国历史上最早提出人的天赋素质相近,个性差异主要是由后天教育与社会环境影响(性相近也,习相远也)所致这一观点。人人都可受教育,学生冉雍的父亲是个"贱而恶"的人,冉雍却很有德行,孔子认为神明也不能剥夺他的受教育的机会。

孔子肯定了教育在人的成长中起着决定性作用,知识和道德都是靠学习培养出来的,教育和学习结果是形成人的个别差异的重要原因。

二、教育目的与目标

孔子的教育目的不是培养具有某种技能的专门人才,而是使学生"成人"。即使学生举止合乎礼数,言行合乎"忠"、"信",做到"己欲立而立人,己欲达而达人"。

后来孔子把教育目标提高,从"为政在人"的政治主张出发,一方面提倡"礼贤下士"、"举贤才",要求吸收和重用社会上已有的贤能之士;另一方面致力于通过教育来培养贤士、君子。

孔子心目中的"士"必须是德才兼备并能处理实际政务之人。他把政治希望全部寄托在学生身上。"君子"是孔子提出的具有一定道德标准的理想人格,君子要将礼与仁、言与行完美地统一起来,不仅要独善其身,还要兼济天下。

孔子认为"学而优则仕",如果学习了还有余力,就去做官。这就打破了商周以来选才任官上的贵族宗法性,为广大学有专长的下层人士参与国家管理开辟了道路。在君臣关系上应当"君使臣以礼,臣事君以忠"。但孔子的忠君是有条件的,就是"以道事君","邦有道则仕,无道则隐","道不同不相为谋"。他不提倡愚忠。

他还倡导"仕而优则学",主张出仕后还要不断学习,提出了终身受教育的思想。这是春秋后期社会下层人士参与国家政治生活的反映,在我国教育史和选官制度变革上具有划时代的进步意义。

三、教育对象

教育对象问题,即什么人可以或应该接受教育,这是许多教育家关注的问题。孔子自身从一个"贫且贱"的寒士,经过刻苦努力、勤奋好学,终于成为当时社会上学识渊博的大学问家。30 岁左右他就开始收徒讲学,从"性相近,习相远"的理论前提出发,主张极力扩大教育对象,明确提出"有教无类",打破身份限制,不问贵贱,使那些愿意学习而且在经济条件和时间上又允许的人都能入学,不论贫富、贵贱、国别都可有接受教育的权利和机会。

向他求教的人中既有各国当权的贵族,又有山野鄙夫。许多学生都是寒门子弟,如箪食瓢饮、穷居陋室的颜回,穷困至三天不举火、十年不制衣的曾参。如此贫寒的学生,孔子都可以接受、欣赏和赞许,说明孔子教学不以家庭门第为标准,而以学生的德行和学习成效为标准。对自己的儿子孔鲤,他也是一视同仁。

"有教无类"促进了学术下移、庶人议政的历史发展趋势。在一定程度上说,孔子促使"私学"走向兴盛,并为战国社会的变革准备奠定了人才基础。

四、教育内容

孔子收徒的目的就是让学生们从政,为社会培养人才,把这些人培养成价值承担者、文化传承者、理想的践行者。教育必须为社会政治服务,这是人类社会的通理。

教育内容包含两部分,即道德教育和知识教育,以前者为重心。孔子的教育目的是要培养从政的君子,而君子必须具有较高的道德品质修养。首先要做一个品行符合道德规范标准的社会成员,其次才是对文化知识的学习。

孔子道德教育的主要内容是"礼"和"仁"。其中"礼"为道德规范,"仁"为最高道德准则。"礼"是"仁"的形式,"仁"是"礼"的内容,有了"仁"的精神,"礼"才真正充实。在道德修养方面,他提出树立志向、克己、践履躬行、内省、勇于改过等方法。

孔子教育始终贯穿着如何治国治民的内容,还教学生理政与治国的本领。所用的教材就是六经,即《诗》、《书》、《礼》、《乐》、《易》、《春秋》。在专业知识方面就是六艺,即礼、乐、射、御、书、数。六艺与六经的不同在于:六经偏重于文化知识,属于文的范围;六艺则偏重于才能和技术训练。

总的来说,孔子的教学内容有三方面:其一,偏重社会人事。他的教材,都属于社会、历史、政治伦理方面的文化知识,注重的是现实的人事。他不谈"怪、力、乱、神",不宣传宗教迷信思想,不把宗教内容列为教学科目,这种明智的态度,成为中国古代非宗教性教育传统的开端。其二,偏重文事。他虽要求从政人才文武兼备,但在教学内容的安排上仍偏重文事,有关军事知识技能的教学居于次要地位。其三,不重视科技与生产劳动。他所要培养的是从政人才,而不是从事农工的劳动者,所以他不强调掌握自然知识和科学技术。他既没有手工业技术可传授,也没有农业技术可传授。因此他反对弟子学习生产劳动技术,弟子樊迟要学种田种菜,他当面拒绝。

为了教学的需要,孔子以《诗》、《书》、《礼》、《乐》、《易》、《春秋》作为教材。这些文献大部分经过他搜集、整理、删定或改编,并最终成为研究古代典章制度和社会经济、政治、文化状况的宝贵资料。

五、教育方法

第一,注意学生的个别差异和学习的过程与态度,主张"因材施教"。

孔子善于因材施教,通过谈话(有目的地找学生谈话,或个别谈话、或聚众而谈)、个别观察等方法,了解和熟悉学生的个性特征,在此基础上,根据各个学生的具体情况,采取不同的教育方法,常运用问答法的教学形式。例如:

  学生子路问他:"听到一个主张很好,是不是应该马上行动?"孔子说:"你有父兄在,应该先向他们请教,为什么要马上做呢?"冉有问他同样的问题,他却回答道:"当然应该马上去做。"另一个学生不解,问他为什么同样的问题却回答不同呢。孔子说:"冉有遇事畏缩,所以要鼓励他勇敢;子路遇事轻率,所以要叮嘱他慎重。"

再如"仁"的问题,颜渊、司马牛、子贡、子张等学生都问这一问题,他对各人的答复都不一样。孔子针对学生们各自的不同情况多次说某某人可以干什么工作、不可以做什么工作,他这样下结论的依据就是他观察学生们的结果,因为不同的学生有不同的性格特长、才能、素质等。

在教学中,他坚持对不同对象施以不同的教育。这是就程度说的,具有中等以上水平的人给他讲授高深的知识;水平不及中等的人,就不要把难于理解的知识传授给他。

孔子还针对各人的个性特点施以不同的教育。他培养了"德行、言词、政事、文学"等方面各具专长的人才,就是因材施教的结果。

第二,善于循序渐进,启发诱导学生学习的积极性。

孔子重视启发学生学习的自觉性、主动性,强调实事求是的学习态度。他曾说"知之者不如好之者,好之者不如乐之者",他反对不懂装懂,认为"知之为知之,不知为不知,是知也"。因此他主张学习要多听多看,有怀疑的地方不轻易下判断,要持存疑态度,主张"毋意(不凭主观臆测)、毋必(不武断)、毋固(不固执己见)、毋我(不唯我正确)"。

第三,注意培养学生的独立思考能力,启发学生积极的思维活动。

启发学生的积极性和独立思考能力是孔子教学方法的重要特点。教师应该在学生认真思考,并已达到一定程度时恰到好处地进行启发和开导。他主张,学生到了急于求知的时候,才去开导他;到了想说又说不出来的时候,再去启发他。

第四,强调学与思的关系、学习与复习的关系。

"学而不思则罔,思而不学则殆",这是学与思结合求得知识的必要方法。复习也是巩固知识、增长新知的好方法,"学而时习之"、"温故而知新"就是这个意思。知识的获得基于经常的练习和复习,这无疑是十分正确的。

第五,孔子要求学生做到"举一反三",融会贯通。他用"能近取譬"的比喻法帮助学生理解困难问题。

第六,孔子还重视相互学习,取长补短。教育学生要"不耻下问",孔子对于自己不懂的东西就经常请教别人,学生称颂他是学无常师。在他的影响下,他的弟子曾参提出了

"以能问于不能,以多问于寡"的见解。

第七,注意学生"学思行"的结合,强调学习知识要"学以致用",将学到的知识运用于社会实践。由学而思而行,这就是孔子所探究和总结的学习过程,也就是教育过程,与人的一般认识过程基本符合。

第八,注意道德教育任务的培养,向学生传授"知"、"仁"、"勇"三方面的知识,这也是知、情、意的道德教育的基本过程。

孔子热爱教育事业,毕生从事教育活动。他学而不厌,诲人不倦;不仅言教,更重身教,以自己的模范行为感化学生;他爱护学生,学生也很尊敬他,师生关系非常融洽。他是中国古代教师的光辉典范。

六、教师素质

在孔子的教育思想上,强调教师本身的素质是一个不容忽视的重点。教师自己应当具备作为一名教师所必须具备的素质。首先是身为教师的政治品质和道德修养。孔子之所以是一位十分称职的教育工作者,就是因为他对当时的政治统治有一种自觉的认识。其次,作为教师,要有渊博的学识。渊博的知识来源于好学。知识的可贵在于它能形成我们的判断力;不在于其广度,而在于其高度和深度。一个人的境界,不取决于他知识面有多大,而取决于他认知能力有多强。第三,作为一名教师,要"诲人不倦"。第四,热爱学生,对学生无私无隐。第五,以身作则,身教重于言传。

孔子教学成功的一个重要因素,是他作为一个教师的个人人格的感化。孔子所要求的"博学"、"学思结合"、"学行结合"、"学无常师"、"专业乐业"、"不固执"、"谦虚"等,既是对自己的要求,也是做教师的标准,孔子正是身体力行一个优秀教师的职责。在列国奔波危难之际,孔子泰然地讲诗书,教君子之德,抚琴抒志。他用自己的行为告诉学生什么是君子之道。

孔子提出,当老师一定要教人走正道,要教人做正派人。孔子讲:"君子上达,小人下达。"君子往上走,小人往下走,那么作为老师,也要教人"上达"而不能教人"下达"。要帮助别人成就美好的愿望,不可帮助别人做坏事。孔子一生成就了伟大的事业,成为至圣先师。孔子办学成就了十哲七十二贤,他教出来的学生一代又一代大师辈出。这就是走正道和走邪道的区别。

孔子奠定了中国古代的教育传统。他在教育目标、教育内容、办学形式等方面影响了中国两千多年。他改变了以往贵族垄断文化的局面,为教育的推广创造了条件。私学的形成也保证了中国文化免受朝代变迁的影响,连续不断地发展起来。

第二节 教者必以正——孟子的教育思想

孟子是继孔子后的著名教育家,他积累了丰富的教育经验。孟子的教育思想,也是孔子"有教无类"教育思想的继承和发挥。他认为,君子有三大快乐,称王天下不在其中。

父母健在,兄弟平安,这是第一大快乐;上不愧对于天,下不愧对于人,这是第二大快乐;得到天下优秀的人才进行教育,这是第三大快乐。他把教育看作人生三大乐趣之一,这是中国教育史上第一次把"教育"二字连用。"性善论"是孟子论述教育问题的主要理论基础。

一、教育的作用

孟子从"施仁政"的政治主张和"性善论"的哲学思想两个方面论述了教育的作用,一方面强调了教育的社会作用,另一方面强调了教育在人的发展中的作用。

孟子认为教育的社会作用是"得民心"。"得民心"是"仁政"的关键,而教育是"得民心"最有效的措施。他认为好的行政管理还不如好的教育。仁政必须辅以善教,善教才能得到老百姓的支持。

孟子所说的性本善,并不是说人性中具有纯粹的完全的道德,只是说人性中具有"善端",即善的因素或萌芽。他说,恻隐之心、羞恶之心、辞让之心、是非之心是仁、义、礼、智的四端,而要做一个完善的人,仅有同情心、正义感、礼让态度和道德判断能力这四个善端是不够的。人之贤愚,还取决于对这种先天的善端能否存而养之,扩而充之。如果自暴自弃,或者受到不良的社会环境、教育的影响,就会失掉这种善端。教育的作用就在于找回散失的本性,保存和发扬天赋的善端。相反,如果不接受教育,不肯学习就会成为与禽兽差不多的小人。

因此他认为,任何人只要肯接受教育,肯于学习,就可以把先天的善端充分发挥,达到最完善的境界,这就是圣人,他曾说:"人皆可以为尧舜。"其理由就在于人人都有善端,普通人与圣人在先天本质上并无区别。由此可见,孟子很看重教育在人的发展中的作用。

二、教育目的与内容

孟子根据对教育作用的看法,确定教育的目的为"明人伦",即"父子有亲,君臣有义,夫妇有别,长幼有序,朋友有信"。就是维护上下尊卑的社会秩序和道德观念,以建立一个"人伦明于上,小民亲于下"的、和谐融洽的、有人伦秩序的理想社会。

孟子要求君子、圣贤要以德为主,德才兼备。这就是说,一个人格高尚的人,一定要经得起富贵、贫贱、暴力的考验,把道德意识转化为自己的坚定信念。

以"明人伦"为中心的教育目的决定了教育内容是以孝悌为主题的道德教育。仁义礼智的基础就是孝悌。

以伦理道德为基本教育内容,以孝悌为伦理道德基础的教育,是整个中国封建社会教育的重要特点。孔子开其端,孟子将之系统化、理论化。

三、道德教育的原则与方法

第一,持志养气。孟子十分重视立志,认为道德修养首先要坚持崇高的志向。一个人如果能以"仁义"为志,就能分辨善恶,区分当为与不当为,对符合"仁义"的善行要积极行之,对不符合"仁义"的恶欲要严加克制。这样就能日益为善了。"气"是指孟子推崇的"浩然之气",通俗地说就是正直豪迈的心理或精神状态。立志多属于理智方面,养气主要是培养意念和情感。这就是说,浩然之气是靠"养"出来的,是靠一件件平常的善言善行逐步积累起来的。

第二,反求诸己。这是道德教育的重要原则。孟子重视道德教育中的自我修养。自我反省、自我监督、自我评价不仅是一种重要的修养方法,而且是道德修养的最高境界。道德修养贵在自觉,能自觉为善、自觉拒恶,才是道德教育的理想效果。总之,凡事须严于律己,时时反思。

第三,改过迁善。虽然人人生来就有仁义礼智的善端,但善端要形成实在的善性要靠存养和扩充。孟子继承了孔子的思想,强调要培养改过迁善的精神,一方面鼓励人们改过自新,一方面积极学习别人的善行。

第四,刻苦锻炼。孟子认为人的道德和才智都是在艰苦条件下锻炼出来的。所以他非常强调意志锻炼的重要性,尤其是主张在逆境中得到磨砺,要经过多次严峻的考验,才能获得进步与提高,担负重任。他有一段名言:"天将降大任于斯人也,必先苦其心志,劳其筋骨,饿其体肤,空乏其身,行拂乱其所为,所以动心忍性,增益其所不能。"他认为,人的成才得之于艰苦的磨炼,环境越是恶劣,对人的造就就可能越大。孟子在此虽然打着天命的旗号,但强调的是个人奋发努力,在艰苦和患难中,提高承受力,不断磨炼意志。他还提出了"生于忧患而死于安乐"的著名论断。

四、教学原则与方法

孟子把认识看作是一种对内心世界的探索,是对内在善性的发掘。其教学思想更具有内倾性。

第一,自求自得。孟子强调学习、修身的关键在于自得。他认为君子深造要有正确的方法,这就是要求他自觉追求而得到。自觉追求而得到的,掌握得会比较牢固;牢固的掌握了,就会积蓄得更深;积蓄得深了,就能取之不尽,左右逢源。据此,孟子主张,学习的深化必须要有自己的收获和见解。尤其是学习中要有独立思考精神,读书是必要的,但应求理解,而不能书云亦云,对前代的文献典籍,不要轻信,不能盲从。

第二,专心有恒。孟子十分注意培养学生集中精力、专心致志的学习态度。他认为不论智慧高低,不论内容难易,能专心致志就能学有所得,心不在焉、三心二意只会一无所获。孟子举例说,两个资质相同的人同时跟一个围棋高手学习下棋,但结果大不相同,这绝非由于其智力差异,而是由于专心与不专心的缘故。因此,孟子认为学习必须专心致志,集中注意力。这是孟子在教学实践中总结出来的一条科学原则。

孟子还提出了持之以恒的思想,反对"一曝十寒"的学习态度。他告诫学生说,山间小道经常去走就变成了一条路,如果有一段时间不走,便会被茅草所堵塞。学习亦然。如果停下一个时期不用心学习,学到的知识就会遗忘。因此,学习要有不达目的誓不罢休的精神。有所作为的人做一件事如同掘井,掘到六七丈深还不见水,就停止挖掘,结果等于没挖,这说明有为者必须有恒心。学习也是如此,必须坚持到底,不能中途而废。

第三,循序渐进。孟子认为学习知识如同作物生长一样,是一个自然有序的过程,因而学习和教学过程有自己的规律,要循序渐进。进程过于迅速,势必影响实际效果,致使退步也快。正确的进程应当像流水一样,注满了一个洼坎之后再往下流,这就是"盈科而后进"的道理。孟子告诫人们应当关注并促进教学过程的实现。

第四,启发引导。教师也要有所作为,要积极引导,启发学生思维,指出前进的方向和目标。因此,教学方法不能千篇一律,要因人而异,根据不同情况采取灵活多样的方法。对学生,有的应及时指点,有的应成就其德行,有的要发展其才能,有的可答其所问,不能及门者可以间接地进行教育,甚至拒绝教诲。

第五,对教育方法的改进,孟子很推崇"易子而教"的传统教育方法。当他的弟子公孙丑询问有的君子为何不亲自教育自己的儿子时,孟子回答道,父子之间由于感情深厚,父亲对儿子的教育往往不严,对于儿子的一些错误和毛病也因为溺爱和娇惯而放任,从而使正确的教育难以为继。易子让别人来教育,既能从严要求,也能保持父子之间的亲密关系,不伤害感情。

孟子不仅授徒讲学,培养出了乐正子、公孙丑、万章等优秀学生,还与弟子一起著书立说,著《孟子》七篇留给后世,犹如绵绵春雨,普降于漫漫的历史文化中。

第三节　独尊儒术——董仲舒的教育思想

董仲舒,西汉广川(今河北省枣强县)人,我国古代著名的思想家、教育家和儒学大师。他学问渊博、兼通五经,著作有《春秋繁露》等。

董仲舒在 30 岁时,开始招收大批学生,精心讲授。他讲学时,在课堂上挂上一副帷幔,他在帷幔里面讲,学生在帷幔外面听。同时,他还经常让他的得意门生吕步舒等转相传授。这样,很多人跟他学了多年,甚至没有跟他见过面。

一、教育的作用

董仲舒认为人性中兼有善恶的因素,教育的作用就是发展人性,使人成为善人。他认为人性是"天"赋予人的一种素质。天有阴阳,人性也相应地包含性与情两种成分,即:性属阳,是仁的、善的;情属阴,是贪的、恶的。而善的成分并非就是善德,它必须通过教育,才能继续发展成为人的善德。

董仲舒像

董仲舒提出了"性三品"说。他总结了先秦孟、荀两人关于人性善恶的争论,吸收了先秦以来关于人性差异论的观点,认为人性只是"天"创造人类时赋予的一种先验的素质,这种素质具有善的可能性,也具有恶的可能性,只有通过教育才能使它进而为善。"性三品"

说把人分为三等:"圣人之性"、"中民之性"和"斗筲之性"。他认为圣人之性为上品,这种人是绝对的善性不需教育,且是一般人先天不可能、后天又不可及的,指的是统治阶级最上层的少数人。斗筲之性为下品,近于禽兽,没有善资,教化是无用的,不必对他们进行教育,只能采用刑法对待他们。这两部分人在现实生活中都是比较稀少的。中民之性为中品,中品之人既有性善的一面,又有性恶的一面,中品之人必须接受教育。

董仲舒尤其重视中品之人的教育。中品之人有性善的一面,有善端和善质,具备了接受王道教化的基础,有善质而未能善,待教化后方能为善,但不可能成为圣人。董仲舒承认人有善端和善质,但同时强调人性并非就是善。中品之人也有性恶的一面,因而要以礼、法来节制人的情欲,同时强调德教的作用。教育对绝大多数具有"中民之性"的人的发展具有决定性作用,他们是主要的教育对象。教育的目的便是将这些具有中民之性的地主阶级加以教化,使之成为统治阶级利益的坚决维护者。

董仲舒认为"中品之人"是"萌而无知"之众,因此天立帝王以教民,统治者教化百姓是受命于天,是其根本使命。只有加强对"中品之人"的教育才能稳定社会秩序。

"性三品"说进一步论证了教育的必要性和可能性,同时也为皇权的神圣化、专制统治的绝对化以及社会各等级的构成寻找理论依据。韩愈及宋明理学家均继承、发展了这一学说。

同时,董仲舒认为,教育的任务应由"承天意"的帝王来承担。可见,他把教育看成是王者的权力,以树立君主的绝对权威。董仲舒关于人性以及教育作用的思想,立足于以占绝大多数的普通人为对象。

二、教育任务与教学内容

董仲舒重视教学,他认为,教学的主要任务在于培养德行。

他主张以六经培养人才。各经的教育效果不同,六部教材都有重要的教育价值。而具体到教学内容,他认为教学的主体便是道德教育。

道德教化是立政之本。董仲舒虽主张教化与刑罚并用,但强调以道德教化为本为主,刑罚为末为辅。他说"教,政之本也;狱,政之末也"。"圣人之道,不能独以威势成政,必有教化"。

他主张以"三纲五常"为道德教育内容的核心。所谓教化,就是要实行普遍的儒家伦理道德教育。"三纲五常"及其相应的忠、孝、仁、义等都是道德教育的基本内容。"仁、义、礼、智、信"为五常,是调整和补充"君为臣纲,父为子纲,夫为妻纲"的道德规范。"三纲"与"五常"结合的纲常体系成为中国封建社会道德教育的中心内容。从此以后,臣忠、子孝、妻顺成为封建社会中最重要的道德规范。

与先秦儒家一样,董仲舒特别强调"仁"与"义",凡处世应以正义、明道为行为动机及准则,并把它们作为道德的善恶标准。

三、道德教育的原则

中国古代教育家对于理想人格的形成大多立足于个人自觉的道德修养,董仲舒也是如此,他提出的道德修养的原则方法反映了他对个体的品德要求。

第一,严于责己,宽以待人。这是教导人们修己待人的态度。在道德教育中,"治我"要严,待人要宽。仁侧重于人际关系,提倡宽和,义侧重于个人的行为规范,提倡行为要正直。具体来说,他要求以"仁者爱人"的情怀去爱护、关心他人,宽以容众,同时要以义来约束自己,"自攻其恶",经常自我检查反省,以提高自己的道德修养。

第二,强勉行道。也就是说,奋起努力地进行道德修养,德性就能一天比一天好,最终取得良好的成效。要求人们道德修养不能只停于认识上,应多表现于行为上。其方法是,在"行道"过程中,应"尽小慎微",采取"从小成大,积小致巨"、"渐以致之",日积月累,持之以恒,以陶铸崇高的善性。

第三,明于性情。他认为在道德教育中,必须重视道德情感的培养,要诱发天性中美好的东西,抑制其所憎恶的东西。

第四,必仁且智。他主张必须做到德育、智育相结合。他还突出强调道德修养中情感与认知的统一。"仁者爱人",但不是一种盲目或无原则的爱,而要靠"智"(即道德认知)来调节。

第四节　颜之推及《颜氏家训》

颜之推,南北朝时期金陵人,出身于仕宦之家,他经历了社会动乱时期,曾先后仕于南朝梁、北齐、北周、隋四朝,我国古代著名史学家、教育思想家。

《颜氏家训》20篇是颜之推为了用儒家思想教训子孙,以保持自己家庭的传统与地位而写出的一部系统完整的家庭教育教科书。这是他一生关于立身、治家、处世、为学的经验总结。《颜氏家训》在家庭教育发展史上有着重要的影响,被誉为"家教规范",后人作《家训》皆源于此。

一、教育目标

颜之推宣扬性三品说,人性分为三等,即上智之人、下愚之人和中庸之人,强调中庸之人必须受教育,因为不受教育就会无知、愚昧。教育的作用就在于教育中庸之人,使之完善德性、增长知识。

颜之推批判当时士大夫教育的腐朽没落、严重脱离实际,培养出来的人庸碌无能、知识浅薄、缺乏任事的实际能力。他要教育培养的既不应是难以应世经务的清谈家,也不应是空疏无用的章句博士,而是对国家有实际效用的各方面的统治人才,它包括朝廷之臣、文史之臣、军旅之臣、藩屏之臣、使命之臣、兴造之臣。从政治家到各种专门人才,都应培养。这些人才应专精一职,具有"应世经务"的能力,是国家实际有用的人才。

颜之推的这种观点,冲破了传统儒家培养比较抽象的君子、圣人的教育目标,而以各种实用人才的培养作为教育目标。

二、教育内容

颜之推提倡"实学"的教育内容。他认为培养出来的人才必须"德艺同厚",以德育为根本。所谓"德",即恢复儒家的传统道德教育,加强孝悌仁义的教育。所谓"艺",即恢复儒家的经学教育并兼及"百家之书",以及社会实际生活所需要的各种知识和技艺。

"艺"的教育当然是以五经为主。他认为学习五经,主要是学习其中立身处世的道理。但读书不能只限于《五经》,还应博览群书,通"百家之言"。

此外,他还重视学习"杂艺"。在社会动荡的非常时期,学习"杂艺"可以使人在战乱"无人庇荫"的情况下"得以自资",保全个体的生存和政治、经济地位。颜之推倡导的"杂艺"内容相当广泛,主要包括文章、书法、弹琴、博弈、绘画、算术、卜筮、医学、习射、投壶等,这些技艺在生活中有实用意义,也有个人保健、娱乐的价值。但这些杂艺"可以兼明,不可以专业"。

值得注意的是,颜之推强调士大夫子弟要"知稼穑之艰难",学习一些农业生产知识。

三、家庭教育

颜之推注重家庭教育,《颜氏家训》论及家庭教育的许多方面。

第一,家教奠基,父母有责。

子弟的思想品德好坏,取决于家教优劣,家教是父母义不容辞的责任,有着学校、社会不易达到的效果。根据他的观察,在社会上有人建功立业,有人杀身败家,追根究底,在家教中已埋下了种子。因此父母要使子女将来成为一个优秀的人才,必须进行家教。

第二,提倡尽早施教。

家庭教育要及早进行,有条件的还应在儿童未出生时就实行胎教。从品德教育方面来说,他认为,应当抓紧精神专一的时期教育孩子,切不可等到长大成人、思虑懒散的时期才去教育,那就丧失了教育的最佳时机。从智育角度来说,也必须从小教育,因为越小的时候记忆力越好,记忆的知识越牢固。

早期教育之所以重要,至少有两条原因:其一,幼童时期学习效果较好,得益较大。而成年人思想复杂,精神不易集中,记忆力逐渐衰退。其二,人在年幼时期,心理纯净,各种思想观念和行为习惯尚未形成,可塑性很大。这个时期,儿童受到的好的教育与环境影响,或者坏的教育与环境影响,都会在儿童心灵上打上很深的烙印,长大以后也难以改变。

第三,提倡严格教育。

爱子女是一般父母共同的感情,而如何教好子女却无共同认识。善于教育子女的父母,寓爱于教,把爱子与教子结合起来。这里他提出了慈爱要有度、严厉而有格的教子原则与方法。

家庭教育应当从严入手,严与慈相结合,不能因为儿童幼小而一味溺爱、放任,父母在子女面前要严肃庄重。善于教育子女的父母,能把对子女的爱护和教育结合起来,帮助孩子树立正确的是非观念,便会收到良好的效果。相反,如果没有处理好两者关系,"无教而有爱",让孩子任性放纵,必将铸成大错。

此外,他认为,对于子女不能偏爱,不能厚此薄彼。

第四,注重环境习染。

其一,尽量选择良好环境。良好的环境有利于儿童从小培养良好的行为习惯。

其二,慎重选择师友,发挥习染的积极影响。颜之推继承孔子、孟子等儒家学者关于"慎择友"的教育思想,十分重视让儿童置身于比较优良的社会交往的环境之中。他认为家庭教育要注意选邻择友,这是家庭教育的重要一环。因为儿童的心理处于发展阶段,尚未定型,而其好奇心和模仿性都很强,总在观看模仿别人的一举一动,无形之中,周围人的为人处世给儿童以"潜移暗化"。因此,邻友对于儿童的影响很大。

第五,重视家庭的语言教育。

语言的学习是儿童教育的一项重要内容。在家庭教育中,让子女学习正确的语言,是做父母的重要责任。一事一物不经查考,不敢随便称呼。学习语言应注意规范,要重视通用语言。

第六,注重道德教育。

他认为士大夫子弟的教育应该以德育为根本。由于德、艺二者关系的密切,因此有必要通过阅读记载前人道德范例书籍的途径来进行道德教育。

颜之推对子女的道德教育,是以孝悌等人伦道德教育为基础,以树立仁义的信念为主要任务,以实践仁义为最终目的。他教育子女为实践仁义道德的准则,应不惜任何代价,以至牺牲生命。立志尤为重要,士大夫子弟只有确立远大的志向、理想,才经得起任何磨难,坚持不懈,成就大业。他教育子女以实行尧舜的政治思想为志向,继承世代的家业,注重气节的培养。

第七,重视儿童心理观察。

儿童的心理活动可以通过言行等外在现象来观察。如果把这些观察到的结果作为儿童教育的心理依据,那么便可以提高儿童教育的科学性。

第八,重视为人之道教育。

颜之推根据自己积累的经验与当时的现实,还特别重视为人之道的教育。他所强调的为人之道,首先是"厚重"("轻薄"的反义),必须养成忠君、孝顺、谦恭、礼让这些"厚重"的道德品质。其次,他主张"少欲知足"。如果"不知其穷"的性情任其发展,不加以限制,就是如秦始皇、汉武帝"富有四海,贵为天子"的大人物,也会自取败竭,至于一般人员就更不用说了。

第五节　学所以为道——韩愈的教育思想

韩愈,字退之,河南河阳(今河南省孟州市)人,世称昌黎先生,我国古代杰出的文学家、思想家、教育家。著作有《韩昌黎全集》。

他生活在安史之乱后的中唐时期。他强调儒学的历史地位和发扬儒学传统的重要性,提出要把儒学所强调的纲常伦理作为治国修身的最高原则。从董仲舒的儒家神学过渡到宋明理学,韩愈是一个不可缺少的中间环节,有承前启后的作用。

韩愈像

韩愈不仅是一位著名的教育思想家,也是一位有丰富经验的教育实践者,他做过两次国子博士,一次四门博士,一次国子祭酒。他对地方教育也很重视,曾拿自己的薪俸来兴办州学。他很热心奖掖后进,凡经他指教过的都称为"韩门弟子"。他当博士讲课时,总是采用多种方式活跃课堂教学,他的教学方法生动活泼。他做国子祭酒时,奏请严选儒生为学官,主张每天都要会讲,整顿国学,建立正常的讲学秩序。

一、教育的作用

韩愈提出了"学所以为道"的教育目的,要求通过教育的手段,使人们重新认识儒家的仁义道德。"道"是韩愈思想的最高范畴,其内涵就是抽象化、概括化了的仁义道德理念。道是一个有为的现实世界,追寻的是儒家传统的修身、齐家、治国、平天下的入世原则。

他认为"道"在人身上的体现就叫作"性"。他的人性论是董仲舒"性三品"说的直接承袭,也是对孟子、荀子等人性论的修正、补充和发展。

他认为人性是天生的,人性具有"仁、义、礼、智、信"等道德品质。性有三品,分为上、中、下三品:上品的人"善焉",以仁德为主;中品的人"可导而上下";而下品的人则是"恶焉"。"三品"的人都固定在天生的"品"的界限内,是"不移"的,不能互相转化。

另外,他认为性之外还有"情","情"是后天习染的,它包括"喜、怒、哀、惧、爱、恶、欲"等七情。情与性是相对的,它也是分上、中、下三品的。他认为具有上品性的人,七情的表现都能适中、恰当;具有中品性的人,是要求其七情适中的,但往往却"过"或"不及",而不能恰如其分;具有下品性的人则直情而行,毫不加以控制。

既然性与情都有品级,那么教育有什么作用呢?他认为性是可移的,而教育的作用就是在既定的"品"之内使"性"发生移动。对于不同的人性,教育所起的作用是不同的,对上品、中品的人可以发生作用,而对下等人不可用,只可用刑法来制服,使其有所畏惧而少犯罪。"三品"的人,都固定在天生的"品"的界限内,"品"是"不移"的。在"品"的内部,可用教化和用刑罚使人发生一定的改变。

二、教师观

《师说》是我国古代第一篇集中论述教师问题的文章,他对教师问题的论述在一定程度上反映了教师工作的客观规律,主要内容为以下几点:

第一,阐明教师的作用——学者必有师。

他认为自古以来任何一个人的知识学问都是从老师那里学来的。也就是说任何一个人如果没有老师的教诲和指导是不能成为有才智的人的。生而知之者是不存在的。他充分肯定了学习的重要性和教师的作用。

第二,明确教师的任务——传道、授业、解惑。

"师者,所以传道授业解惑也",仅11个字,就把教师的任务全面地概括出来。一是传道,即传授儒家的政治伦理道德;二是授业,即讲授儒家经典,受到文化知识方面的教育;三是解惑,即解答学生在学习"道"与"业"过程中所提出的疑难问题。三者的地位摆得也很清楚,第一位的是传道,其次是授业,最后是答疑。三者中以传道为本,以授业、解惑辅之。他认为只有完成这三方面的基本任务,才配称作教师。

韩愈把"传道"放在"授业"与"解惑"之前的思想,在今天则可以理解为把德育放在智育、美育之前。他的这一思想中还包含了寓德育于智育之中、德育通过智育来进行的思想。它有助于教师明确自己的职责和首要任务,从而使其在教学中能做到有的放矢。

第三,提出择师的标准——以"道"为师、学无常师。

"道"是择师的根本标准。他认为可为师者,不在于其年龄大小和地位的高低,而在于其掌握的"道"比自己早或比自己多。由于他把"道"作为衡量和选择教师的根本标准,因此他要求作为一个教师首先要对"道"有坚定的信念。这种认识是很深刻的。

第四,论述了师生关系——闻道有先后,术业有专攻。

他认为"道"是师生关系联系的纽带和中介,能否为师应用"道"来衡量。人不分贵贱与长少,只要有传道、授业的本领,就具备了做教师的条件。师与生的关系是以"道"和"业"来衡量的。谁先有"道",谁有专"业"学问,谁就是教师。教师不受年龄、地位、资格等限制。

韩愈提出了师生关系的有创见的三个论点:其一,"弟子不必不如师",做弟子的不一定比不上老师,在某些方面强于老师、超过老师是完全可能的。其二,"师不必贤于弟子",老师不一定处处比学生高明,学生对老师的要求不能求全责备,要虚心向老师学习;做老师的不应满足于已有知识,也要向学生学习,在业务上要学而不厌、精益求精,才能适应教学的需要。其三,"闻道有先后,术业有专攻",只要闻道在先,学有专长,就可以为师。因此,在一定条件下,老师比学生懂得道理要早一些、多一些,在某些方面是有专长的,做学生的应向老师学习。同时学生在老师的启发教导下,也在不断提高,在某些方面会有独到之处,或有专长。因此老师也要向学生学习。总之这句话告诉我们,师生要"相互为师",也包括"能者为师"和"教学相长"的思想。

韩愈提出了教师既应忠于理想、传播真理,又要学有专长、认真授业;既要求教师在教学中起主导作用,又要求学生以能者为师,提倡教学相长。这些见解,不但丰富了我国古代教育理论,而且对我们今天正确理解教师的职责、正确处理政治与业务、德育与智育、教师与学生之间的关系具有启发意义。

三、人才观

人才素养包括政治才能、博学能文、德行等。其中,德行是人才最重要最基本的要素。韩愈对人才的要求是:忠君、清政、兼礼法、继传统。

另外,他认为,人才总是有的,关键在于能否加以识别和扶持。只有善于鉴别而又培养得当,人才才会大量涌现出来。问题不在于有无人才,而在于善于识别人才、发现人才、培养人才、正确对待人才。在他看来,十步之内,必有芳草;四海之内,定有奇秀。同时韩愈认为人的才具各有不同,因而其用也有差异。

韩愈这种识别人才与培养人才、使用人才的思想,是孔子"举贤"、墨子"尚贤"思想的新发展。

四、教学与学习方法

韩愈不仅自己勤奋求学,而且亲自参加教育实践活动,招收并教育过很多学生。所以,他在自学和教学方面均有相当丰富的经验和卓越的见解。

第一,业精于勤。

"业精于勤,荒于嬉;行成于思,毁于随",这是韩愈治学多年宝贵经验的结晶,也是他对先人治学经验的总结。意思是说学业的精进在于勤奋刻苦,学业的荒废在于嬉戏游乐;为人行事的成功在于深思熟虑,而败毁在于因循苟且。他所说的"勤",包括口勤、手勤、脑勤,夜以继日地学习,常年不懈。

第二,博精结合。

韩愈在教学实践中领悟到博与精的辩证关系。博与精是对立的统一,没有博,也就没有精;没有精,博就是一种大杂烩。他一方面强调博学,力图有所收获,另一方面又要求讲究精约,注意把握要点,引导学生探索其重点,领会其精神实质。

韩愈还提出学习要讲究系统性。他反对"学虽勤而不由其统,言虽多不中其要"的学习方法。

第三,把学习和独创结合起来。

韩愈认为师古圣贤人,要师其意不师其辞。以古人为师不必拘泥于章句文辞,而是要学习古人文章中的思想、方法。他赞成吸取前人的优秀成果,但反对沿袭剽窃。他主张把学习与独创结合起来,万事要有自己的真知灼见,读书作文不仅要内容丰富,博大精深,而且要做到形式丰富多彩、风格雄浑豪放。他十分欣赏有创造性和有个人见解的人。

第六节　居敬穷理——朱熹的教育思想

朱熹,出生于南剑州尤溪(今福建省尤溪县),南宋著名思想家、哲学家、教育家,儒学集大成者,世称朱文公、朱子。

朱熹热爱教育,一生从事私人讲学及著述活动近五十年。他很重视整理编著教材,有《四书集注》等,他的注释被当作对"四书"的标准解释。他的教育思想对宋以后有很大的影响,特别是他关于教育目的和教育方法的论述,对今天学校教育仍有借鉴意义。

一、教学内容

朱熹把教育分为"小学"和"大学"两个阶段。这个分段,是以年龄和智力发展为准的。因此在学习内容和培养要求上也有所不同。两个阶段对于人的成长,分别有其作用,然而又是有机联系的。

朱熹像

8岁至15岁为小学教育阶段,是打基础的阶段,任务是培养"圣贤坯璞"。教学内容是"学其事",即需从洒扫、应对、进退开始,将伦常礼教教给儿童,进而教他们诗、书、礼、乐之文,使儿童在日常生活上、具体行事上,熟悉伦理纲常,达到存养已熟、根基已深的程度。

为了实现上述目标,在教育方法上,朱熹强调以下三点。首先,主张先入为主,及早施教。小学儿童很容易受各种思想的影响,而一旦接受了某种"异端邪说",再教以儒家的伦理道德就会遇到抵触。因而,必须及早进行教育。其次,要求形式生动,氛围浓厚,能激发起兴趣。在对小学儿童进行教育时,应力求形象、生动,以激发其兴趣,使之乐于接受。在此思想指导下,他广泛地从经传史籍以及其他论著中采集有关忠君、孝宗、事长、守节、治家等内容的格言、训诫诗、故事等,编成《小学》一书,作为儿童教育用书,广为流传。第三,首创以《须知》、《学则》的形式来培养儿童道德行为习惯。儿童道德行为习惯的形成有一个从不自觉到逐步自觉的过程。

15岁以后为大学阶段,就是在小学"知其事"的基础上"明其理",是在小学基础上的深化和发展。即重在探究"事物之所以然",按照格物、致知、正心、诚意、修身、齐家、治国、平天下的步骤,使其"明明德",最后达到"止于至善"的目的。大学的教育任务是在坯璞的基础上进一步精雕细刻,把他们培养成为对社会有用的人才。

正是因为大学阶段使人明理的重要性,朱熹为此精心规划了教学内容和学习步骤,尤其是在浩繁的儒家著作中提出《论语》、《孟子》、《大学》、《中庸》四书作为大学的基本教材,并亲自用理学观点,对各书进行重新解释。"四书"经他的提倡,成为大学的基本读物。

在大学教育方法方面,朱熹在长期的教育实践中,积累了许多成功经验,其中两点值得注意:

其一，重视自学。他曾对学生说，书用你自去读，道理用你自去究索，他自己只是做个引路人，做个证明人，有疑难处一起商量而已。在教师指导下重视学生的自学与研究，确实是大学教育中一种重要的方法。

其二，提倡不同学术观点之间的相互交流。朱熹不囿门户之见，进行不同学术观点之间交流的做法，长期以来一直是学术史和教育史上的美谈。

朱熹认为，尽管小学和大学是两个相对独立的教育阶段，具体的任务、内容和方法各不相同，但是，这两个阶段又是有内在联系的，它们的根本目标是一致的。它们之间的区别只是因教育对象的不同而作的教育阶段的划分，并不是截然对立。朱熹关于小学和大学教育的见解，反映了人才培养的某些客观规律，为中国古代教育理论的发展增添了新鲜的内容。

二、教学原则与方法

在教学活动中，朱熹非常重视讲求教学方法，认为要采取"非难非易"的适当方法，引导学生学有所成。

第一，居敬穷理。

朱熹的教育思想的中心是道德修养方面教育。居敬穷理是其教育原则的总纲。居敬就是正心、诚意、存养收敛的功夫，也就是静、专一的功夫。穷理就是通过格物致知的功夫达到穷尽事物之理的目的。要达到致知、穷理的目的，读书是主要途径。

第二，学思力行。

行是伦理道德等在实践中的应用。朱熹认为，知行二者相互依赖，缺一不可。

第三，因材施教。

朱熹对先秦儒家因材施教的论述很赞同，通过他的教学实践，对此原则有所发展。他指出材有大小，教育的任务是根据材之不同，施以不同的教导方法，使之小成小材，大成大材，这就是"各因其材所长而教之"，这一观点反映了客观的教育规律，在朱熹的教育活动中也收得了显著的教育成果。

第四，循序渐进。

教学要有序推进，"学以渐而至"，学习要在前一段的基础上，才能有新的发展。同时，他认为学业进步的关键在学者的主观努力，反对好高骛远的学风。

第五，省察。

"省"是反省，"察"是检察。"省察"即是经常进行自我反省和检查的意思。一个人要搞好自身道德修养，就应当"无时不省察"，随时清醒，谨慎从事。因此，为了使人心不"沦于亡"，做事不"陷于恶"，经常进行自我反省和检查，是必不可少的。这一见解，表明朱熹在道德教育中既强调防微杜渐，同时又重视纠失于后。

三、读书方法

追求至高至上的理是程朱理学的修养目标，要达到这个目标，一方面要内省，明志养性,保持良好的精神状态。另一方面也要外求,认真学习,体认客观事物。朱熹的弟子将其有关读书的经验和见解整理归纳,成为"朱子读书法"六条,在教育史具有重要影响。

第一,循序渐进。

首先,教人应有序,要打好基础,根据年龄大小,由小到大,由低到高划分学习阶段。

其次,学习的过程要根据知识的难易程度确定次序,由浅入深,由近及远,由易到难,有计划、有步骤地进行。他还提出了从低到高的学习步骤,并以登山作比,"问学如登塔,逐一层登上去,上面一层,虽不问人,亦自见得"。

再者,在读具体的书上,要按照首尾篇章的顺序,扎扎实实,一步一步前进。

然后,循序渐进包括知识的积累和持之以恒、不断长进的治学精神。

另外,学习时要量力而行,不可贪多求快。

第二,熟读精思。

朱熹强调读书必须反复阅读,争取记住、背熟,对书中内容了如指掌。熟读是精思的基础,读与思是紧密结合的。对于所读之书,要通过思考,理解文章的精要及思想真谛。其主要包括三个方面:一是熟诵;二是反复体会;三是濯去旧见,以来新知。

第三,虚心涵泳。

读书时必须以虚心的态度去体会圣贤的用心和寓意,来不得半点主观臆断或随意发挥。尤其忌讳的是,自己先有个意见,再把圣贤语言来凑他的意思,甚至穿凿附会地硬行联系。

第四,切己体察。

须将圣贤言语,体之于身。读书不仅是要获得知识、寻求义理,更重要的是落实到自身修养的提高上,这是儒家提倡"求诸己",讲究自律的思想体现。如果读书只是为了向别人炫耀,或是为了获取教训别人的材料,也就丧失了本义。

第五,着紧用力。

读书学习一定要抓紧,要废寝忘食地努力。读书好比"撑上水船,一篙不可放缓",不进则退。读书又是细致功夫,不能蛮干。因此要本着"宽着期限,紧着课程"的读书原则。要考虑到熟读深思的高标准需要,总的读书期限不能安排得过于紧凑。而一旦进入学习阶段,就绝不能放松,要按部就班地完成任务。

第六,居敬持志。

"敬"就是端正态度,诚心诚意,培养严肃的或不放肆的道德态度,兢兢业业地去做,这是做好一切事情的基础,读书也是这样。居敬就是要专一、持之以恒。志是心之所向,是前进的动力,对人的成长至关重要。持志的意思是坚定志向,要保持努力学习圣贤之道、修身养性的志向,才能真正取得成效。

朱子读书法是朱熹关于读书方法论述的概括与总结,集中体现了他的读书论和他的读书经验,是我国古代学者论述读书最充分最系统最有影响的读书方法论。需要注意的是,他的读书法不曾注意到书本知识和实际调查的配合,更谈不到实验或是实践。

第七节 致良知——王守仁的教育思想

王守仁,幼名云,字伯安,浙江省余姚县人,明代著名的思想家、教育家和军事家,陆王心学之集大成者,精通儒、道、佛三家。学者称之为阳明先生,亦称王阳明。

阳明学是明代影响最大的哲学思想。王守仁与孔子、孟子、朱熹被并称为孔、孟、朱、王。其立德、立言于一身,成就冠绝有明一代;其弟子极众,世称姚江学派;其文章博大昌达,行墨间有俊爽之气。他的著作中,反映教育思想的有《传习录》、《大学问》等。

一、论道德教育

王守仁坚持了我国古代儒家教育的传统,把道德教育与修养放在学校教育工作的首要地位。具体而言,他提出了下列四个基本主张。

1. 静处体悟

就是让人静坐澄心,摈去一切思虑杂念,体认本心。道德修养的根本任务是除去物欲的昏蔽,发明本心所具有的"良知"。这是对陆九渊"自存本心"思想的继承和发展,与佛教禅宗的面壁静坐、"明心见性"的修养功夫相似。

2. 事上磨炼

这是王守仁晚年提出的道德修养,他认识到一味强调静坐澄心,会产生各种弊病,容易使人"喜静厌动,流入枯槁之病",甚至使人变成"沉空守寂"的"痴呆汉"。

3. 省察克治

要不断进行自我反省和检查,自觉克制各种私欲。很明显,这是对儒家"内省"、"克己"修养方法的继承和发展,包含着强调道德修养的自觉性和主观能动性的合理因素。

4. 贵于改过

人在社会生活中总会发生那样或这样一些违反伦理道德规范的过错,即是大贤人,也难以避免。因此在道德修养中,贵在改过,要改错必须对过错有认识,表示悔悟并改正,但悔悟并不就是改过。这种"贵于改过"的主张,体现了王守仁在道德教育中的求实精神和向前看的态度,是可取的。

王守仁对于道德教育的某些主张,反映了学校道德教育和道德修养的某些规律,对现代教育是有启发的。

二、教学原则与方法

1. 知行合一

这是"致良知"过程中必须遵守的原则。王守仁所说的"知"与"行"主要是就伦理道德而言。"知"主要指人的道德意识和思想意念,"行"主要指人的道德践履和实际行动。因此,知行关系也就是指道德意识和道德践履的关系,还包括一些思想意念和实际行动的关系。其含义,一是知行相连,不可分割;二是知行并进,缺一不可。

2. 立志勤学

树立正确、坚定的志向是致良知的前提,也是致良知的体现。无志向的人,"譬如一块死肉,打也不知痛痒,恐终不济事"。所以他强调一定要坚定必为圣人的决心。立志与勤学紧密相关:只有立定志向,方能勤学不倦;而立定志向后,也必然会勤学不倦。

3. 自求自得,独立思考

王守仁认为学习必须独立思考,强调学习贵在自求自得,反对崇拜偶像、盲从教师、盲从典籍的学习方法。教师在教学中应引导学生"各得其心",不能去压抑、束缚学生的思维。"求之于心"是根本,读书只是寻求工具、寻找方法而已,犹如跛人需要拐杖,只是为了帮助走路一样。提倡独立思考,这是他教育思想的一个重要特色。

4. 循序渐进,因材施教

要求在教学上要考虑学生的基础,顾及学生的知识水平和心理发展水平,从而逐渐加深。良知发展到什么水平,教学就到什么水平。

人的才能互不相同,使他们"益精其能",是学校教育的重要任务。人的资质是不同的,施教应当因人而异不可相同。教学应注意各人的资质、个性、长处短处等。比如良医治病,目的在治病,诊断出病情后才能对症下药,并不是要求每一个病人都必须吃同样的这一剂药。教学亦需与治病一样,要注意因人施教。

三、"顺导性情"的童蒙教育论

"顺导性情"的童蒙教育论是其教育思想中比较精彩的部分。王守仁从"致良知"的要求出发,认为儿童时期"良知"保存最多,受蒙蔽最少,教育应从儿童时期开始。

1. 他批判现状

当时学校教育中束缚儿童身心发展的现象十分严重,教育方法很机械,教育手段也很粗暴。教师每天只是督促儿童读句子、背课文、摹仿写字和作诗文,检查责备儿童的行为举止,而不知道应对儿童用礼来教导,晓之以理。原本想让儿童聪明,但不知道应在道德礼仪上养成儿童的善行。教师经常鞭挞儿童,有时甚至用绳索捆缚来压制和折磨儿童。所以有些儿童把学舍看作是监狱,把老师看作是仇人,不肯上学,经常逃学,捣蛋撒谎,只顾游玩而不思学习。

2. 顺应性情、激发乐学兴趣

王守仁坚决反对上述错误的教学方法,针对当时儿童教育中的弊病,他认为,教学要注意儿童的年龄特点,顺应儿童性情,诱导、鼓励儿童乐学的情绪。儿童的性情总是喜欢嬉游,而怕拘束与禁锢,就像草木刚刚萌芽,顺应它就会发展,摧残它就会衰退。所以他主张采取使儿童"趋向鼓舞"和"中心喜悦"的积极教育方法,才能使儿童的学习日有长进,就如春风时雨被及于草木一样,益然生意,而不是冰霜剥落,生意萧条。

3. 独立思考,自求自得

他主张从小培养儿童独立思考能力,不盲从,使之"深入心通",长大后逐渐形成自己的观点而不轻易受别人左右。这种强调自求自得、独立思考、勇于怀疑、不盲从迷信,不人云亦云的精神是很突出的。他认为学习与其旁人"点化"不如自己"解化"。

4. 循序渐进,因材施教

儿童学习应从现有基础出发,逐渐加深,沿着他"精气日足,筋力日强,聪明日开"的顺序发展。一个人从婴儿到成人有其发展的阶段性。儿童的接受能力达到何种程度,便就这个程度进行教学、诱导,既不能要求过高过急,也不能停留在固定的低水平上。如果不顾儿童的接受能力,把大量的高深知识灌输进去,就好像用一桶水倾注在幼苗之上把它浸坏一样,对儿童有害无益。

总之,他认为儿童的个性是存在差异的,每个人的自然禀赋也不一样,所以教学方法也应该因人而殊。他坚决反对用一个模型去束缚儿童,主张通过教学逐步发展每个儿童不同的个性。

5. 教学内容

在教学内容上,王守仁主张给儿童以歌诗、习礼、读书三方面的教育,陶冶儿童的思想和性情。

一是"诱之诗歌",他主张以唱歌吟诗的方式来教,这样不仅能激发他们的志向,而且还能消除他们的顽皮,使其多余的精力有发泄的机会,也能解除儿童内心的愁闷,使他们开朗活泼起来,并能适度地表达其情感。

二是"导之习礼",他主张以学习礼仪来教育儿童,使儿童养成一定的礼仪习惯,而且还能通过礼仪动作,"动荡血脉",锻炼身体,健壮体魄。

三是"讽之读书",他主张通过读书,开发儿童的智力,增加儿童的知识,同时还能"存心宣志",形成儿童的一定的道德观念和理想。

此外,王守仁认为还应有"考德"这门课,并作了具体规定。要求每天清晨,检查儿童在家里、在街坊中的"言行心术"及"爱亲敬长"、"步趋礼节"等做得如何,要婉转地加心教诲、开导后再就席授业,这有利于从小训练儿童的道德行为习惯。

思考链接:
1. 简述孔子的教育思想对后世的深远影响。
2. 怎样理解朱熹是一位理学集大成的教育思想家?

第二章　发展演变的教育制度

【情境导入】

文翁兴学开教化

这是发生在西汉时期的事情。

有一天,蜀郡地区(今四川成都)的民众便轰动起来,潮水般地涌到郡府门前的一座新房子前,怀着惊奇的心情来观看本郡的一大奇事。不一会儿,郡守文翁走了出来,人们蜂拥围上前去。郡守大声向人们宣布:"这所新房子就是咱们蜀郡第一所学校。"学校!什么叫学校啊?蜀郡的人第一次听说这个名字,学校在他们心目中或许是一个新的官府机构呢。

原来,蜀郡这个地方在汉朝时还没有开化,一直处于蒙昧状态,百姓生活特别贫苦,没有文化。他们根本不知道学校是什么,有什么用途。文翁刚任蜀郡守,就意识到这个问题的严重性。

有一次,两个人打架打得头破血流。文翁处理这件事时问他们:"人和人之间要讲求仁义,要互相谦让,你们为什么要打架呢?"可是,那两个人都不解地说:"什么叫仁义啊?我们以前从来没有听说过。"

又有一次,父子俩吵架,一直闹到文翁那里。文翁训斥那位年轻人说:"做儿子的要讲求孝悌,难道你不懂么?""什么叫孝悌呀?"年轻人迷惑不解。

通过一系列的事情,文翁觉得有必要教育开化这个地区的民众。于是,他召集下属商量这件事,他说:"这里的民众还没有开化,应该教育训导他们。""我们也知道这回事,可是历任郡守都不管,我们又能怎么办呢?"文翁叹息说:"这只能是当官的失误啊!如果一直不教育他们,他们什么时候才能开化呢?作为百姓的父母官,一定要以仁爱为政啊!""那么我们怎样才能使这些人开化呢?"下属们问道。"我想在这儿开办一所学校。""可是到哪里找老师呢?""我们先选一批聪明好学的人到京城学习,学成后回来,就可以教育百姓了。"下属们听了文翁的主意,都非常赞成。于是,他们都争先恐后地遵照文翁的吩咐行动起来。

文翁首先挑选了一批聪明好学的青少年到京城学习,先培养学校的老师。接着,文翁又下令在郡守府门前建起了一座高大的房子,作为校舍。等到那些到京城学习的青少年学成回来后,文翁招集全郡的百姓到郡守府门前,宣布学校成立。

文翁在全郡的青少年中又选了一批人,作为学校的第一批学生。官府给他们一定的政策优惠,如免除他们的徭役,供给他们吃住等。这些人学成后,按照知识多寡和能力高低担任了蜀郡的官员,还负责教育训导百姓。

全蜀郡的人终于明白了什么叫学校,也懂得了读书的众多好处,于是都争着入学,接受教育。

后来，文翁在全郡办起了好多学校，使全郡的青少年都能读书学习。没过几年，蜀郡的社会风气迅速好转起来，人们生活富裕，文明有礼，相互谦让，孝敬父母，和当时文明教化较好的齐鲁等地一样出名。

文翁以仁为政，训导教化人民收到了显著的效果，至今蜀郡地区的人民崇尚文明礼貌，社会风气文明良好，不能不说与文翁训导教化的遗风有关系。

第一节　官学制度

官学指的是中国历代朝廷直接举办或管辖以及历代官府按照行政区划在地方所办的学校系统，分为中央官学和地方官学，它们共同构成中国古代社会最主要的教育形式。

一、奴隶制的官学制度

（一）教育的起源与学校的产生

200万年前，原始人群学习制作工具的经验和技术就成了人类教育的第一课，原始人在人工取火、采集、渔猎、制陶、战争、祭祀等活动中积累了丰富的经验，需要传递给年轻人，这就产生了教育。

一般认为学校教育萌芽于原始社会末期。学校产生以后，教育分化成两种形态，一种是专门设置的学校教育，一种是自然生活条件下的社会教化。

（二）西周的官学制度

西周的学校教育制度是我国古代奴隶制官学教育的典型，形成了组织比较完备的学制系统，主要分为"国学"与"乡学"两种。

"国学"是专为上层奴隶主贵族子弟受教育而设在王城和诸侯国都的学校。按儿童年龄和程度分成小学和大学两级。

大学的教育目标，服从培养统治者的需求，主要是培养有德有仪、能征善战的统治者。由于西周的国策是"国之大事，唯祀与戎"，祭祀需要礼乐，军事需练射御，所以教学内容以礼乐为重，射御次之。

乡学是按照当时的地方行政区域为一般奴隶主子弟和部分庶民子弟受教育而设立的地方学校。

（三）西周学校教育内容——六艺教育

一般认为西周的教育内容以六艺（即礼、乐、射、御、书、数）教育为主。

1. 礼乐教育

礼乐教育是西周时期的政治伦理道德教育和艺术教育。奴隶主贵族的礼乐是紧密配合的，凡是行礼的地方，都需要乐的配合，礼乐贯穿整个奴隶社会，体现着宗法等级制度，对年轻一代的政治伦理道德修养起着重要作用。礼乐教育非常重要,是整个六艺教育的核心。

礼最初指祭祀祖先天神的仪典、衣食住行方面的规则,到西周时成为明尊卑、别上下、维持世袭等级名分的制度。所以它包括的内容很广,有关于贵族君臣、父子、兄弟、夫妇、朋友之间尊卑关系的规定,有关于贵族衣食住行、丧葬婚嫁等方面的行为规则,还有政治、军事、法律方面的典章制度以及日常伦理道德与行为规范方面的礼仪礼节。

乐的内容也很广泛,包括诗歌、音乐、舞蹈和乐器。郭沫若先生曾说过:"中国旧时的所谓乐,它的内容包含得很广,音乐、诗歌、舞蹈三位一体。"

2. 射御书数教育

射指射箭的技术训练,御指驾战车的技术训练,这两项是军事教育。书是书写的文字和书籍,数是算法和历数,这两项是文化知识教学。

由上可见,六艺教育包含多方面的教育因素,体现了文武兼备、知能兼求的特点。

(四)西周教育管理的特点——学在官府

西周是我国奴隶制社会高度发展的时期,政治上实行以宗法制为基础的分封制,严君臣、尊卑、上下之分,明父子、长幼、亲疏之别;思想意识上强调以礼治国。这就决定了西周统治者对教育的高度重视和垄断,形成了"学在官府"的局面。

学在官府指的是官学机构设于官府之中,即政教一体;奴隶制国家的学术为奴隶主官府所垄断;官学的教师就是官府的官吏,即官师合一。

二、封建官学制度的兴起——稷下学宫

稷下学宫是战国时期齐国的一所著名学府。"稷下"乃指齐国都城临淄(今山东省淄博市)的稷门(城西门)附近地区。稷下学宫创立于齐桓公当政时期(公元前375~公元前360年),到齐宣王时达到鼎盛,历时约150年。稷下学宫是特殊历史条件下的产物,表现出独有的特点:

稷下学宫

首先，官方主办但又具有私学的特点。

稷下学宫是由养士制度发展而来的教育机构，从办学主体和办学目的来看，稷下学宫是一所官学。然而，官方对学宫的活动较少干涉与限制。学者各授所长，各家各派在稷下都得到过比较充分的发展；稷下学宫的师生虽被赐予一定的官职和俸禄，但主要从事学术研究和教育活动；教师是择优聘任，其首席不由官方任命，而是由公众推举具有独立学者身份的人担当，称作"祭酒"，如荀子曾"三为祭酒"。从这些方面来看，学宫又具有很多私学的特点。

其次，集讲学、著述、育才为一体。

稷下的讲学活动实行兼容并包、自由辩论的政策，从而打破了门户之见，使稷下成为思想活跃、学术水平较高的文化教育中心。除了讲学，稷下学宫的学术活动还表现为著书立说，留下了学术风格鲜明的各家子书，如《孙卿子》《慎子》等。

此外，稷下还是一个咨政、议政的场所，史载"稷下先生喜议政事"。

三、封建官学制度的确立——汉代儒家经学教育

中国古代官学教育是指中央朝廷直接举办和管辖的旨在培养各种统治人才的学校系统。中央官学的产生和发展，是同中国封建社会政治经济相适应并为之服务的。

（一）独尊儒术——文教政策的形成

儒家学者叔孙通曾对汉高祖建议：治理天下不能只靠刑罚，因为"刑罚可以诛恶，而不足以劝善"，劝善必须依靠教化，教化就要依靠儒家思想。这些思想不断地影响着汉朝皇帝。

到汉武帝时，董仲舒从《春秋》大一统观点出发，建议独尊孔子和六经，实行由文化教育思想的统一以达到政治上的统一。由于其主张强调的是统一，有利于加强皇权，因此汉武帝接受了董仲舒的思想，确立了"罢黜百家，独尊儒术"的文教政策。

独尊儒术的文教政策使儒经的学习研究得以昌盛，从而促进了学校教育的发达。

（二）中央官学——太学

汉代学校教育的发展尤以官学为盛，官学分为中央官学和地方官学，中央官学包括太学、鸿都门学等，地方官学包括郡国学等。

太学是汉代中央官学的主要形式。公元前124年，汉武帝为了进一步加强中央集权，提高吏治水平，接受了董仲舒的建议，在京都长安创办以传授和研究儒家学说为主要任务的高等学府——太学。

太学的老师称博士，由朝廷任命，任职条件是：除精通一经外，还有博学多能，身体健康，五十岁以上。太学的学生称博士弟子。汉武帝初设太学时，50名太学生是从京师挑选的"十八岁以上仪状端正"的官僚地主子弟。

太学的教学内容主要是儒家经典《诗》、《书》、《礼》、《易》、《春秋》，除选学专经外，共同必修课是《论语》和《孝经》。

太学特别重视考试,这是因为太学没有规定肄业年限,只要考试合格,就准予毕业,并按考试成绩的优劣授予不同官职。

(三) 地方官学——文翁兴学

汉代在地方郡、国也设立了学习儒家经典的官学。汉景帝时,蜀郡太守文翁为了改变本区文化落后状况,纯化当地风俗,选了一批小官到京师做博士弟子,学成后,回到本地予以重任。同时文翁又在成都修建校舍立学宫,招县下子弟为学宫弟子,依其学习成绩,分派官职。由于文翁兴办地方官学,使四川文风大改,赶上了先进地区,汉武帝很重视这种做法,下令"天下郡国皆立学校"。这就是有名的"文翁兴学"。

汉代地方官学的主要任务是通过儒家经典的学习,宣传忠信孝悌的封建道德,推广教化,改变民间的道德风尚。地方官学与中央官学没有隶属关系。所以从严格意义上说,汉代的地方学校还没有形成完整的系统。

四、封建官学教育的完善——唐代儒家经学教育

(一) 重振儒术的文教政策

唐代统治者根据儒、佛、道三者之间的关系,制定了以儒学为主,佛道为辅的文教政策,以达到巩固统治的目的。

一是以儒家思想为标准建立唐律、唐礼。二是进一步完善科举考试制度,明确以儒家德行、学识为标准的人才选拔制度。三是尊崇孔子为先圣,为孔子加封号为"文宣王",下令太学建孔庙,春秋两季祭孔,唐玄宗还亲自参加太学的祭孔仪式。

隋唐以儒为主、佛道为辅的文教政策,对隋唐教育产生了重大影响。以儒家思想为特色的经学教育始终是隋唐教育的核心,但也积极吸收佛道思想,出现了比较开放的教育局面。

(二) 唐代儒学系统

唐代官学分为中央官学和地方官学。中央官学按性质又分为三类:专修儒经的学校、学习专门知识的专科学校、各种特殊学校。地方官学有府、州、县设立的儒学和医学。

唐朝中央官学的主干是国子监管辖下的"六学一馆"。其中国子学、太学、四门学都是学习儒家经典的学校,这些专修儒经的学校是唐代中央官学的主干,也是唐代封建教育兴旺发达的重要标志。

六学一馆中各类学校的性质、教师和学生的人数、招收对象的资格以及教学内容都有明确的规定。

地方儒学实现州、县二级制,州县学生大部分是中小地主子弟和庶民子弟,教师地位和待遇也很低,修业年限也没有规定,学习内容与京都儒学相同。

(三) 唐代官学管理制度

1. 成立了教育管理机构——国子监

国子监由隋朝国子寺演变而来。隋文帝即位初期,为加强对教育的管理和领导,在中央设置了国子寺,内设祭酒一人,总管教育事业。国子寺与国子祭酒的设置,是我国历史上第一次由中央政府设立专门管理教育的行政机构和官员。国子监是我国古代最高教育管理机构。

国子监

2. 建立了中央和地方分级管理的教育体制

唐代教育管理模式有二:一是实行中央和地方分级管理,中央官学由国子监祭酒负责,地方官学由地方长吏负责。二是实行统一管理与对口管理并举,中央设国子监统一管理教育,同时将一些专业性学校划归相应职能部门管理。

3. 教育等级性加强

唐代学校教育等级鲜明,不同家庭背景的学生只能入不同学校。等级性主要体现在学生入学资格的规定上。三品以上官员子弟可以进国子学,五品官员子弟可以入太学,七品官员子弟和庶民俊秀者可以进四门学。

4. 形成了初具模型的教学管理制度

(1) 行束修礼。中央官学规定,学生自14岁至19岁可以入学,入学之始需拜谒师长,行束修之礼,以示尊师敬道。

(2) 制定了教学计划。唐代把儒家经典分为三类,大经学习三年,中经学习两年,小经学习一年半。《孝经》、《论语》为公共必修科目,学习一年。

(3) 推行考试制度。学校每年举行三种形式的考试。学生在学的最长年限为九年。

五、封建官学教育的改造——宋元教育制度

（一）宋代理学的发展

程朱理学认为"理"先天地而存在，并把抽象的"理"（实际指封建伦理准则）提到永恒而至高的地位。陆王心学主张"心"是宇宙万物之根源，心外无物，心外无理，形成了理学中的另一个重要派别。

理学思想是以儒家思想为主体、糅合佛道思想而成的新儒学思想，是宋代统治者一方面积极尊孔崇儒，另一方面推行儒、佛、道三家思想融合的结果。理学思想后经元、明、清统治者的不断提倡，成为中国封建社会后期文化教育的统治思想和指导政策。

宋代理学因其讲学的地域不同，一般划分为四大流派。濂学以北宋周敦颐为代表，讲学于湖南濂溪县；伊洛学派以北宋二程为代表，讲学于洛阳；关学以北宋张载为代表，讲学于关中；闽派以南宋朱熹为代表，讲学于福建建阳。宋代理学各派的学术争论反映在他们的教育活动中。

（二）宋元官学制度

宋元官学制度是继承隋唐官学制度发展而来的，属于国子监管理的中央官学有国子学、太学、四门学等，地方官学有府、州、县学和社学。

1. 宋元中央官学的变化

宋代国子学亦称国子监，既是教育管理的最高机构，也是当时的最高学府。太学成为最重要的高等学校，不仅入学资格已经放宽，凡八品以下子弟或庶民之俊异者均可成为太学的学生。太学实行"三舍法"，以学习儒家经典《四书》、《五经》和理学内容为主。

元代中央官学仿宋制，但根据民族划分为不同的学校。汉学国子学是以学习汉儒文化为主的学校。蒙古国子学是以学习蒙文儒学为主的学校。回回国子学是专门学习波斯文的学校。

2. 宋元地方官学

宋代地方官学只有府州、县两级，也是学习儒家经典的学校。宋代官府对地方学校表现出了积极支持的态度，措施有二：一是多次为地方学校赐经书；二是赐学田，作为学校办学经费。"赐书"与"赐学田"对地方学校教育的发展起了推动作用。

元代在地方上建立了路学、府学、州学和县学的儒学系统，同时还开办了蒙古字学和社学。社学是设在农村地区，利用农闲时间，以农家子弟为对象的初等教育形式。

六、封建官学教育的僵化——明清教育制度

（一）明清文教政策

明清时期(1368～1840年)是古代教育逐渐衰败、腐朽、走向没落的时期。明清统治

者通过制定严格的学规等措施对官学教育实施文化专制主义,封建官学教育的衰败与当时的文教政策有很大关系。

一是设置严格的管理机构,控制惩罚学生。国子监制定了许多学规,如有违者严加治罪。明洪武二十七年(1394年),监生赵麟因受不了虐待,揭帖子以示抗议,竟然被处以极刑,悬首示众。

二是制定严格的学规,以约束学生的言行。明清设置了诸多"卧碑条"来禁止学生的言论和行动。明洪武年间(1368~1398年),颁禁例十二条于明伦堂之左。清代颁布过三次大的禁令,以控制学生的言行。

三是大兴文字狱,限制言论。如雍正四年(1726年),查嗣廷任江西考官,用《大学》中的"维民所止"作科举考试的题目,被认为"维止二字,意在去雍正二字之首",遂革职下狱,病死狱中,还被戮尸枭首,其子坐死,家属流放,查氏家乡停止乡试、会试六年。清朝文字狱株连之广、处罚之重为历史罕见,据不完全统计多达108起。

(二) 明清中央官学——国子监

明清官学分为中央官学和地方官学,中央官学有国子监、宗学和武学,地方官学分为儒学和专门学校。

明清国子监沿袭前代,又称太学,既是中央教育行政机关,也是全国最高学府。

国子监学生通称"监生"。明代依其来源分为四类:一是会试落榜的举人称为举监,二是地方官学生员选拔入监的称为贡监,三是一定级别以上的官员及功臣后代称为荫监,四是捐资入监的称为例监。清代国子监生又分为贡生和监生,比明代划分更细。此外国子监还有留学生,称为"夷生"。

国子监实行监生历事制。明洪武五年(1372年)规定国子监生学习到一定年限,分拨到官府各部门实习,即"历练政事"。历练期满经考核,上等送吏部铨选授官,中下等仍令继续历事,经考核上等者同前使用,中等者不拘品级,随才任用,下等者回监读书。监生历事制可视为中国古代大学的教学实习制度。

(三) 明清地方学校

明清地方学校按行政区划设立府学、州学、县学,统称为儒学。学生通称为生员。

清朝加强对生员的管理,建立了"六等黜陟法",这种制度的基本特点是对生员实行动态管理,生员的等级不是固定不变的,而是根据学业成绩有升有降。明清府州县学的生员在学校内部是流动的,在外部又同国子监相衔接。

第二节 私学制度

私学是由著名学者操办或者由民间私人开办的教育形式,按其程度一般分为两级,即相当于大学的经师讲学和相当于中小学的蒙学教育,学生以15岁为界限,15岁以下为蒙学。蒙学有不同的名称,如书馆、私塾、义学、冬学等,私人所办大学有经馆、书院等名称。

在整个封建社会，私学一直与官学并举而存，虽因时事多有变化，但私学作为一种重要的教育形式，由于其办学形式不受官府直接领导，因而具有自由讲学、自由择师等独特优势。它一方面促进了我国古代学术的繁荣，另一方面也为国家培养了众多的人才，为教育的发展积累了许多可资借鉴的经验。

一、春秋战国时期的私学

（一）春秋战国时期的各家私学

私学兴起于春秋中叶，大盛于战国时期。战国时期经济和政治的变化、养士之风的盛行，促进了私学的繁荣和百家争鸣的展开，对教育影响较大的是儒、墨、法等家。

1. 儒家私学

儒家私学的创始人是孔子。孔子弟子三千人，是当时规模最大的私学。孟子继承了孔子"仁爱"的思想，主张人本性善，教育的作用就是寻求和扩充人的善性。荀子进一步发展了孔子的"仁政"思想，主张王霸并用。儒家对旧的典章制度和文化知识掌握较多，在教育上持积极态度，他们通过广泛的私学活动，积累了丰富的教育经验，奠定了许多优秀的教育传统。

2. 墨家私学

墨家私学既是一个教学团体，又是一个带有宗教色彩的政治团体。墨家在教育上主张"述而且作"，重视生产知识、科学技术的传授和思维能力的培养，坚持劳动锻炼和思想教育。

3. 法家私学

法家私学的代表人物有李悝、商鞅、韩非子等，主张根据现实需要制礼立法，"以法为教、以吏为师"。

（二）私学产生的历史意义

春秋战国时期的私学，是我国教育的一个创举，值得我们重视。

1. 私学的创立冲破了"政教合一"的格局，使教育活动从政治机构中分离出来，完成了教育独立化的过程。私学是专设的教育场所，它以教与学为专门职能，教师不再是官吏，而成为独立的专门化职业。所以私学的产生是学校教育与自然形态教育分离以后教育制度上的又一次历史性变革。

2. 私学打破了"学在官府"的局面，使文化下移，开启了百家争鸣的学术风气，推动了古代学术的发展。教育对象由少数贵族扩大到平民，使学校教育和人才成长的社会基础更为广阔。

3. 私学中有很多名师大儒，在教育理论和教育经验方面有许多建树，对我国古代学术的发展和文化传播起了重要作用，形成了我国古代优秀的教育传统。

二、汉代书馆教育

汉代私学按其程度分为书馆和经馆。书馆又称书舍、学馆,是较低程度的私学。经馆是私学的高级形式,又称精舍、精庐。

书馆教育一般分为两个阶段:

第一个阶段,主要进行识字教育。我国古代识字教材出现最早,可以说位于各类教材之首。汉代初期流行的识字教材,是经过改编的《仓颉篇》。它以隶书书写,共三千三百字,也是我国历史上第一个广泛使用的统一识字课本。

汉代书馆教学中,最有影响的识字教材是《急就篇》。该书由两千多字组成,比较实用,不仅注意寓思想教育于识字教学之中,而且寓常识教学于识字教材之中。

第二个阶段,在识字、读写教育的基础上,学习《尔雅》,以加深汉字教育;另一方面进行伦理道德教育,所用教材主要是《孝经》、《论语》,使学生接受初步的儒学教育。

经馆是比书馆高一层次的私学,实际上是一些著名学者聚徒讲学的场所,其程度可与太学相比。经馆学生分为两类,一类是及门弟子,或称授业弟子,另一类叫著录弟子。

三、宋元明蒙学教育

宋元开始是我国古代蒙学教育获得较大发展的一个重要时期,不仅私人大办蒙学,官府也开始重视除皇家子弟以外的庶族地主子弟的启蒙教育,所以宋代以后,蒙学教育不仅在数量上有很大增长,而且在教学内容、方式方法、教材方面也有很大改革。

(一)蒙学教育的形式

宋代以后蒙学教育形式主要有两种:一种是民间私人所办的蒙学,如小学、私塾、义学等;另一种是官府所办设在地方的蒙学,这类蒙学有的还制定了详细的学规和计划,以后逐渐演变为地方官学。

(二)蒙学教育的内容和方法

小学教育的任务是"教以事",即洒扫、应对、进退之节,爱亲、敬长、隆师、亲友之道,以及礼、乐、射、御、书、数之文。蒙童每日功课主要是识字、写字、读书、背书、属对、作文等。

教育方法则侧重以下三个方面:一是强调严格要求,打好基础。注重对儿童进行生活礼节、学习习惯等基本素质的养成;二是重视用《学规》、《学则》、《须知》的形式作为学生行为规范的准则;三是注意根据儿童的心理特点,利用故事、歌谣、诗歌等形式,因势利导,激发儿童的学习兴趣。

(三)蒙学教材

蒙学教育的发达,带动了蒙学教材的发展。宋元以后的蒙学教材主要有《三字经》、《百家姓》、《千字文》、《童蒙训》、《训蒙诗》等。

尤其是"三百千"这三本书,显示了多方面的优越性:三本书合计约 2500 字,符合初步识字的数量要求;三本书各有特点,每本书字数都不多,儿童可以很快的学完一本又换一本,有新奇可喜之趣;三本书在同类蒙学教材中,可以说是最通俗浅显、流畅上口的;三本字书中所反映的内容,比较合乎"日用",既突出了识字的要求,也没有忽视儿童求知的要求和伦理教育的需要。

表 5.1 私学类型的历史演变

春秋	私人讲学活动没有固定的教育场所,没有专门的教育设施,没有成体系的教育管理制度,教材不统一,教育内容千姿百态,教学日程无固定安排		
汉	教育程度较低,分为面向童蒙的"书馆"和程度较高、面向青少年成人的"精舍"、"精庐" 较为固定的教学场所,入学有了年龄划分,但教学的组织管理、授课的形式、规则等都不够完善,但私学已开始走向正规		
唐	书院开始出现。名称之始	乡学:地方自办	
宋	书院①有了专门的教育设施,即出现了独立的校舍;②书院形成了讲学、藏书、祭祀三部分的基本规则;③书院设置了负责教学、行政事务的山长,及教学方面的堂长、讲书、司录等,管理有了制度化发展;④书院有了专门的经费。经费来源是地方政府拨给或私人捐赠等,使书院正常的教学活动有了经济保障。	冬学	
元	书院官学化加重	社学:特殊意义私学,介于官学和私学间,多体现私学特点教育形式	
明清	书院官学化倾向严重		义学、义塾 私塾:童蒙教育

第三节　独具特色的书院制度

书院以私人创办为主,积聚大量图书,教育活动与学术研究相结合,是我国封建社会后期出现的一种特有的教育组织形式,是"私学的高级表现形式"。书院制度是中国教育特有的教育制度。

一、书院的产生

"书院"一词最早见于唐代。安史之乱后,中国进入了一个藩镇割据、连绵混战的时期,这不仅给广大人民带来了深重的灾难,也使学校荒废,文化遭到破坏。许多名师大儒为避战乱和保护优秀文化,远走较为安定的穷乡僻壤和山林之间,以耕读为业。他们在个人治学的基础上,开辟了一些家塾式的教学场所。同时一些有识之士学习佛教禅林讲经的做法,利用私人读书治学的地方,或选山林名胜筑舍聚徒讲学。于是,一种新的教育组织形式便出现了。

书院从唐末五代出现,宋初基本形成至清末光绪二十七年八月(1901年9月)改书院为学堂,存在了一千多年。在这一千多年的历史进程中,时兴时衰,走着曲折的道路。它既是学习的高等学府,又是学术研究机构,它在办学形式、教育教学的组织与管理、教学原则和方法等方面,积累了丰富的经验。

宋代书院产生的原因主要有:

1. 书院的出现反映了庶族地主争取政治权利的需要。宋代庶族地主的经济利益日见增加,于是他们也要求有自己的政治权利,这就需要有适合培养自己人才的机构,于是一些做官不得志或贬官的庶族地主就出钱或筹钱办学,以扩大自己的社会力量。

2. 书院的出现是官学不良、师道不立、制度不善、培养不出优秀人才的必然产物。从五代时学校就时兴时废,即使官学存在,也主要是为科举服务。

3. 书院的发达与理学研究的推动密切相关。书院以理学为讲授内容,吸引了众多的名人儒士,理学以书院为传播基地,理学思想在这块土地上得到了发扬光大。

4. 书院的产生受佛教禅林讲经影响很大。佛教自汉末传入中国后至魏晋隋唐而大盛,佛教徒常在山林名胜之地,建立禅林,作为修道讲习之所,并订有详密的学习与讲授佛经的规程,使用记录大师讲学语言为"语录"等办法,运用升堂讲经、静坐内省、质疑问难等方式,从事坐禅讲经活动。在此影响下,许多学者也择山林幽僻之处建立书院,并学习禅林讲经的办法,制定书院的学规,从事教学活动。

二、书院的发展

(一) 北宋著名书院

北宋著名书院主要有白鹿洞、石鼓、应天府、岳麓、嵩阳和茅山书院,总称北宋六大书院。它们大都建于风景优美的山林幽静处,虽然其规模还都不大,组织机构也极为简单,活动内容也较单一,但它们却标志着真正意义上的书院制度的确立,并对后世书院的发展产生了有益的影响。

白鹿洞书院位于江西庐山。唐朝贞元年间(785~804年),洛阳人李渤、李涉在此读书,曾养一白鹿自随。南唐升元年间(937~942年)在此建白鹿洞国学,国子监九经李善道为洞主,教授生徒,并置田以诸生。北宋太平兴国二年(977年)周述以来白鹿洞的学者多达千人为由,上书朝廷,请赐《九经》肄习,诏从其请。北宋真宗咸平五年(1002年)白鹿洞重加修缮,并塑孔子和其十大弟子之像。南宋孝宗淳熙六年(1179年)朱熹申请重修,订立《白鹿洞书院教条》,从此白鹿洞书院闻名于世。

白鹿洞书院

岳麓书院位于湖南岳麓山下,原为佛寺。宋朝开宝八年(976年)朱洞修建院舍,创建岳麓书院。咸平二年(999年)李允又加扩充,学生达60余人,并请国子监颁赐经书。大中祥符五年(1012年)周拭主持书院,1015年宋真宗皇帝接见周拭,并任命其为国子监主簿,仍为书院教授,并亲书"岳麓书院"匾额赠送。南宋孝宗时朱熹曾讲文其中,该院遂声名大作。

岳麓书院

　　石鼓书院位于湖南衡阳。唐朝宪宗元和中(810年)左右,李宽在此读书。宋至道三年(997年)李士真向郡守请求在原址创建书院。北宋景祐二年(1035年),仁宗赐书院匾额和学田。到南宋更加扩充,朱熹曾为之作记。

　　应天府书院位于河南商丘,原为宋代名儒戚同文的旧居。北宋真宗大中祥符二年(1009年)曹诚在此建学舍,聚书授徒。因人称戚同文为睢阳先生,所以又称睢阳书院。

　　嵩阳书院位于河南登封县太室山麓。北魏时为嵩阳寺,后周时改为太室书院,北宋至道三年(997年)赐"太室书院"匾额和《九经注疏》。景祐二年(1035年)更名嵩阳书院。

　　北宋书院发展极盛,曾一度在教育上起过地方学校的作用,但不久相继衰落。直到南宋,书院又得到极大发展。

(二) 南宋书院的发达

　　南宋私人书院据《文献通考》载有20余处。这一时期,不仅书院的数量多,规模大,而且组织更加严密,制度也趋于完善。由于活动内容丰富而又有深度,使得官学中的优秀者,还常常到书院作进一步研修。南宋书院在教育教学、学术研究、印书藏书等方面都充分表现出独特的书院特色,加之朱熹亲订《白鹿洞书院教条》,使书院教育进一步制度化、正规化,南宋书院堪称是中国书院发展史上的黄金时代。

　　当时最著名的有岳麓、白鹿洞、丽泽、象山四大书院。如白鹿洞书院为朱熹讲学之所,岳麓书院为张栻、朱熹讲学之所,丽泽书院是吕祖谦讲学之所,象山书院是陆九渊讲学之所等。

　　南宋书院和理学家讲学有着密切的关系。南宋书院的昌达虽有其政治经济的原因,但从更直接的方面来讲,它的昌盛确实与理学的发展有很大的关系,特别是受了朱熹兴复白鹿洞书院的推动。

以朱熹为代表的理学家们,为大力宣扬理学,纷纷创建或主持书院,以作为他们的阵地。朱熹知南康军时,为了扩大儒学影响,发展地方教育,曾上书申修白鹿洞书院,并请为其题额、赐书,获皇帝恩准后,书院便在朱熹的直接关注和督促下得以尽快兴复。兴复后的白鹿洞书院,为其后几百年各学派建设书院树立了样板。

(三)元代书院的初步官学化

元朝的建立使汉族知识分子受到了极大的刺激,他们除不愿做元朝的官外,也不肯在元朝设立的官学任教,甚至都不让其子女入官方学校。对此,元朝统治者对于书院采取保护、提倡和加强控制这一较为灵活的政策。

元太宗八年(1236年)就在燕京(后来是元大都)建立了第一所书院——太极书院。元世祖统一后,书院发展出现两个动向,一是在热心地方教化人士的筹划下,不少地方开始了书院重建工作;另一方面是一些大儒不仕新朝,避居山林,自建书院,专事学术研究。此时,书院不仅数量有所增加,分布更加普遍。据有关统计元朝书院达400多所。当然作为存在有民族防备心理的蒙古统治者对书院的师资任用、组织管理和经费使用等加强了控制,并通过笼络一些高级知识分子来影响整个学术界的办法来加强思想钳制。这些来自官方的限制,使书院呈现出明显的官学化倾向,书院的特色被大大削弱了。

书院官学化倾向越来越明显,这主要表现在:一是官府任命山长和教师,并与地方官学的学正、学录、教谕一样,同命于礼部。二是控制书院的招生、考试和生徒去向。三是设置书院学田,作为书院赖以生存的经济基础。

(四)明清书院的兴衰变化

明清书院经历了沉寂、复苏、勃兴、禁毁的历程。

明初,书院一般处于沉寂状态。嘉靖年间(1522~1566年),思想领域内的自由讲学之风兴盛,书院也随之蓬勃发展起来,后也曾遭遇四次被禁毁的厄运。明中叶书院兴盛的原因是:①由于宦官专权,排斥异己,于是在野士大夫便设立书院,讲学之余,讽议朝政,因此这个时期的书院多带有政治色彩;②官学不良、科举腐败,学风日下,于是一些有志于学术研究的士大夫纷纷创建书院,授徒讲学;③湛若水、王守仁等著名学者的提倡。

清初,为了消灭汉人复国情绪的漫延,压制舆论,统治者对文化教育采取了抑制的政策,此时书院基本上处于停滞状态。康熙年间(1662~1722年)开始复苏勃兴。但不久,清政府对书院转为积极控制,使元代以来逐渐加强的书院官学化倾向发展到了极点。这时的书院设于省会,并完全为封疆大吏所控制,其经费由政府拨给,其师生也全由官员选任,书院彻底丧失了独立性和自主权,和官学相差无几。特别是在发展中,很多书院就如同官学一样,成了科举的附庸、官员的养成所,进而彻底背离了书院开初的宗旨。和封建教育的其他形式一样,书院最终也为近代教育新体制所取代。

明清著名的书院有东林书院、诂经精舍和学海堂等。

三、书院体制及教学上的特点(以宋代为例)

(一)教育宗旨

书院的教育宗旨是以讲明、研讨封建道德的义理为基本任务,在学规中明确规定学习目的和要求,是读圣贤书,读儒家经典,搞清封建道德的根本道理。《白鹿洞书院学规》中制定的五大纲领,充分阐明了书院的办学宗旨。其主要内容是"父子有亲,君臣有义,夫妇有别,长幼有序,朋友有信";"博学之,审问之,慎思之,明辨之,笃行之";"正其谊,不谋其利;明其道,不计其功"等。

(二)书院的组织

书院最初作为一种私学性质的高等教育机构,其组织形式比较简单,书院主持人通常称为"山长"或"洞主",既负责书院的管理又担负书院的主要教学任务,一般不另设专门的管理人员和机构。

书院教育实行"门户开放"政策,一个学者可以同时在几个书院讲学,学生也往往是慕名而来,自由择师。

书院的经费以设置学田为主要来源,学田或私人捐赠,或官方拨充。学生来院听讲,由书院供给膳食,教材书籍亦由私人捐赠或官方颁发。

(三)书院的教学

书院的讲学活动是书院教育的主要内容,也是作为教育机关的主要标志,形成许多显著特点。

第一,书院既是教学机构,又是学术研究机构。书院的创建者或主持人,多数是当时著名的学者,或是某一学派的代表人物,每个书院往往就是某一学派教学和研究的基地。教学与研究相结合使书院教学质量高、学生学习刻苦,治学精神可嘉。

第二,书院允许不同学派学者莅院讲学,重视学术交流,开展争辩。特别是南宋以后书院盛行"会讲"制度,成为书院的重要教学形式。如南宋朱熹和陆九渊是两个观点对立的学派,吕祖谦邀两人及其弟子到信州(今江西上饶)鹅湖寺举行学术研讨,这就是著名的"鹅湖之会"。后来朱熹又邀请陆九渊赴白鹿洞讲"喻义"章,并把所讲内容刻石立于院内,首开书院"会讲"之风。这种"会讲"常常成为一个地区性的学术活动,书院成为一个地区的教育和学术活动的中心。

第三,书院讲学可自由听讲,不受地域限制。书院著名学者讲学,其他书院和外地书院的师生,前来听讲者,书院热情接待,并提供各种方便。南宋时期黄干在白鹿洞书院讲"乾坤二卦",山南地北的人士都来听讲;明代正德年间(1506~1521年)王守仁修建濂溪书院讲学时,四方学者前来听讲者达300余人。

第四,书院教学以学生个人读书钻研为主,十分注重培养学生的自学能力,发展学生的学习兴趣。书院多采用学生自己读书、问难辩论的方式,启发学生的思维,提高学生的能力。教师的作用主要表现为:一是给予学生读书方法的指导;二是注重学生平时学习的考查;三是教师讲授以少而精为原则,大抵是提纲挈领,学生随其程度自行体会。

第五,书院内师生关系比较融洽,师生间的感情相当深厚。书院名师不仅以渊博的学识教育学生,而且以自己的品德气节感染学生。书院学生人数不多,且慕师而来,师生朝夕相处,彼此了解甚深,所以师生感情笃甚。

表5.2 官学与书院的对比内容(书院属于私学性质)

对比内容	官学	书院
建立	"州县之学"即官学,奉诏旨所建	"乡党之学"即私学,个人或社会团体所办
教师	由朝廷任命,属于封建王朝的官吏	地方聘请推荐,多为德才兼备的学者、士大夫,有的虽也是朝廷命官,但作为书院教师仅是兼职
学生	官宦子弟,等级性强,需严格考试才能入学	没有等级尊卑之别,学生既可以择师,大师也可以选生,生徒都为慕师而来,出于自愿
教学内容	朝廷核定的教材,内容较为固定、单一	依据书院的特质及山长、主讲教师的所长,教学内容较为灵活、宽泛
教学组织形式	呆板、单调	灵活,多种多样
教学效果	培养封建统治的治术人才,传授知识为应付科举考试服务,效果只决定于科考的成功与否	培养学术人才,传授知识为拓宽学术的传播范围、增强学术的研究价值、为培养弘"道"的人才服务

思考链接:

1. 试述汉代"独尊儒术"文教政策形成的过程。
2. 书院教学和组织机构的主要特点有哪些?

第三章 求是务实的选官制度

【情境导入】

晏殊立信

诚实守信是交友之道、为人之道。诚实守信既是对别人的尊重,也是自身道德的提升。如果贪图小利而失去诚信,表面上是得到了"实惠",其实是毁坏了自己的声誉,无异于捡了芝麻丢了西瓜。北宋词人晏殊就深知诚信的可贵,获得了别人的尊重和信任。

北宋词人晏殊才华出众,以诚信著称。他14岁时,有人把他作为神童举荐给当朝皇帝。宋真宗专门召见了他,并要他与一千多名进士同时参加考试。开考时,晏殊发现考试题是自己十天前刚刚做过的题目,就如实向皇帝报告,并请求改换其他题目。宋真宗皇帝非常赞赏晏殊的诚实品质,便赐给他"同进士出身"。晏殊当职时,正值天下太平。京城的大小官员经常到郊外游玩或在城内的酒楼茶馆举行各种宴会。晏殊家贫,无钱出去吃喝玩乐,只好在家里和兄弟们读写文章。有一天,宋真宗提升晏殊为辅佐太子读书的东宫官。大臣们惊讶异常,不明白宋真宗为何作出这样的决定。宋真宗说:"近来群臣经常游玩饮宴,只有晏殊闭门读书,如此自重谨慎,正是东宫官合适的人选。"晏殊谢恩后,实话实说:"其实我也是个喜欢游玩饮宴的人,只是家贫而已。若我有钱,也早就参与宴游了。"这两件事,使晏殊在群臣面前树立起了信誉,而宋真宗也更加信任他了。

我国古代社会官府根据一定的标准、通过一定程序,在全国范围内选拔人才,用以补充官吏队伍,古代的选才制度与教育制度紧密相连,对中国古代教育产生了重要的指导和制约作用。

第一节 隋朝之前的选官制度

一、先秦时期的选官制度

(一)夏商西周的世卿世禄制

世禄世卿就是最高统治者按血缘关系的远近,分封自己的亲属;中央和地方的各级权力,分别掌握在大大小小的贵族手中,而且世代相传,不能随意任免。这种世禄世卿制度是与当时的宗法制和分封制互为一体的,其主要特征是嫡长子继承王位,余子分封,逐级逐层类推下去,形成一个金字塔式的权力结构体系。

夏商西周时期,除嫡长子承袭职位外,其他子弟通过学校教育获得进入统治阶层的途径。商周时代,国家设有培养官吏的学校,入学者都是贵族子弟,学校教师由贵族官员兼任。贵族子弟在学校学习一些管理国家事务的基本知识,若干年后担任各级行政职务。

应该肯定,这种世袭制的出现,是国家产生的重要标志和原因之一,是人类由野蛮向文明的一种过渡。

由于世卿世禄制存在着仅凭出身不论才干的先天缺陷,统治者也注意采取贡士和乡举里选等办法,从基层选拔一些优秀人才进入行政阶层。

(二)春秋战国时期客卿制

春秋战国时期是政治斗争和军事斗争异常尖锐激烈的时代,也是一个需要智能并孕育智能的时代。一方面,"强必存,不强必亡"的残酷现实迫使各国君主变革图强,网罗人才。另一方面,以诸子百家为代表的士阶层择君而仕,形成了"士无定主"的人才自由流动的局面。

招贤:招纳天下贤才为己所用。基本做法是:根据"主卖官爵,臣卖智力"的原则,列国诸侯"设官职、陈爵禄"作为招揽贤才的主要砝码,以待有才能之人。春秋时期,招贤还没有形成一定的制度;战国时期,举荐和招贤结合渐成定制,凡大臣和地方长官,都有定期向诸侯推荐人才的责任。

养士:养士是诸侯贵族为壮大自己势力、提高声誉而采取一种储备人才的方法。养士主要有两种方式:一是由国家养士,如齐桓公设立"稷下学宫"、燕昭王修筑"黄金台"、秦国出台客卿制度,争相招聘士人。二是由私人养士,比较著名的如战国的"四公子"等,所养之士都数千人。这些士人有的"为之谋",有的"通其意",有的"制其兵",有的著书立说。汉代以后,私人养士为历代封建王朝所严令禁止。

二、秦代的军功爵制

军功爵制就是无论什么人,无论其出身如何,只要效力军伍,为国家立有军功,就可以获得官爵。这是古已有之的选拔官吏的方法,战国时代以制度的形式确定下来,尤其以秦国商鞅变法中的有关法令最为严格与规范。

其规定是:①军功面前人人平等。国君的宗室无军功尚不能名正言顺地列入宗族的簿籍,一般贵族更是如此,这就等于废除了除国君的嫡系以外的一切贵族的世袭特权。而平民只要立有军功,则可以授予爵位、官职、田宅等,若原是奴隶,还可以解放身份,成为自由民。②军功大小以杀敌首级计算,杀敌多者功劳就大,赏给的官职爵位就高,并享受相应的政治待遇和经济特权。尤其鼓励底层人民奋勇立功,注重从基层立有军功者选拔高级官吏,如韩非子所说"明主之吏,宾相必起于州郡,猛将必起于卒伍"。

军功制在改革旧的政治体制、否定世官制的基础上逐步确立与完善起来的。但秦统一六国以后,仍然采用军功爵制选拔官吏,以至于只重武功,轻视文人,则是走向了事物的反面。

三、汉代的察举整辟制

（一）察举制的诞生与内容

"察举"又称荐举，就是乡举里选，由三公九卿（主要是丞相、列侯、刺史等）、地方郡守等高级官员根据考察把所谓"品德高尚、才华出众"的平民或下级官吏推荐给中央，再由中央考察核实后授予官职。它肇始于汉高祖，初步形成于文帝，定制于武帝，并历经魏晋南北朝，至隋唐之际还曾起过作用。

汉代察举制正式成为比较完备的选士制度，是在汉武帝之时。汉武帝接受董仲舒的建议，命令郡国举孝、廉各一人，于此察举制产生。为适应选拔人才的需要，汉代选举科目逐步固定，主要有孝廉、秀才、贤良方正等，察举人数也逐渐确定。察举标准也有明确规定，大致有四项标准。

总体来看，察举制是由高级官员根据考察把所谓"品德高尚、才华出众"的平民或下级官吏举荐给中央，再由中央考察核实后授予官职的制度。它是汉代重要的出仕途经之一。

（二）察举制的利弊

纵观两汉之世，察举制在大部分时间里起着积极的作用，它带来了汉代英才辈出、功业兴盛的局面。

1. 高度重视人才，制定合理的人才标准

汉代总结前世历史经验，认为治国安邦取决得人。在汉代，凡是深谋远虑、励精图治的皇帝都重视人才，尊重人才。为求得贤才，他们更新了选用人才的标准，即由重点选用战争功臣和文法吏，改为选用"疏于进取，精于守成"的儒生，由按资排辈改为破格录用，由重武功改为重德行道艺，广开才路，不拘一格。这是汉代察举制成功的主要经验。

2. 颁布严格的察举规章

汉代十分注意制定察举规章，并善于在执行过程中，不断地根据变化了的形势和遇到的矛盾随时修改、补充、调整，包括选士科目、标准、人数等，从而使察举规定更加完备和更适宜选官用人的实际需要。

3. 察举制的缺陷

察举制作为中国古代选士制度发展的初级阶段，由于历史的局限，还存在很多不尽如人意的地方。

如察举用人的大权操纵在列侯、刺史等官员手中，难免会存在着权门请托（走后门）、贵戚书命（递条子）、行贿作弊等腐败现象；从察举科目的确立到取人标准的制定始终贯穿着一条主线，那就是注重以"声名"取士等。

四、魏晋南北朝的九品中正制

九品中正制是中国古代选士制度发展的中间环节，是一种更注重按照门第的选士制度。

（一）九品中正制的产生

九品中正制产生于三国时期的魏国。公元220年，曹丕听取吏部尚书陈群的建议，制定了九品官人法，这种方法就是朝廷选择"贤有识鉴"的官员，兼任本郡的"中正官"，由中正官把被选的士人按照家庭出身和个人才学，分为三级九品，即上上品、上中品、上下品、中上品、中中品、中下品、下上品、下中品、下下品，作为授官晋爵的依据，然后再按品授官。

"中正官"为选官提供的材料由"品"和"状"两部分组成，"状"是中正官在调查的基础上对士人的言行和德才所作出的评语。"品"是士人的出身门第。"中正官"品第士人必须兼顾士人的德才与家世两个方面，注明"品"和"状"，然后定其品级。所以中正官的品评直接决定着士人官职的授予与官位的高低。

九品中正制初行之时，士人品定之权基本上掌握在声名显赫的中正官手中，中正官也能按人才的优劣以定品第。但到了曹芳之时，司马懿当政，于各州设大中正，由世族豪门担任，取士原则以"家世"为重，从此九品中正制成了门阀世族集团世袭官位的特权，成了世族地主操纵政权的工具。

（二）九品中正制的作用与影响

确立九品中正制的本意是加强中央政府对选举用人大权的控制，从而进一步加强皇权，同时调动不同社会阶层出身的人晋升的积极性。九品中正制度实行的初年，在某种程度上也确实起到了这样的作用。

九品中正制的失败源于多种因素，既有选士制度本身的缺陷，也有当时历史条件的限制。首先，选人权由各级中正官把持，这样中正官的人品和公正性将直接影响着选举制的公平与否。其次，选人权力过分集中，缺乏有力的监督与制衡。再次，为了保护世族门阀大地主的利益与特权，九品中正制主张按门第取人，这本身就是一种严重的社会不公，滋生腐败，阻塞贤良。到了南北朝的后期，九品中正制的弊端暴露无遗，逐渐被废弛。

第二节 隋唐科举制度的设立

科举制就是分科考试的选官制度。据《隋书》载炀帝大业三年（公元607年）下诏"十科举人"，并置进士科，这就是科举制设立之始。科举制完备于唐朝，发展扩充于宋、元、明、清，到清末被废除。

一、隋朝科举制的产生

隋唐时期，是中国封建社会重新走向统一和空前繁荣昌盛的时期。从统治阶层内部的关系来看，庶族中小地主的经济实力不断增强，他们积极要求参政，希冀通过某种形式改变政治地位。而统一的中央集权官僚体制的确立，又急需一大批有能力、有才华的官吏充实到官府机构中去,从而使政令畅通,官僚机构得以正常运转,实现进一步遏制地方割据势力、加强皇权、巩固中央集权的目的。在这种情况下,继续实行按门第取士的九品中正制和实行大权旁落地方官手中的察举制,既不利于满足加强皇权、巩固中央集权的需要,也不利于满足中小地主做官从政的合理要求。所以察举制、九品中正制便不再适应新形势,以考试来公平选拔人才的科举制应运而生。

科举制以自由报考("投牒自进")为特点,以知识才华为选士内容,以考试优劣为取舍标准,把考试大权集中在中央吏部,采取自下而上逐级淘汰的差额考试为主要筛选办法,以加强皇权与选拔国家所需要的统治人才为宗旨,广泛地向地主阶级各阶层打开入仕途径。

但是,当时通过科举考试选拔上来的人才十分有限。因为科举制在考试目的、考试内容、考试规程、考试方式等方面皆不完善。

二、唐代科举制的实施

唐代在文化教育上,尤其在选官制度上继承了隋朝的优良建制,补充和发展了科举制,使科举制在唐太宗和唐高宗年间(650~683年)发展成为一套较为完备的考试制度。

(一) 考生来源与考试程序

唐代考生来源主要有两个:一是学校出身的"生徒",经所在学校考试合格后送考;二是州县地方选送的"乡贡",州县"乡贡"生须经地方逐级考试选拔后报送尚书省考试。

关于考试程序:唐代科举考试分两级进行,即地方州县、中央官学的预试和尚书省礼部的考试,最后再由吏部复试授官,形成了礼部选人、吏部授官的制度。

(二) 考试科目与方法

隋炀帝时正式设置"进士科",实行以试策取士。唐代设科取士,分常科和制科。常科是每年都举行的考试,有秀才、明经、俊士、明法、明书、明算等科。武则天亲行殿试,并增设武科。制科是皇帝根据特殊需要临时下诏举行的考试。

唐代科举考试的科目虽多,但方法却只有五种,即口试、帖经、墨义、策论、诗赋,主要以诗赋取士。

三、科举制的作用及影响

(一) 科举制的社会作用

首先,选举用人的大权集中到了中央吏部,有利于加强中央集权制,适应了中国封建社会后期不断强化中央集权的趋势。经过层层考试选拔,相对提高了封建官吏的文化素养,增强了朝廷的凝聚力和社会发展的稳定性。

其次,选官有了统一的标准,有利于思想的统一。科举考试以儒家经典为主要内容,这就使选官有了统一的内容和共同的标准。唐代科举制实行公平竞争、优胜劣汰的选士原则,通过严格的考试选拔出大批符合儒家标准的人才。

再次,较广泛地向地主阶级的各阶层和广大平民子弟打开了入仕的途径,使过去的所谓寒门,亦即中小地主和社会一般平民通过科举获得了参政的机会,甚至获得了高官厚禄。这对当时的吏治改革是有一定好处的。

唐代科举制虽然在当时历史条件下起过积极的进步作用,但其缺点和流弊也是显而易见的。从表面上看,它是公平竞争、优胜劣汰,但实则不尽然。考生能否被录取,并不完全取决于卷面成绩,还突出表现在当时通行的"通榜"和"行卷"等做法上。

(二)科举制对学校教育的影响

就整个社会状况来说,隋唐科举是一个比较进步、合理的考试制度,就教育方面来说,影响更为深刻。

首先,科举制的产生使选士制度和育士制度紧密结合在一起。

学校培养的学生,只有经过科举考试才能取得官职,于是学校教育成了科举的基础,科举成了实施儒家"学而优则仕"思想的重要途径,成为学生取得官职的必由之路。科举制是通过一定考试内容和考试形式来选拔人才,这就给出身低微的知识分子以进学求官的机会,一定程度上刺激了他们读书学习的积极性,从而对学校教育的发展起到了一定的促进作用。统一的科举考试内容,必然促进教育内容和教材的统一,而教育内容和教材的统一又有利于教育的发展与普及。

在漫长的1300年的科举考试中,曾产生出700多名状元、近11万名进士、数百万名举人,至于秀才就更不计其数了。隋唐以后,几乎每一位知识分子都与科举考试有着不解之缘和密切关系,从未参加过科举考试的是极少数。中国历史上,善于治国安邦的名臣、名相,有杰出贡献的政治家、思想家、文学家、艺术家、科学家、外交家、军事家等大都出自状元、进士和举人之中。

其次,科举考试对学校教育的培养目标、教育内容和教学方法的影响也是显而易见的。学校教育的培养目标是为了参加科举考试,由此学校成了科举的附庸或者说是预备机构。科举考试的内容局限于儒家经典的章句和华丽的诗赋,考试方法又多为死记硬背,在这种风气影响下,学校教育也是重文辞少实学,重记诵轻义理,科举考什么,学校就教什么,科举制成了学校教育的指挥棒,科举考试束缚了人们的思想,败坏了学风。

第三节 宋元明清时期科举制度的强化

一、宋代科举制的改革

宋代科举制基本上沿袭了唐制,但又随着形势的变化做了不同程度的改革。

1. 增加了科举取士的名额,提高了及第后的地位和待遇。唐朝科举及第后,只是得到了做官的资格,还要通过吏部考试之后,优胜者才能授官。宋代科举及第后,不需经吏部考试即可授官,而且及第后授官的级别也有所提高。

2. 突出进士科,并改革进士科考试内容,重策论和经学,加强了实际能力的考试。

3. 确立了州试、省试和殿试三级考试制度。

4. 完善考试制度,严格考试纪律,防范舞弊。具体表现为:一是不许朝廷官员推荐考生应试;二是临时指定主考官,实行"锁院"制;三是举行复试和"别头试";四是实行"糊名"与"誊录"制。

5. 强化了学校教育的力度。宋代三次兴学运动都提出了加强学校教育的主张,如范仲淹"庆历兴学"时就规定应科举者,需在州县学读书三百日方准应试。王安石"熙宁兴学"时,在太学设立"三舍法",学生根据考试成绩可以升舍,名列上等的,即不再经过科举考试而直接授以官职,三舍法取士与科举考试同时并行,这样,就把学校变成了直接向官府输送人才的场所。

二、明清科举制的革废

(一) 科举程序

明清科举考试最重视进士科,其考试程序明代为三级:乡试、会试、殿试,清代为四级,童试、乡试、会试、殿试。

1. 童试是预备性质的考试。清代府、州、县学的学生称为生员,未取得生员资格的称童生。童生要取得生员资格,须经过县试、府试、院试等一系列考试,这些统称为童试。童试通过后须在校学习一段时间后参加科举考试,凡名列一、二等和三等前列的,就取得了参加乡试的资格。

2. 乡试是明清两代在各省城举行的考试,每三年举行一次,由于考期定在农历八月,所以又称秋闱。考试分三场进行。根据朝廷下达的名额被录取的生员,统称为举人,第一名称解元。

3. 会试是在京城举行由礼部主持的全国性考试,各省的举人和国子监的监生均可应考。考试在乡试后次年春天的二月份举行,所以又叫礼闱或春闱。会试也是分三场进行。会试中试者称作贡士,第一名为会元。

4. 殿试也称廷试,是皇帝对会试录取的贡士在殿廷上亲发策问的考试。殿试后还要对合格的考生定甲第:一甲三名,赐进士及第,第一名状元、第二名榜眼、第三名探花郎;二甲若干名,赐进士出身;三甲若干名,赐同进士出身。

考生在乡试、会试、殿试中均获得第一名,称作"连中三元"。

(二) 八股文与试帖诗

八股文是科举考试时所采用的一种特殊文体,这种文体有一套固定的写作格式,即由破题、承题、起讲、入手等八个部分组成,每一部分的句式也有一定的规定,如破题有两句,破解题目的意思;承题是第三四句,承接破题进一步说明题目的意思;起讲用三四句或十来句领文,然后进入正式论述,在后四部分中,要求每个段落要有两相排比对偶的句子,每股少则四句,多则二十句,全文 300 到 700 字之间。

八股文不仅形式刻板,内容也有严格规定,只从《四书》《五经》出题,对经文的解释,也必须遵守官方钦定的朱熹编著的《四书集注》,并且要求代圣贤立言,不许考生自由发挥。八股文由于从内容到形式都十分固定僵化,这就为考试押题提供了极大的方便,因此有许多考生干脆连四书五经都不读,八股文章都不做,只请人代笔,自己只死记硬背成文即可应试,这样渐使编撰八股文成为一种时髦的行业。

清朝科举考试中,除八股文外还有一种重要文体,那就是试帖诗,又叫五言八韵诗,它每句五言,共 16 句,首尾各两句可以不用对偶,其余各联必须对偶,限定以某字为韵。诗的结构大致与八股文类似,首联曰破题,二联曰承题,三联曰起股,四、五联为中股,六、七联为后股,结尾称束股,首联和二联必须把题目字眼全部点出,倘若题目的文字太多不能全部点出,也要把关键字点出。试帖诗的结尾必须对封建帝王、封建政体歌功颂德。

(三)考试场所

明清贡院是科举考试的场所。贡院之设始于唐开元年间(713～741 年),唐、宋两代把省试的场所称作贡院。元代以后,乡试、会试的场所也叫贡院。贡院制度的形成历经千年,至明、清两代形成定制。

三、科举制的终结

由于八股取士,考场舞弊等多种因素交织融合在一起,使明清之际的科举考试弊窦丛生,引起了广泛的社会批评。

明末清初的启蒙思想家们对科举尤其是八股取士的批评是切中时弊的。顾炎武曾抨击道:"八股之害,甚于焚书,败坏人才,有甚于咸阳之郊所坑者。"八股取士固定的内容和死板的形式,不仅败坏人才,而且败坏了学术,造成举业盛而学术衰的不良状况。

另外,科举考试对学校教育的负面影响也愈演愈烈。学校教育的目的就是准备科举,科举考试的内容就是学校传授的内容,科举考试的方法也成了学校中考核学生的方法,科举完全成为学校的指挥棒,学校完全成为应试教育的附庸。

再加上科举舞弊现象的屡禁不绝和愈演愈烈,科举制已随封建政权的没落而走到了穷途末路。1905 年,清廷被迫宣布"所有乡会试一律停止,各省岁科考试亦即停止"。至此,科举制最终退出历史舞台,延续 1300 余年。

思考链接:
1. 科举制度对后世学校教育和社会的深远影响有哪些?
2. 试述中国传统文化发展的历程。

主要参考文献

[1] 冯友兰.中国哲学简史.北京:北京大学出版社,1985.
[2] 朱绍侯、张海鹏、齐涛.中国古代史.福州:福建人民出版社,2004.
[3] 钱穆.中国文化史导论.北京:商务印书馆,2000.
[4] 张岱年,方克立.中国文化概论.北京:北京师范大学出版社,1994.
[5] 李泽厚.中国古代思想史论.北京:人民出版社,1986.
[6] 冯友兰.论中国传统文化.上海:上海三联书店,1988.
[7] 张岱年.文化与哲学.北京:教育科学出版社,1988.
[8] 李玉洁.先秦诸子思想研究.郑州:中州古籍出版社,2006.
[9] 杨宽.战国史.上海:上海人民出版社,1988.
[10] 方克立,周德丰.中国文化概论.北京:北京师范大学出版社,2010.
[11] 朱筱然.中国传统文化概论.北京:中国人民大学出版社,2014.
[12] 张卫中.中国传统文化概论.杭州:浙江大学出版社,2008.
[13] 辜堪生.中国传统文化概论.成都:西南财经大学出版社,2015.
[14] 张金平,昝风华.中国传统文化十六讲.济南:山东人民出版社,2015.
[15] 曾慧洁.中国历代服饰图典.南京:江苏美术出版社,2002.
[16] 赵连赏.中国古代服饰图典.昆明:云南人民出版社,2007.
[17] 彭林.中国古代礼仪文明.北京:中华书局,2004.
[18] 乔志霞.中国古代姓氏.北京:中国商业出版社,2015.
[19] 钟敬文,韩养民.中国民俗史.北京:人民出版社,2008.
[20] 杨秀.中国风俗.苏州:古吴轩出版社,2010.
[21] 王静悦,张玉春.中国古代民俗.哈尔滨:黑龙江人民出版社,2004
[22] 李超,姚笛,张金霞.中国古代绘画简史.北京:中华书局,2010.
[23] 王镛.中国书法简史.北京:高等教育出版社,2004.
[24] 汤大民.中国书法简史.南京:江苏古籍出版社,2001.
[25] 廖奔,刘彦君.中国戏曲发展简史.南京:山西教育出版社,2006.
[27] 王宏凯.中国古代游艺.北京:中国国际广播出版社,2010.
[28] 牟钟鉴,张践.中国宗教通史.北京:中国社会科学出版社,2007.
[29] 何星亮.中国图腾文化.北京:中国社会科学出版社,1992.
[30] 何星亮.中国自然崇拜.南京:江苏人民出版社,2007.
[31] 李刚.中国道教文化.长春:长春出版社,2011.
[32] 方立天.中国佛教与传统文化.北京:中国人民大学出版社,2012.
[33] 刘聪,王黎芳.三教归———佛教与道教、儒教.郑州:中州古籍出版社,2014.
[34] 孙培青.中国教育史.上海:华东师范大学出版社,2000.

［35］毛礼锐等.中国古代教育史.北京:人民教育出版社,1983.
［36］郭齐家.中国教育思想史.北京:教育科学出版社,1987.
［37］顾树森.中国历史教育制度.南京:江苏人民出版社,1981.
［38］高时良.中国教育史纲.北京:人民教育出版社,1991.
［39］王炳照,郭齐家等.简明中国教育史.北京:北京师范大学出版社,2008.
［40］刘虹.中国选士制度史.长沙:湖南教育出版社,1992.

鸣 谢

在本教材的出版过程中，以下同志提供了无私的帮助，在此表示感谢！
李亚楠　李　静　李莉莉　李卓轩　刘春瑞　刘　鹤　刘　红　刘江华
孙春雨　孙梦梦　田　宁　王　华　王天智　王雪可　杨淑雯　杨俊秋